本专著为北京第二外国语学院2020年党建思政(德育)
专 项 研 究 难 点 攻 关 项 目 结 项 成 果

新时代高校教师胜任力研究

李臻 著

新时代

高校教师

师德师能“双提升”

发展机制研究

旅游教育出版社
·北京·

责任编辑：刘彦会

图书在版编目（CIP）数据

新时代高校教师胜任力研究 ：新时代高校教师师德师能“双提升”发展机制研究 / 李臻著. -- 北京 ：旅游教育出版社，2020.11

ISBN 978-7-5637-4178-6

Ⅰ. ①新… Ⅱ. ①李… Ⅲ. ①高等学校－教师－能力培养－研究 Ⅳ. ①G645.1

中国版本图书馆CIP数据核字(2020)第213084号

新时代高校教师胜任力研究

——新时代高校教师师德师能“双提升”发展机制研究

李臻　著

出版单位	旅游教育出版社
地　　址	北京市朝阳区定福庄南里 1 号
邮　　编	100024
发行电话	（010）65778403　65728372　65767462（传真）
本社网址	www.tepcb.com
E - mail	tepfx@163.com
排版单位	北京旅教文化传播有限公司
印刷单位	北京虎彩文化传播有限公司
经销单位	新华书店
开　　本	710 毫米 ×1000 毫米　1/16
印　　张	22
字　　数	191 千字
版　　次	2020 年 11 月第 1 版
印　　次	2020 年 11 月第 1 次印刷
定　　价	69.00 元

前 言

2020年，是我从事高校教师党建与师资管理研究工作的第21年。二十多年间，教育大众化时代迅速到来，教育内涵式发展又逐步开启，我近距离参与着一所大学在国家政策宏观指引下的奋力拼搏与自我追寻，是大学改革的学习者、跟随者、实践者，更是受益者。开始写这本书的时候，让我沉下心来做一名反思者。

教育兴邦，师以载道。立德树人是教育的根本任务，是教师的根本任务。以德率才、德能兼备的“四有好老师”是民众与国家之望。

教师队伍建设是办学治校的基础和关键。将实践经验总结成可以为高校选拔一流人才、为学生培育一流教师的理论依据，是我写作这本书的初衷，也是一名从事教师党建、教师发展工作的中共党员发自内心的愿望。

在较长的资料收集与论证过程中，逐步发现目前师德师能融合发展研究存在“三类缺乏”与“四个难点”。一是关于师德、师能一体化提升探索的研究较为缺乏，二是研究对象集中于青年教师群体，对中年、退休前教师的研究、不同年龄跨度教师之间传帮带的实践研究不足，三是立足于理论研究丰富而着眼于工作实际的机制构建与实践改革不足。四个难点包括一难在师德师能双促进的激励机制不成熟，二难在多数高校校系两级上下发力不协调，三难在部分教师主动提升意识不浓厚，四难在教师发展不平衡。我深切感受到从实践经验升华成理论成果颇具挑战性，坚持下去需要很大勇气，需要快速地弥补自身知识储备的不足，找到相关研究的多处空白并做努力，总结凝练成不畏方家批评指正的文字，在工作实践中把为党育人、为国育才的豪言壮志，步步扎实地做在选人用人的关键处，落在温暖人鼓舞人的细微处，完成从实践中来、再由理论指导实践的循环。

本书写作从我工作的北京第二外国语学院大刀阔斧且卓有成效的机构改革实践中受益匪浅，从党委组织人事部已开始6年之久的"教师分类评价创新改革"中得到助益，从二外高校智库建设的已有经验和成就中受到很多启发，系统梳理了人事制度改革、教师评价体系、高校智库人才和智库型人才的评价激励机制等新问题，也努力尝试从积极心理学、教师心理资本研究的角度，找到组织支持与教师个人努力动机之间的规律，解决师德管理"失之于宽、失之于松、失之于软"及师德师能"两张皮"等问题，引导高校教师不做仅传授书本知识的"教书匠"，而是成为塑造学生品格、品行、品位的"大先生"，在价值塑造、能力培养、知识传授上当好引路人。

从选题立论，到搜集资料，再到三校书稿，始终明确地坚持以辩证唯物主义为方法论指导，以北京第二外国语学院的教师队伍建设实践为依托，以广泛翔实的前人研究为参照，将新时代高校教师胜任力发展作为指向，探索党建引领视角下师德与师能的互动关系、内在关联和协调发展机制。我也从原本单一学科背景出发，进行了多学科的知识积累，通过比较充分的调查问卷、数据分析方式系统构建高校教师胜任力水平、绩效及工作满意度模型，尽最大努力体现理论与实践、历史与逻辑、选题科学与论证规范的有机统一，基本讲明白了新时代高校教师师德和师能“是什么”的问题，讲清楚了师德和师能核心概念之间的有机联系和协同发展的原则，大胆推论并谨慎阐述了师德师能双提升的目标、内涵和实现路径。

教育事业需要所有研究者、从业者共同倾尽努力，人才强国、社会安定、科技发达，与有荣焉。第一本专著定有诸多不足，敬请专家批评、同行指正。

李　臻

2020 年 8 月

于明德楼

目　录

第一章
导 论

第一节 研究背景与问题提出

一、研究背景

百年人计，教育为本；教育大计，教师为本。教师承担着传播知识、传播思想、传播真理的历史使命，肩负着塑造灵魂、塑造人生、塑造人的时代重任，是教育发展的第一资源，是国家富强、民族振兴、人民幸福的重要基石。

党和国家历来高度重视教育工作，党的十八大以来，习近平总书记通过召开专题会议、赴校园调研、开展座谈交流、致信慰问等形式深入基层一线，广泛了解高校师生发展情况，指导高等教育始终坚持党的全面领导，坚持社会主义办学方向，遵循教育规律，贯彻党的教育方针，真正解决“培养什么人，怎样培养人，为谁培养人”这个根本问题，并在党的十九大报告中指明“加强师德师风建设，培养高素质教师队伍”的政治要求。

面对建设高等教育强国、实现高等教育内涵式发展、办好人民满意教育的新要求，高校教师队伍建设的极端重要性更加凸显。

从教师制度的建设角度来看，2014 年 9 月 9 日，习近平总书记在北京师范大学师生代表座谈会上，积极引导广大高校教师要做有理想信念、有道德情操、有扎实学识、有仁爱之心的党和人民满意的好老师；2016 年 9 月 9 日，习近平总书记在八一学校考察时，指出广大教师要做学生锤炼品格的引路人，做学生学习知识的引路人，做学生创新思维的引路人，做学生奉献祖国的引路人；2016 年 12 月，习近平总书记出席全国高校思想政治工作会议并发表重要讲话，强调要加强师德师风建设，坚持教书与育人相统一，坚持言传和身教相统一，坚持潜心问道和关注社会相统一，坚持学术自由和学术规范相统一，引领广大教师以德立身、以德立学、以德施教。

“四有好老师”“四个引路人”和“四个相统一”等要求的提出，明确了成为一名党和人民满意的好教师的基本标准。这些标准一脉相承、系统完整，形成了对广大教师思想、道德、学识、能力、作风、纪律等方面全方位的要求，赋予了人民教师神圣的职责使命，是新时期进一步加强教师队伍建设、培养高素质专业化创新型教师的行动指南。

为深入贯彻习近平总书记关于教育的重要讲话精神，2014 年 9 月，教育部印发《关于建立健全高校师德建设长效机制的意见》，提出建立健全教育、宣传、考核、监督、激励和惩处相结合的高校师德建设六大长效机制，建立健全高校教师违反师德行为的惩处机制，划出对高校教师具有警示教育意义的师德禁行行为“红七条”，并建立问责机制。

2017 年 2 月，中共中央、国务院印发《关于加强和改进新形势下高校思想政治工作的意见》，指出要加强教师队伍和专门力量建设，提升教师思想政治素质，加强思想政治工作，建立中青年教师社会实践和校外挂职制度，加强师德师风建设，增强教师教书育人的责任担当。完善教师职业道德规范，实施师德“一票否决”。

2017 年 9 月，中共中央办公厅、国务院办公厅印发《关于深化教育体制机制改革的意见》，明确我国深化教育体制机制改革的指导思想、基本原则和主要目标等。把教师的职业理想、职业道德教育融入培养、培训和管理全过程，构建覆盖各级各类教育的师德建设制度体系。

2018 年 1 月，中共中央、国务院印发《关于全面深化新时代教师队伍建设改革的意见》，提出全面深化新时代教师队伍建设改革，要以强化师德师风建设为首要任务，以优化教师资源配置为基本前提，以教师素质能力提升为核心内容，以理顺教师管理体制机制为强大动力，培养高素质专业化创新型教师队伍，形成人人皆可成才、人人尽展其才、好教师不断涌现的良好局面。

2018 年 11 月，教育部印发《新时代高校教师职业行为十项准则》，明确新时代高校教师职业规范，针对主要问题、突出问题划定基本底线，是深化师德师风建设，造就政治素质过硬、业务能力精湛、育人水平高超的高素质教师队伍的关键之举。

2019 年出台的《中国教育现代化 2035》指出，“高素质专业化创新型的教师队伍是加快教育现代化的关键。要完善教师管理和发展机制，吸引和汇聚优秀人才从教，激发教师专业发展活力，努力建设一支有理想信念、道德情操、扎实学识、仁爱之心的教师队伍”。

2019 年 11 月，教育部等七部门印发《关于加强和改进新时代师德师风建设的意见》，明确指出以习近平新时代中国特色社会主义思想为指导，坚持加强师德师风建设的总体要求，力争 5 年左右时间，基本建立起完备的师德师风建设制度体系和有效的师德师风建设长效机制，提出要全面加强教师队伍思想政治工作，大力提升教师职业道德素养，将师德师风建设要求贯穿教师管理全过程，努力营造全社会尊师重教的良好氛围。

这些由国家和教育决策部门制定并实施的政策法规和规章制度，构成了教师管理改革进程中的重要维度，也是新时代教师队伍建设的重要标尺和准绳。

从教师队伍整体发展现状来看，师德师风是评价高校教师队伍素质的第一标准，为人师表是高校教师行为规范的第一要义。但高校教师师德师风建设也存在诸多问题，主要表现在：有的高校对师德师风的建设重视不够、主体责任认识有偏差、落实不到位，存在不同程度的“失之于宽、失之于松、失之于软”等问题；有的高校落实师德师风建设的制度不完善、长效机制不健全，制度制定“上下一般粗”，对具体问题“要求不明确、管理不具体、考核不严格”，有的高校相关制度过于“大而空”，与实际情况贴合度不够，指导性、针对性、操作性不强；个别教师不珍惜、不爱惜教书育人的职业荣誉，立德树人意识淡薄，言行不够规范，个别失德失范行为影响了高校声誉和教师职业形象，有的甚至危及教育秩序和社会稳定。

同时，建设高等教育强国的战略目标对高校教师队伍能力和水平提出了新的更高要求。但是，结合高等教育发展现状，建设一支党和人民满意的高素质专业化创新型教师队伍还面临诸多挑战。例如，教学、科研和社会服务是高校依次产生的三大职能，尤其是教学，是最早出现且相当长时期内高校唯一的职能性活动。按照潘懋元教授的观点，职能出现的次序也是职能重要性的次序，并且先前的职能衍生其后的职能。在这一意义上，有人称教学是高校的元初职能、第一职能、首要职能等，地位及重要性自不待言。① 但是，对地位、排名的追求，让有些高校存在“重科研、轻教学”的现象，一些教师的精力没有聚焦到立德树人核心工作上，倾心科研，怠慢教学。又如，面对高等教育融入国家创新体系建设的新要求，一些高校和教师在促进产教融合、校企合作方面的意识和能力还不够，咨政建言能力欠缺，未能把自身功能使命与国家发展、人民福祉紧密联结在一起，未能更好地促进社会经济发展、服务国家重大战略。

二、问题提出

教育是国之大计、党之大计，教育兴则人才兴，教育强则国家强，建设一支讲政治、高素质、专业化、创新型教师队伍，是全面落实立德树人根本任务的坚实人才保障。从“四有好老师”“四个引路人”和“四个相统一”等要求的提出，到教师队伍建设等规范性文件的相继出台，一以贯之的是党和国家对教师教育工作的高度重

① 刘振天.教学与科研内在属性差异及高校回归教学本位之可能［J］.中国高教研究，2017，(06).

视。党的十九大以来，以习近平同志为核心的党中央将教师队伍建设摆在突出位置，做出了一系列重大决策部署，为新时代教师队伍建设提出了目标和要求，指明了前进的方向。

“师德”和“师能”作为衡量教师队伍建设的两个重要维度，既不能顾此失彼，也不能厚此薄彼，而要协同发展、并驾齐驱。

一方面，要着力提升思想政治素质，全面加强师德师风建设，引导广大教师以德立身、以德立学、以德施教、以德育德，坚持教书与育人相统一、言传与身教相统一、潜心问道与关注社会相统一、学术自由与学术规范相统一，争做“四有”好教师，全心全意做学生锤炼品格、学习知识、创新思维、奉献祖国的引路人；另一方面，要大力振兴教师教育，不断提升教师专业素质能力，推进高等教育内涵式发展。通过搭建校级教师发展平台，组织研修活动，开展教学研究与指导，加强院系教研室学习共同体建设，完善传帮带机制等，提升高校教师教育教学能力，推进教学改革与创新。

本研究中界定“师德”，主要是指教师职业道德，即教师在教育教学、科学研究、教学管理、社会服务等职业活动中所应遵循的道德行为准则和规范；界定“师能”，主要是指教师专业发展能力，即教师教育教学的信仰、知识、能力等，其伴随教师职业生涯始终。

但是，从学界对师德师能研究现状来看，关于教师师德建设的研究较为丰富，但将师德与师能结合起来，进行一体化提升探索的研究还较为缺乏；关于教师专业发展研究，多集中于中小学教师的专业发展研究，其中，雷炜在《高校青年教师专业发展特征、现状及策略》一文中高度关注了高校教师专业发展，深入研究了高校青年教师专业发展的特征、现状和策略，但其研究更多是针对“专业发展”，而非“发展机制”。其他专家学者则更多关注于教师教学能力提升培训或更为宏观的教师队伍建设研究。通过知网检索，“师德师能提升机制”“师德师能一体化发展机制”等均无对应结果，学界将师德、师能进行融合性、一体化发展研究的为数不多，其中如邢晨《师德与师能并驾齐驱：新时代高校青年教师队伍建设策略研究》，虽将两者置于一体化位置考量，但限定在青年教师群体，且立足点在于理论、理念上的建设策略研究，而非着眼于工作实际的机制构建研究。

因此，本研究从“师德”和“师能”双提升的发展机制的角度进行分析，研究师德与师能的互动关系，探索以党建为统领，实现师德与师能双提升的目标、内涵和实现路径，为学校推进符合现代教育发展规律的人事制度改革提供理论支撑与实践探索，具有较大实际意义和创新空间。

第二节　研究目的与意义

一、研究目的

要提高教育质量以实现新时期教育改革与发展的新使命，关键在于教师队伍建设。习近平总书记在同北京师范大学师生代表座谈时指出，“教师重要，就在于教师的工作是塑造灵魂、塑造生命、塑造人的工作。努力培养造就一大批一流教师，不断提高教师队伍整体素质，是当前和今后一段时间我国教育事业发展的紧迫任务。”[①] 教师队伍的整体素质，不仅包含教师在教学科研、服务社会、创新发展等方面展现出来的专业能力，还包括高尚的教师职业道德，它是教师职业素养的核心与灵魂，是教师和一切教育工作者在从事教育活动时必须遵守的道德规范和行为规则，以及与之相适应的道德观念、情操和品质。[②]

教师队伍整体素质是教育质量提高的基础和重要保障，但从教师队伍发展的现状来看，重科研轻教学、师德建设缺位、师德管理“宽松软”、师德考核评价重形式轻内容等现象普遍存在，所以本研究坚持理论联系实际，实现明确“两个概念”，讲清“一组关系”，解决“三个难题”的主要研究目的。

“两个概念”即“师德”和“师能”两个概念的内在含义。通过理论研究、实践探索等方法，进一步明确高校师德建设的内涵和师能建设的核心要义，讲清楚新时代高校教师师德和师能“是什么”的问题，研究优秀师德的要义和表现形式，研究优秀师能的建设目标和评价标准，以习近平新时代中国特色社会主义教育思想为引领，为探索高校师德建设和师能建设双提升的实现途径提供有针对性的参考和借鉴。

---

① 习近平.做党和人民满意的好老师——同北京师范大学师生代表座谈时的讲话［N］.人民日报，2014-09-10（2）.

② 罗丽君等.以习近平新时代中国特色社会主义教育思想引领高校师德建设［J］.西藏大学学报（社会科学版）2018,（01）.

“一组关系”即“师德”和“师能”的相互关系。通过调查研究和访谈交流等方式，深入分析师德和师能发展不协调的相关反面案例，可以看到在实际工作中，“师德”建设缺位、错位的现象普遍存在，严重损害了教师队伍整体形象和职业声誉，造成了极其恶劣的社会影响。因此，从高校工作实际出发，探讨师德和师能双提升的目标、内涵和实现路径，实现师德和师能协调发展，就显得极为重要和迫切。

“三个难题”主要是围绕高校教师队伍发展实际，着眼师德和师能发展不一致的困境，从管根本、利长远、出实效的角度解决师德建设缺位，师能建设机制不健全，师德和师能提升不协调等问题，主要包括以下三个方面：

一是教师师德建设与专业发展能力提升机制相割裂的难题。结合北京第二外国语学院实际，此前，我校教师师德建设与教师专业发展培养培训分属不同部门管理，工作思路、举措与体制机制衔接不够顺畅，同向同行协同效应发挥不够。本研究发挥党委组织人事部对党建、思政、人事及教师发展等工作的融合优势，以体制机制建设为切入点，以政治建设为统领，协调教科研相关单位，既着力解决教师专业发展能力提升培养培训业务性偏强，价值引领不够的问题，同时努力推动教师思政和师德建设“脱虚就实”，融入发展培训，切实发挥出组织优势、部门优势和机制优势，推动研究落地见效。

二是青年教师培养培训机制不够完善，实效性不足的难题。本研究着眼体制机制创新和制度建设完善，在贯彻落实《全面深化新时代教师队伍建设改革的实施办法》基础上，结合学校实际，自入职起，“一人一档”建立青年教师个人成长档案，健全学校青年教师培养培训体系，进一步完善和落实《加强青年教师队伍建设的若干措施》，配套形成《新入职教职工教育管理规定》《“翔宇青年骨干教师系列培育计划”实施方案》等制度体系，动态掌握青年教师成长全过程，结合青年教师个性化成长需求，动态调整个人培养方案，打通关键节点，理顺体制机制，推动青年教师师德师能双提升。

三是部分教师存在职业倦怠，对师德师能提升重视不够的难题。根据调研走访、座谈交流的情况，我校部分教师尤其是中年教师正面临或长或短的职业瓶颈期，存在一定程度的职业倦怠，如对学校事业发展关注度、参与度不够，对教育教学事业投入度、创新度不足，对学生的关心关爱和社会服务事业不热心、不在意等困境。本研究紧密结合人事制度改革和新一轮岗位聘任工作，通过深入调研、细致研究，切实推动解决上述问题。通过出台《岗位聘任工作方案（2020–2022）》《教师师德师能“双提升”发展建设方案（2020–2025）》，将师德师能双提升机制有效衔接嵌入人事制度改革和教师日常管理服务工作中，进一步创新思维、细化标准、建构分析模型，形成“树、促、评、奖”的体系化工作方案，通过与岗位管理与聘用制度改革、职称考评制度改革、薪酬分配制度改革的有效联动，切实推动师德师能提升有抓手、有举措、真落地。通过制定师德师能“双提升”年度培养培训方案，分类分层提供科学化、针对性的精准培训，同时注重开展沙龙交流和社会实践活动，完善人文关怀和心理疏导机制，提升教师职业荣誉感、安全感、幸福感、获得感，进一步激发使命担当意识。

二、研究意义

教育是国家和社会发展的基石，教师是教育基石的奠基者，是立教之本、兴教之源。建设一支师德高尚、业务精湛、结构合理、充满活力的讲政治、高素质、专业化、创新型教师队伍是推动高校事业可持续发展的基础性工程。党的十九大报告明确提出中国特色社会主义进入新时代，这对高校教师师德水平和专业发展综合能力提出了新的更高的要求。面向新方位、新征程、新使命与首都教育发展、人才质量的新要求，必须牢牢把握教师队伍建设方向和重点，构建起推动教师师德师能“双提升”的有效机制，具有深远的研究意义。

一是从理论研究的角度来看，完善师德师能“双提升”发展机制，丰富新时代高校教师胜任力研究的内涵和外延。目前，对高校教师师德师能的研究内容主要集中在其概念与内涵、影响因素与优化路径发展等方面，除此之外，还有对其建设难点、发展模式与机制、评价体系、存在的弊端与不足等问题的研究。但是，将师德与师能结合起来，进行一体化提升探索的研究还比较滞后，成熟的研究成果还比较欠缺。通过知网平台检索，“师德师能提升机制”“师德师能一体化发展机制”等关键词均无有效结果，学界将师德师能进行融合性、一体化发展研究的为数不多。因此，从新时代高校教师师德师能“双提升”角度出发，关注其相互作用的动态关系，研究其协同发展的长效机制，具有较大实际意义和创新空间。

二是从实际工作的角度来看，致力为解决部分教师师德师能发展不协调等问题提供有效预警和解决途径。总体上来看，高校师德建设状况良好，但在具体工作中也还存在一些问题，例如部分教师单方面追求个人能力提升，忽视师德建设的积极性和主动性，对教师的神圣职责和使命认识不清、认同感不强，道德价值取向趋于功利，缺乏道德自律，出现教师师德失范等不良行为。另外，师德考核规范不足，行政监督有待强化，内容多流于形式，缺乏内在性研究，也严重制约了师德师风建设的制度化和规范化。本研究通过实践探索方法，包括问卷调查法、访谈法、校际交流与对比分析法等，逐步建立师德师能“双提升”机制的目标体系、考核指标、考核要素等，建立制度体系，形成工作方案，为解决部分教师师德师能发展不协调等问题提供切实可行的解决思路。

三是从制度建设的角度来看，推动相关理论研究在我校人事制度改革实践层面落地。结合我校人事制度改革和新一轮岗位聘任工作，努力建设新一轮人事改革制度与研究成果，推进研究成果和人事制度改革紧密结合。新中国成立70多年来高校人事制度改革的阶段性发展规律与我校近60年的发展历程证明，高校教师作为最重要的智力资源、知识创新来源，如何引领、管理、培护、激活，既是一项非常重要的管理实践，也是值得投入最新研究方法与理念的重要课题，常讲常新，需要持续耕耘。本研究既是对前期改革经验的总结梳理，也是推动提升新一轮高水平师资队伍建设的启程工程，将采用前沿模型建构和研究方法，紧密配合学校整体发展方向，出台适应我校“十四五”发展规划的师德师能提升与促进机制，带动师资队伍整体实现师德师能协调发展和全面攀升。

第三节 研究重点与难点

一、研究重点

从师德和师能协同发展的角度，对高校教师胜任力进行研究，既丰富学界关于胜任力研究的内容，也为建设一支高素质、专业化、创新型教师队伍提供可落地的制度成果。总体来看，本研究的重点主要集中在以下三个方面：

一是寻找方法之钥，找准研究方法。本研究主要采用定量研究与定性研究相结合的方法，具体采用内容分析法和文本分析法，也包括少量个案调查法，针对不同研究要素，合理选取研究方法，才能筑牢基础。具体来说，本研究的理论研究主要包含文献法、问卷调查法、矩阵模型分析、层次分析法（Analytic Hierarchy Process，简称 AHP）及数据挖掘等。通过以上方法，形成有数据支撑、测定科学的师德师能评价指标体系，并形成系列学术研究成果。通过问卷调查法、访谈法、校际交流与对比分析法等实践探索，逐步建立师德师能“双提升”机制的目标体系、考核指标、考核要素等，建立制度体系，形成工作方案。

二是聚焦核心概念，讲透内涵要义。党政军民学，东西南北中，党是领导一切的。本研究的重点之一就是要讲清楚以党建为引领，探索师德师风建设的路径。教育部党组《关于加强和改进新时代师德师风建设的意见》中提出了坚持把教师队伍建设作为基础工作，把提高教师思想政治素质和职业道德摆在首位，突出党建引领、强化制度保障、丰富建设内涵、画好师德红线，努力建设一支师德高尚的新时代教师队伍。

另外，围绕师德师能这一核心主题，本研究要重点探析师德和师能的内涵，优秀师德要义与表现形式，建设目标及路径，基于胜任力分析模型基础上的优秀师能的建设目标和评价标准，师德与师能双提升的目标、内涵和实现路径，从而推动相关理论研究对我校人事制度改革在实践层面落细落地。

三是打通思路脉络，实现研究目的。从致力于健全并完善体制机制的角度出发，管根本利长远地解决部分教师师德师能发展不协调等突出问题，构建起符合我校实际的教师师德师能“双提升”发展机制，本研究将首先开展我校教师师德师能状况调研，通过问卷调查、集体座谈、个别访谈等形式，深入了解教师师德、师能状况与发展需求，掌握影响教师师德师能提升的关键因素；其次，在广泛调研的基础上，结合人事制度改革、新一轮岗位聘任等重点工作，着眼关键环节，形成系统融入、一体化提升的支持方案，在相关实践中听取教师代表的意见和建议，进一步优化工作方案；再次，着力制度建设，形成《师德师能“双提升”发展建设方案》《加强青年教师队伍建设的若干措施》《教师培养培训与师能考核制度》《教师政治理论学习年度计划》《岗位聘任工作方案》等配套制度体系；最后，在以上工作基础上，总结提炼形成具有我校特色的、有可复制可推广价值的教师师德师能“双提升”发展机制。

二、研究难点

通过检索分析相关文献，梳理整个研究过程，特别是坚持问题导向、目标导向，结合我校教师队伍建设实际，总结本研究的难点主要集中在以下四个方面：

一是体制机制建构可借鉴经验不足。通过文献检索分析，可以发现理论经验可借鉴的不多。目前学界对师德师能一体化提升机制的研究基本空白，用于指导实践的理论较少，本研究需紧密结合实际，稳扎稳打，逐步探索。另外，实践经验积累不够丰厚。近年来，我校通过机构改革、人事制度改革等重大举措，为教师师德与师能融合提升、一体发展提供了良好土壤，但结合实际来看，探索开展的时间较短，积累的实践经验还不够扎实、丰富。

二是实践探索协调难度较大。师德与师能“双提升”发展机制，既涉及教师队伍管理中的政治建设、思政工作、教师发展、职称评聘、考核评价、薪酬福利等各个环节，同时，还涉及教学、科研等能力提升与考核评价等工作，这不仅需要协调党委组织人事部内各相关岗位的配合，同时还需对接教学、科研等相关职能部门与院系，实现合作调配、同向同行和协同发力，共同围绕教师队伍建设，构建师德师能一体化“双提升”发展机制。

三是教师师德师能双提升意识有待进一步加强。根据前期工作经验与调研成果，我校教师对师德建设的重视程度还不够强烈，重教学科研能力，轻师德师风建设的思想还不同程度存在，这既需要在机制上，尤其是考核评价上持续完善发力，同时更需要强化创新教师思政教育，扭转教师错误思想倾向，充分发挥教师主体性和自主性，推动激发教师师德师能齐头并进的内生动力。

四是师能发展不平衡问题亟待解决。近年来，我校成立教师发展中心，聚焦教师综合职业能力提升，设计体系化、针对性的培训方案，特别是面向青年教师，尤其是新入职青年教师加大培养培训力度，系统化提升师德师能水平，引导广大青年教师走好教师职业生涯的第一步，取得了显著成效。与此同时，部分中年教师师能水平与新时代高等教育内涵式发展的目标要求不相匹配，服务学校改革发展的动能不够，“能力不足”“本领恐慌”“职业倦怠”等问题愈发凸显，如何瞄准“靶点”，通过体制机制创新，精准推进中年教师“能力提升工程”，实现“能力突围”，补齐教师队伍建设的短板，是本研究的难点之一。

第四节　研究结构与重要章节

本研究的主要目标：以习近平新时代中国特色社会主义思想为引领，为探索高校师德师能建设双提升的实现路径提供有针对性的参考和借鉴，实现高校教师“经师”与“人师”身份的有机统一。

本研究基本内容：坚持理论联系实际，通过理论研究与实践探究相结合的方法，进一步明确高校师德建设的内涵和师能建设的核心要义，讲清楚新时代高校教师师德和师能“是什么”的问题，研究优秀师德的要义和表现形式，研究优秀师能的建设目标和评价标准。在此基础上，重点探究“师德”和“师能”的相互关系。在实际工作中，“师德”建设缺位、错位的现象普遍存在，严重损害教师队伍整体形象和职业声誉，造成了极其恶劣的社会影响，这些问题是本项目研究的实践基础。通过调查研究和访谈交流等方式，深入分析师德和师能发展不协调的相关反面案例，找准问题根源，然后从高校工作实际出发，探讨师德和师能双提升的目标、内涵和实现路径，实现师德和师能协调发展，形成高校教师思想政治工作长效机制的可行路径和有力支撑。

第二章 文献综述

第一节 关于教师专业的发展研究

一、教师专业发展内涵

20世纪80年代起，随着对教师这一群体的深入研究，教师职业被视为一种专门职业，“教师专业发展”也开始广泛进入教育研究者的视野之中。2002年，在《教育部关于“十五”期间教师教育改革与发展的意见》中明确使用了“教师专业发展”的概念。“教师教育是我国教育的重要组成部分，是基础教育师资来源和质量提高的重要保证。教师教育是在终身教育思想的指导下，按照教师专业发展的不同阶段，对教师的职前培养、入职教育和在职培训的统称。加快教师教育的发展，提高教师教育水平，对建设一支高素质的教师队伍，扎实推进素质教育，具有重大的战略意义。”①

关于教师专业发展的内涵研究，可大致分为三类。

一类侧重于发展结果，概括起来主要包括学术研究水平，教育教学技能和师德能力提升等三个方面。

潘懋元认为高校教师发展与一般所说的教师培训是两个有密切联系的不同概念。教师培训着重从外部的社会组织的需要出发，要求高校教师接受某种规定的教育、培训；教师发展则着重从教师主体性出发，强调教师自我要求达到某种目标。他从广义和狭义两个维度解释了高校教师专业发展。广义上说，高校教师发展可以是所有在职大学教师，通过各种途径、方式的理论学习和实践，使自己各方面的水平持续提高，不断完善。狭义上说，高校教师发展，更多地强调其作为教学者的发展和提高，也就是强调教师教学能力的提高。②高校教师发展的内涵包括三个组成部分：学科专业水平——基本理论、专业知识、实践能力；教师职业知识与技能——教育理论、教学能力；师德——一般学者的人文素质、教师的职业道德。③

朱旭东认为“教师专业发展”是当代教师教育研究领域的一个国际最流行的概念，既涉及政府的教师管理，也涉及学校的教师队伍建设；既有群体动力学的因素，也有个体自主选择的意愿；既是学术界研究的热点领域，又是实践中的现实对象。他从教师专业发

---

① 教育部关于“十五”期间教师教育改革与发展的意见，教师〔2002〕1号，http：//m.moe.gov.cn/srcsite/A10/s7058/200203/t20020301_162696.html.

② 潘懋元，罗丹．高校教师发展简论［J］．中国大学教学，2007，（01）．

③ 潘懋元．大学教师发展论纲——理念、内涵、方式、组织、动力［J］．高等教育研究，2017，（01）．

展的内涵、层次、基础、机制和环境等组成部分建构了教师专业发展的理论模型。首先界定了教师的专业工作中的“专业”含义，指教会学生学习、育人和服务三个维度的内涵。教师专业的内涵构建为“发展”内涵的构建提供了本体论意义的基础。只有明确了教师专业的内涵，才能讨论教师专业发展的内涵，并以“主体层次”来构建教师专业发展的层次，即“前经验主体”“经验主体”“认识主体”“价值主体”和“审美主体”。①

一类侧重于发展过程，高校教师踏入高等教育这一领域后，由没有教学经验的新手到成为一名经验丰富的教师。一方面是从教师个人心理的角度来解释教师的专业成长过程；另一方面是从教师受教育的角度来解释教师的专业成长过程。

马琴在《高校教师发展的理论流变》一文中认为，“教师专业发展”经历了从“教师培训”到“教师教育”以及“教师发展”的演进。“教师培训”将教师看作一种技术性的传递而开展的自上而下的培训理念，侧重对教师课堂教学的技能和教学方法的培训。“教师教育”的意义更为深入和广泛，涵盖对教师进行教学方法上的指导，对教师的理论修养的提高。马琴认为这两个概念都是一种自上而下的由外部强制灌入的教育，忽略了教师本人内在的积极性、反思性、协作性和成长性。而在“教师发展”过程中，教师将摆脱以往单一的“研究者”的角色，更加密切地投入到教学方法、教学观念以及教学理论开发的过程中，对自己的课堂活动展开反思与观察，强化对其过程以及效果的评估，以期促进自身的发展，包括知识的丰富、

① 朱旭东．论教师专业发展的理论模型建构［J］．教育研究，2014，（06）．

技能的提升、专业的发展，还有教学理念的跟进、自身价值的建构，对教学事业的热爱等。简而言之，就是教师通过认识、省察以及经验实现“自我发展”以及“学会教学”的过程。①

刘万海从构词方式角度，对“教师专业发展”进行了两种理解，即“教师专业”的发展与教师的“专业发展”。前者意指教师职业与教师教育（尤其是师范教育）形态的历史演变；后者则强调教师由非专业人员成为专业人员的过程。②基于教育信念、动机、知识、能力、专业态度与规范等教师发展要素的综合考虑，刘万海对“教师专业发展”的内涵做出如下重新界定，即以教师专业自觉意识为动力，以教师教育为主要辅助途径，教师的专业知能素质和信念系统不断完善、提升的动态发展过程。③

吴亚娜认为教师专业发展是一个动态的、不断发展、更新和完善的过程，需要通过不断的学习与探究来拓展其专业内涵、提升专业水平，从而达到专业成熟的境界，主要包括教师专业知识的发展、教师专业技能的发展、教师专业意愿的发展三个方面；个体专业水平的提升、群体专业水平的提升、教师职业地位的提升三个层次。④

第三类侧重于把过程和结果相结合，突出动态性和整体性，既强调教师专业发展“习得”的过程，也着重教师专业化成长在“德”和“能”方面的成果。

郑伦仁在《高校教师专业发展及其自我实现途径研究》一文中

---

① 马琴．高校教师发展的理论流变［J］．高教学刊，2020，(26)．

② 叶澜，等．教师角色与教师发展新探［M］．北京：教育科学出版社，2001.

③ 刘万海．教师专业发展：内涵、问题与趋向［J］．教育探索，2003，(12)．

④ 吴亚娜．影响教师专业发展的双重制度探析［J］．河南理工大学学报（社会科学版），2009，(03)．

认为，高校教师专业发展是指教师个体在其整个职业生涯中，依托专业组织，通过不断的学习与训练，使得专业知识与技术、专业能力、专业道德等方面由不成熟到比较成熟的发展过程，即由一个专业新手发展成为专家型教师的过程。[①]简而言之，高校教师的专业发展的主要内容包括教育信念、专业知识和技术、专业能力和专业道德等内容。

蒋竞莹结合国内外现有研究，对教师专业发展概念进行了归纳概括。观点之一，从动态的角度来说，教师专业化主要是指教师在严格的专业训练和自身不断主动学习的基础上，逐渐成长为一名专业人员的发展过程；从静态的角度来讲，教师专业化是指教师职业真正成为一种专业，教师成为专业人员得到社会承认这一发展结果。观点之二，教师专业化发展经历了两个发展阶段，“组织发展”阶段关注教师整体素质的提升，以此提高教学工作质量。“专业发展”阶段，教师专业发展既要注重教师有知识、技能、价值观等，又要有学科知识、教育知识，并且通过了职前、职后培训的理智取向；还要注重实践，通过多种形式的“反思”，加强教师对其自身实践的认识。[②]

从不同角度、不同侧面、不同层次出发，有高职、民办、地方、民族等不同类型高等学校的教师发展研究；围绕特定群体和特定专业，学界对教师专业发展的内涵也进行了探索。

---

① 郑伦仁，周鸿．高校教师专业发展及其自我实现途径研究［J］．河南理工大学学报（社会科学版），2009，（03）．

② 蒋竞莹．教师专业化及教师发展综述［J］．教育探索，2004，（04）．

聚焦青年教师的专业发展，学界普遍认为，在充满活力、朝气蓬勃的教师队伍中，中青年教师是主体，年轻是其显著特征。抓住职业发展关键期，让青年教师尽快成长起来，是教育的希望所在。

冉俊华从学习专业知识、发展专业技能、培育专业理想、提升专业德行等方面，探索了青年教师发展的路径。① 李先富认为，高校青年教师的专业发展是指青年教师作为专业人员，在专业知识、专业能力和专业精神等方面由不成熟到成熟，由一个专业新手发展成为专家型教师，从而逐步胜任教学、研究和社会服务管理等各项工作的过程。② 吴斐从教育现代化下的时代发展需要、高等教育发展需要和自我成长需要等角度出发，把握成长要点，着力解决青年教师教学经验不足、教科研意识不强、激励机制不健全等问题，达成青年教师的专业成长与发展目标，为高等教育的发展提供持续支持。③

我校作为一所外语类院校，如何提升外语教师的专业发展能力，也是借助本研究成果指导教师队伍建设的重要考虑。所以，在查阅分析文献过程中，也重点关注了学界对外语教师的专业发展研究。

贾爱武从外语教师的专业地位和语言教学的类型出发，认为在外语教师职业专业化确立的前提下，外语教师专业发展概念可以有两个维度，其一指教师个人在专业教学生涯中的心理成长过程。心理成长的内容包括:（1）态度层面，专业信心、态度价值观的增强；

① 冉俊华．试析青年教师专业发展路径［J］．教育论坛（专业发展），2020,（08）．
② 李先富．高校青年教师专业发展研究［J］．中国成人教育（继续教育），2009,（05）．
③ 吴斐．教育现代化下高校青年教师发展困境和策略［J］．科技视界，2020,（25）．

（2）学科知识能力层面，学科知识在“博”与“专”两维上的持续更新;（3）专业教学知识能力层面，教学技能的提高以及为应对教学不确定性而发展丰富的教学策略意识的（教学艺术化）不断强化，人际交往和与同事合作等能力的完善；其二指在职教师受外在的教育或培训而获得上述方面的发展。[①]王鸣华认为高校外语教师专业发展涉及校方资金投入、教师自身规划等多个因素，按照链条理论来说：教师专业发展位于多个链条的终端，而其中各个涉及因素分别拉扯在链条的一段，一旦有一段链条发生剧烈震荡，便会最终危及最终端的教师本身。[②]王雪梅从新文科、课程思政、在线教学等理念普及，从高校外语教育逐步进入新常态，对外语教师提出新挑战的背景出发，认为教师专业发展本身是动态的知识建构、能力提升与情感认同的过程，外语教师专业发展更加注重融合式理念，强调知识、能力与情感的发展，针对新文科需求，教师应建构基于问题导向的跨学科或者超学科知识，促进知识融合；针对课程思政需求，教师应将核心价值观理念融入课程设计理论与实践，提高课程设计能力；针对在线教学需求，教师应将TPACK与师生共同体的认同感相融合，提高课程互动能力。[③]王守仁从许多高校外语教师专业发展不理想，有博士学位者的比例较低，研究能力弱，导致研究项目难申请，研究成果少等现状出发，从专业发展、教学发展、个人发展、课程发展和组织发展等方面来概括高校外语教师的

① 贾爱武．外语教师的专业地位及其专业发展内涵［J］．外语与外语教学，2005,（04）.

② 王鸣华．高校外语教师专业发展影响因素与路径研究［J］．内蒙古财经大学学报，2019,（03）.

③ 王雪梅．高校外语教育新常态下的教师专业发展：内涵与路径［J］．山东外语教学，2020,（04）.

专业发展。①

二、教师专业发展影响因素和实现路径

近年来，我国学者围绕教师专业发展的实现，进行了广泛和深入的研究，认为教师专业发展主要取决于教师发展动力，即外部环境和内部（自我）动力两个方面。

内部动力，即强调教师作为“人”这一主体的自主性和自觉性，这就要求教师要有强烈的发展动机，如果动机来自对自我价值的追求，教师发展的积极性就会特别高。

潘懋元认为内部动力主要包括三个要点。第一，自我价值的追求，即马斯洛“需求层次理论”的最高层次；第二，发展性的自我评估：不是同他人做比较，而是对自身成长进步的自我反省；最后，进入“敬业、乐业”的境界，也就是教师的职业幸福感。②

教师内部动力层面的其他影响因素还包括教师的专业知识、学科背景、职业定位以及工作压力等。特别是对于高校青年教师来说，刚刚走上教育教学岗位，从学生角色转换成为教师角色，尚需时间和历练，对职业定位、职业发展和职业认同感等自我完善的需求和对科研、教学、生活等应对压力的挑战，成为推动教师发展的内在因素。

外部环境，即探讨相较于教师这一主体之外的环境因素，主要

① 王守仁．关于高校外语教师发展的若干思考［J］．外语界，2018，(04)．

② 潘懋元，夏颖，胡金木．教师发展与教师教育——访潘懋元先生［J］．当代教师教育，2018，(01)．

包括高校环境层面和社会环境层面对教师发展的影响，具有客观性。

潘懋元认为外部动力包括物质与非物质的奖与罚，行政上所制定的业绩考核与评估，职称的晋升，工资及其他待遇的提高，优秀教师的评奖，社会声誉的提高，等等。[①] 外部动力对教师的发展会起到推动作用，但是，如果使用不当或用力过猛，也会引起消极影响，例如重科研轻教学等有偏差的业绩考核，极易引发不良导向和内部矛盾，过于繁杂琐碎的量化考评，以及只覆盖极少数高水平教师的评奖评优，没有从根本上起到激励作用，等等。

高校环境层面的影响因素主要来自高校行政化风气、职称评审制度、职业评价体系、教学获得感和成就感等，它们也会对教师专业发展产生影响。如韩萌、张国伟认为高校在政策扶持上倾向于资助已取得一定成就的资深教师，而处于事业起步的青年教师则机会较少。这不但影响到教师的学习状态，也降低了青年教师的专业提升空间，使其入职和职后教育呈现分离状态，没有专业、系统的终身学习制度。[②]

社会层面的影响因素主要包括社会期许、职业心态和行业风气等。第一，对高校青年教师，尤其是获得博士学位的青年教师，普遍寄予厚望，认为“无所不能”，应该成为学生和普通教师的表率，这种源于社会大众的期许让广大博士青年教师压力倍增。第二，利益化的职业观也在一定程度上影响了高校教师的职业发展心态。据相关调

① 潘懋元，夏颖，胡金木．教师发展与教师教育——访潘懋元先生［J］．当代教师教育，2018，（01）．

② 卞祥瑞．高校教师专业发展文献综述［J］．教育教学论坛，2020，（11）．

查数据显示，只有三分之一的青年教师出于喜欢而从事教师职业，多数青年教师看中的是这份职业的稳定和体面，同时也可以利用学校的平台和自身的才华，获取额外的兼职收入。第三，近些年来逐渐泛滥的行业不正之风也严重腐蚀着高校教师。论文造假和学术腐败等不正之风屡见不鲜，“学术速成品”层出不穷，败坏了学术风气。

面对内部动力和外部环境的影响因素，如何激发教师专业发展的积极性、主动性和实效性，相关的研究成果从“人”“组织”和“制度”三个方面进行了路径探析。

从“人”的层面来讲，对于教师本身来说，是通过自身的反思和努力实现专业发展。比如不断进行个人知识积累，树立“终身学习”理念，不断深造学习，向大师前辈学习，树立正确的、积极的高等教育观，把握正确的价值取向。郑伦仁、周泓就提出了高校教师专业发展的自我实现模式。[①] 比如，“教学熟练者”模式，即广大教师通过参加各种教学竞赛、让老教师参与自己的备课、听课等作为实现自身教学任务和提高教学水平的重要途径，通过这些途径，教师反复查找自身的教学缺陷和差距，从而实现自身教学水平的不断提升。“学历进修”模式，即教师优先把提高学历水平作为实现自身教学任务和提高教学水平的重要途径，通过这种途径，教师拓展了专业发展的眼界和视野，提高了专业知识和技能，教学水平也得到了相应的提升。

从“组织”的层面来讲，强调的是开展教育培训的内容。从依

① 郑伦仁，周鸿.高校教师专业发展及其自我实现途径研究［J］.河南理工大学学报（社会科学版），2009，（03）.

靠进修培训、集中设置培训班，或借助校外培训资源，指定教师参加培训，到现在伴随互联网技术的发展和新情况、新挑战的出现，对教育教学提出的新要求，在传统方式之外，结合国内外实践经验，形成了新的组织形式。

围绕课堂教学基本技能开展的方式，包括模拟教学（试讲）、教学观摩课（授课示范）、课堂录像、教学咨询、编写课程教材等；针对教育教学过程中出现的学术问题或教学问题来组织教学研讨活动；聚焦“双师型”教师的发展，组织带领学生参观实训基地，到“校企合作”单位接受培训或挂职，从企事业单位引进吸收专兼职人才或管理干部等方面，促进专业融合和提升教育教学能力；主动借鉴国外大学教师发展方式，如鼓励教师开展改革试验，提供场所支持，给予资金资助，开设工作坊、工作室、研讨会、研究会等活动，提供交流互动，共促提高的学习平台。

郑伦仁、周泓将其概括为高校教师专业发展的学校推动模式，①是高校教师所在的学校依据自身的师资队伍发展规划，有目的、有计划地对教师专业化水平进行系统提升的一种模式。比如，“校本培训”模式，高校通过成立教师发展中心等专业培训机构和管理机构，来对整个师资队伍发展进行科学合理的安排；“派出培训”模式，高校根据自身专业发展需要和其他方面的需求而进行，包括学历学位进修、干部外出培训、外出挂职锻炼、出国交流访问等，日益成为学校对外交流的重要组成部分，也拓展了高校教师发展的渠道；“社

---

① 郑伦仁，周鸿.高校教师专业发展及其自我实现途径研究［J］.河南理工大学学报（社会科学版），2009,（03）.

会许可”模式，随着教师职业的社会化，特别是教师资格证制度的实施，为教师专业发展带来了新的推动力。

从组织制度层面来讲，主要关注的是在全面深化新时代教师队伍建设改革过程中，高校结合自身实际，出台的制度政策文件，优化大学内部治理结构的运行机制，推进治理体系和治理能力现代化对教师专业发展的规范和指导。

从根本上来讲，就是要深化高校人事制度改革。对于高校来说，要持续不断实施“人才战略”，早在20世纪上半叶，清华大学梅贻琦校长“所谓大学，乃大师之谓也，非大楼之谓也”的名言，道出了大学组织高端人才密集的显著特征和办学的普遍规律，尊重人才，吸引人才，使用人才，发挥人才的效能，才是应有之义。随着新时代高等教育以“内涵发展”为显著特征的新的历史进程的展开，高素质教师队伍的建设必然是题中应有之义，高校教师人事体制机制改革也必将进入“全面深化”的新阶段。

具体说来，改革和理顺教师管理体制机制影响教师专业发展。以习近平总书记提出的“要从培养社会主义建设者和接班人的高度，考虑大学师资队伍的素质要求、人员构成、培训体系等”，从改革人员编制、岗位设置、工资总额管理开始，深化“放管服”改革，逐渐补齐教师队伍建设的弱项和短板。

高校用人机制改革影响教师专业发展。通过进一步改革职务制度，全面推行聘任制，加强聘期考核和管理；改革用人机制：采取编制内与编制外、有固定期限与无固定期限、全职教师与非全职教师等灵活多样的多种用人方式，激发活力；建立退出机制，有效管理形成闭环系统，能上能下、能进能出等，激发教师专业发展的外部动力。

评价制度影响教师专业发展。教师评价制度也应该适应新时代的变化和需要，全面体现当前社会对教师素质的新要求。管培俊提出形成体现正确导向的科学合理的考核评价机制，根本出路是在分类管理基础上的分类考核。[①]包括加强师德考核，克服重业务、轻师德的倾向；突出教育教学业绩，让教授为本科生上课作为基本制度，克服重科研、轻教学的倾向；实行论文“代表作”制度，克服质量放水或唯论文的倾向；实行同行评价，引入“第三方”评审，克服不公平现象。

激励制度影响教师专业发展。更加关注教师个人的内心需求，让教师有更多的成就感、获得感和幸福感，才会激发出更多的荣誉感和责任感。通过薪酬制度改革，既坚持优劳优酬、多劳多得，又兼顾公平，激发成长动力。通过教师知识地位提升，形成全社会尊师重教的良好氛围；文化性激励通过为教师提供更加纯洁的学术环境等方面，提升教师教学及科研的专注度，促进教师群体的知识更新及终身学习等。

教师专业发展机制改革和完善影响教师专业发展。中共中央、国务院《关于全面深化新时代教师队伍建设改革的意见》要求“着力提高教师专业能力，推进高等教育内涵式发展”。如今，“教师发展中心”如雨后春笋般在各大高校建立并积极发挥作用，通过专门化、体系化、针对性的师资培训，推动高校教师从“要我学”到

① 管培俊．建设高素质教师队伍关键在深化改革［J］．中国高等教育，2018，（11）．

"我要学"的转变，突出了教师发展的主体性、主动性。

总之，教师专业发展既受教师本人内部动力的驱使，也受外部环境的影响，如何避免单纯用外部压力甚至行政命令，转而通过激发教师个体的内在追求来调动教师发展的积极性，是必须认真思考的一个问题。如何善于将外部激励与内在动力结合起来，通过恰当的外部激励机制激发教师追求发展的内在热情，考验着高校管理者的智慧与担当。

第二节 关于教师胜任力研究

一、教师胜任力内涵

胜任力的正式研究始于20世纪70年代。美国心理学家、哈佛大学教授戴维·麦克利兰于1973年在《美国心理学家》杂志发表《测量胜任力而非智力》一文，首次明确提出"胜任力"的概念。他指出，学校成绩、智力、能力倾向测验不能预测职业或生活成就，主张用胜任特征测试取而代之。①

最初，胜任力在管理学、心理学等领域盛行，随后逐步进入教育学的研究视角中。根据对"胜任力"的不同理解，学界对"教师胜任力"内涵进行了丰富的研究与思考。

① 何齐宗.我国高校教师胜任力研究：进展与思考［J］.高等教育研究，2014,（10）.

杨明指出，以胜任力概念为基础，高校教师胜任力可以理解为教师在培育人才过程中所具有的知识、技能、能力、特质等要素与人才培养目标之间的匹配程度。二者之间越匹配，表征教师的胜任力越高；反之，则越低。①

王亚萍认为，教师胜任力是教师从事教育教学工作的必要条件；教师胜任力所包含的核心内容是专业知识、专业技能和所持价值观，它对教师的实践活动和教学成绩将产生直接影响；教师胜任力是属于教师个体的素质与特征，并在一定的环境下表现出来。②

杨炳君等人认为，教师胜任力比较突出的两个重要特征：一是与人员的绩效有关；二是胜任力水平会因各自的工作环境条件以及具体岗位特点的差异有区别。③

徐智华等人认为高校教师胜任力是指能将高校教师岗位上有卓越成就者与表现平平者区分开来的个人潜在的、深层次特征，它包括动机、特质、自我形象、态度或价值观、某领域知识、认知或行为技能——任何可以被可靠测量或计数的并且能显著区分优秀与一般绩效的个体的特征。④

张博从胜任力的角度探讨了高校教师继续教育的内容，认为高校教师胜任力要拥有教育行业良好的心理特质，拥有正确的自我概

① 杨明．创新型人才培养下的高校教师胜任力关键影响因素分析［J］．中国成人教育，2017，（04）．

② 王亚萍．大数据视角下高校教师岗位胜任力的评价体系构建［J］．中国高等教育，2018，（18）．

③ 杨炳君，郭雅娇．高校教师胜任力模型构建研究［J］．中国高等教育评估，2018，（02）．

④ 徐智华，等．高校教师胜任力模型研究述评［J］．现代教育科学，2012，（05）．

念与价值，拥有较强的科研和教学能力等。①

郑洁认为，教师胜任力是教师为成功实现专业发展目标所需具备的一种专业知识、技能、价值观以及人格特征的综合，属于教师个性特征的范畴，是教师胜任岗位工作所必备的条件，具体表现为：具备宽广、扎实的基础理论，系统、精深的学科专业知识，熟练、灵活的教育教学能力，独立、创新的科学研究能力，高尚的职业道德及价值观、健康的人格特质。②

关于高校教师胜任力内涵的具体表述虽然存在一定的差异，但从内核上来说具有一致性。研究者们一般都认为，高校教师胜任力关系到高校教师能否胜任为党育人、为国育才的职责使命，它包括专业知识、专业能力、专业价值观和个人特质等特征，而且这些特征都是可以被测量被量化的。

在教师成长的不同阶段，随着知识、技能、经验、阅历的丰富，其胜任力会随着提高，并表现出不同的特征。但是，作为相对稳定的教师胜任力，其对教师专业发展是有积极推动作用的。正如叶荷轩等人认为，教师胜任力是教师专业发展的基础，基于胜任力模型的教师专业发展，既体现了教师专业发展的主动性和开放性，也为教师专业发展提供了坚实的基础；教师胜任力是教师专业发展的保鲜剂，胜任力的提升可以促进职业幸福感的提高，避免教师在教育教学过程中产生倦怠心理；教师胜任力是教师专业发展的助推器，对照胜任力模型反思，教师可以明确努力方向，形成持久的学习动

① 张博．基于胜任力模型的高校教师继续教育评价方法研究［J］．中国成人教育，2014，(03)．

② 郑洁．胜任力视角中的高校教师资格认定［J］．教育评论，2013，(05)．

力和改进教学工作的意愿、行为。①

二、教师胜任力影响因素及胜任力模型

随着胜任力概念的产生和发展，对胜任力模型的探索也日益丰富。徐智华等人认为高校教师胜任力模型是指承担高校教师岗位所应具备的胜任特征要素的总和，即针对该岗位表现优异所要求结合起来的胜任特征结构。高校教师胜任力模型主要包括三个要素，即胜任特征的名称、胜任特征的定义和行为指标的等级。② 付敏等认为教师胜任力模型是实现高校教师人力资源管理的前提，通过构建高校教师胜任力内容体系，能为胜任力评价提供测评基础，便于对高校教师的胜任力进行考核、甄选以及培训。③ 杨明提出以创新型人才培养为导向，高校教师胜任力的影响因素主要体现在知识体系因素、学习意识因素、实践经历因素、教学模式因素、人格特征因素等方面。④

对于胜任力模型的探索，有“冰川模型”和“洋葱模型”两大经典胜任力模型。1973 年美国著名心理学家麦克利兰提出了“冰山模型”，将个人素质划分为“冰山以上”和“冰山以下”两个部分。“冰山以上”部分包括基础知识和专业技能，是个人素质的外在表现，可以通过考试等方式测评；而“冰山以下”部分包括人员的综合能力、个性特征、行为动机、价值观，是个人素质的内在表现，

---

① 叶荷轩，等．培养教师胜任力促进教师专业发展［J］．江西教育，2010，(12)．

② 徐智华，等．高校教师胜任力模型研究述评［J］．现代教育科学，2012，(05)．

③ 付敏，等．我国高校教师胜任力模型研究述评［J］．教师教育论坛，2014，(09)．

④ 杨明．创新型人才培养下的高校教师胜任力关键影响因素分析［J］．中国成人教育，2014，(04)．

不易被测量也不易发生改变，是引导个人行为的关键。1983 年美国学者库里提出了洋葱模型，该模型犹如洋葱由外至里层层剥开，基本知识和技能处于模型的最外层，易于识别和测量；而特质、动机处于模型的最内层，是个体内隐的、核心的个人特征，是较难识别与发展的。

近年来，我国已有不少研究者尝试构建高校教师胜任力模型，它们多数是高校教师通用型胜任力模型，同时也有针对研究型大学、民办高校、高职院校等不同类型或青年教师等不同年龄阶段或教学目标需求的高校教师胜任力模型。这些胜任力模型的内容或详或略，指标或多或少，但都表现了胜任力模型的丰富性与多样性。

王亚萍采用大数据的技术手段对教师胜任力进行了评价，认为高校教师岗位胜任力评价体系基于三个维度、六大内容进行设计构建。三个维度包括高校教师胜任力的个体维度、任务维度和战略维度，基于以上三个维度，可下设六大内容作为一级指标，分别为任职资格、专业知识、专业技能、业务绩效、工作态度和健康水平等；每一个一级指标又包含若干二级指标，任职资格包括教师学历学位、所学专业、任职资质、专业职称及类型特征（研究型、教学研究型或应用型）；专业知识包括学科知识、教育知识及经验知识；专业技能包括教学技能、科研技能、服务技能及管理技能；业务绩效包括教学成绩、科研成果、服务效益及管理奖励；工作态度包括岗位认同、教育理念、工作责任及职业理想；健康水平包括生理健康、心理健康及品格特征等。在二级指标的基础上，还可再细分出三级指标，从而分析、归纳出精准的教师胜任力。①

李小娟等基于行为事件访谈法、问卷调查法，深入建构了高校教师胜任力模型，提出4个维度32项指标：个人魅力（个人影响力、自信心、集体荣誉感、人脉资源丰富、风险精神、亲和感染力、人际理解力），学生导向（理解和尊重学生、成就意识、正确的职业价值观、分享意识、责任心、倾听能力、热爱教学、沟通协调能力、师生关系处理能力），教学水平（优秀的教学策略、执行力、关注细节、专业知识储备、理论联系实践、实践能力、丰富的教学经验、课程训练程度、寓教于乐、团队合作能力），与时俱进（开放性、学科前沿掌握能力、信息搜集能力、资讯收集能力、求知欲、前瞻性）。②

杨炳君等以高校教师为研究对象，以胜任力模型在高校人力资源管理中的应用价值为核心，借鉴及运用前人的研究成果与理论，提出了三个维度共计26项胜任特征的高校教师胜任力模型，第一维度：知识水平类，包括专业知识、通识理论知识、学科前沿知识、教育学、心理学、管理学知识；第二维度：教师技能类，包括教学技术、学习指导能力、归纳分析能力、教学策略、教学艺术、学术热情、学术功底、学术影响力、教学科研互动能力、课程设计能力、信息搜集能力、资源协调能力、人际协调能力、组织协调能力、研究应用能力；第三维度：个人特质类，包括政治素养、宽严相济、

① 王亚萍.大数据视角下高校教师岗位胜任力的评价体系构建［J］.中国高等教育，2018，(18).

② 李小娟，等.基于行为事件法的高校教师胜任力研究［J］.湖南师范大学教育科学学报，2017，(05).

奉献精神、作风正派、爱岗敬业、职业发展力。①

严尧通过行为事件访谈法和问卷调查法，对高校教师胜任力模型进行了建构，认为高校教师胜任力包括 4 个维度和 19 个指标：知识（学科基础知识，学科前沿发展知识，教育理论知识）；教学技能（教学设计，课堂教学，作业批改，课外辅导，教学评价，教学研究）；职业态度（热爱教学，治学严谨，诚实正直，尊重他人）；动机（自信，目标明确，社会责任感，奉献精神，创新能力，团队合作能力）。②

王刘华通过比较优秀教师与普通教师胜任力出现的频次，得到存在显著差异的胜任力素质，构成优秀高校教师胜任力素质模型，共 15 项，包括安全意识、关注学生、自信、影响能力、组织管理能力、灵活性、关系建立、反思能力、组织管理能力、教学知识与技能、成就导向、职业偏好、效能感、科研能力、责任感。未呈现显著差异的素质，则作为通用高校教师胜任力素质模型，也就是成为合格的高校教师必须具备的素质，共 7 项，包括分析与归纳、人际理解力、搜集信息、合作精神、诚实正直、观察力、奉献精神。③

祁艳朝等通过问卷访谈的方式研究构建了高校教师胜任力模型，得出了教师胜任特征的 24 个题项，即优秀教师胜任特征（优秀的教学策略、掌握学科前沿动态、沟通能力、自我教育、专业基础扎

① 杨炳君，等 . 高校教师胜任力模型构建研究［J］. 中国高等教育评估，2018,（02）.

② 严尧 . 高校教师胜任力模型的构建与初探［J］. 价值工程，2013,（05）.

③ 王刘华，等 . 高校教师胜任力素质模型的构建与实证研究［J］. 价值工程，2019,（21）.

实、服务意识、丰富的教学经验、抗压能力、耐力、组织协调、广泛的学术人脉、领导能力），教师共有胜任特征（良好的学术声誉、自律、良好的教学组织能力、良好的科学人文素养、高学历、自信、乐观、毅力、责任意识、公关能力、公平竞争、社交能力），并通过因子分析发现教师胜任特征分为个人魅力、教学水平、科研能力和人际沟通等四个方面。①

针对教育教学这一高校教师的主责主业，何齐宗等采用文献法、德尔菲法和统计法等方法，探讨了高校教师教学胜任力的因素，并在此基础上构建了四维度的高校教师教学胜任力模型，即知识素养（教育知识、学科知识、通识知识）教学能力（教学设计、教学实施、教学研究与改革）职业品格（职业态度、职业情感、职业追求）人格特质（自我特征、人际特征）。②

针对教师这支高校教师的主力军，熊思鹏等人采用文献法、德尔菲法、因素分析法和统计法，将高校青年教师教学胜任力确定为知识素养、教学能力、职业品格和人格特质四个维度及教育知识、学科知识、通识知识、教学设计、教学实施、教学研究与改革、职业态度、职业情感、职业追求、自我特性及人际特征等 11 个方面的内容。③

① 祁艳朝，于飞．高校教师胜任力模型的思考［J］．黑龙江高教研究，2013，（09）．
② 何齐宗．高校教师教学胜任力模型构建研究［J］．高等教育研究，2015，（07）．
③ 熊思鹏．高校青年教师教学胜任力的调查与思考［J］．教育研究，2016，（11）．

第三节 关于教师师德建设研究

一、师德建设内涵

高校是人才培养的摇篮，高校教师队伍的思想道德素质和工作作风不仅决定着人才的培养质量，也影响着国家科教兴国战略、人才强国战略的顺利实施。随着《教育部关于建立健全高校师德建设长效机制的意见》《关于加强和改进新形势下高校思想政治工作的意见》等文件的相继出台，关于师德师风建设的研究也更加丰富和深入。

有关教师职业道德重要性的论述不胜枚举，孔子曾有观点“其身正，不令而行。其身不正，虽令不从。”“学而不厌，诲人不倦”。唐代韩愈在《师说》中提出“师者，所以传道授业解惑也”。宋代的朱熹要求教师做到“言忠信，行笃敬，惩忿窒欲，迁善改过”。“正其义不谋其利，明其道不计其功”。叶圣陶先生也曾说过：“教育工作者的全部工作，就是为人师表。”这些论述均体现了师德作为教师工作的灵魂，在教育领域发挥着不可替代的重要作用。

教育部于2011年底印发《高等学校教师职业道德规范》，对师德进行了具体规定，将敬业爱生、为人师表、严谨治学、教书育人、爱国守法作为教师的基本道德素养，以规范的形式明确了教师应该遵守的职业道德标准。①

党的十八大以来，习近平总书记从国家繁荣、民族振兴、教育发展的大局出发，深刻阐释了教育工作和教师工作的重要性，明确提出成为一名党和人民满意的好老师应具有“四有”“四个引路人”“四个统一”的标准要求。这些要求相互衔接、一脉相承，具有丰富的思想理论内涵，形成了对广大教师的思想、道德、学识、作风等方面的全方位系统要求，也构成了新时代进一步加强教师队伍建设、师德建设的行动指南。

关于师德的内涵界定，社会对教师职业道德存在客观期待，教师对职业认同存在内化差异，加上学科背景、学习环境、研究氛围等因素的影响，高校师德内涵存在不同角度、不同层次、不同侧面的研究和论证。

潘懋元指出，师德是教师专业发展的一个非常重要的组成部分。大学教师是一种学术职业，大学教师是学者，首先应当受过良好的人文素质教育，具有良好的学术道德素养。大学教师是教师，还应具有高尚师德，即教师特殊的职业道德：(1)服务精神——循循善诱、诲人不倦、敬业、乐业、爱护学生、热爱教师职业；(2)自律精神——以身作则、行为世范；(3)创新精神——以自己的创新精神和创造能力来引领大学生成为创新型人才，以大学的科学文化创

① 教育部中国教科文卫体工会全国委员会.关于印发《高等学校教师职业道德规范》的通知，2011，11. https：//www.baidu.com/link?url=40iBn6IxnwxDs8DYGjmT_dDzc_wVpus-EILNlOD1PTh6vwrw8PsjAtT-Y_hhFrmIqefd6e_YgnAkzYGU6KUj4YBX-L_4tMLN4DD6YRXJgwL8CAg2-MzA13Alxg4klpoB&wd=&eqid=938018740001321e000000025f7a9518.

新引领社会的科学文化发展。①

刘志礼等人认为高校师德师风是指高校教师在具体教育实践中形成的道德品质、行为规范以及思想观念的总和，其内涵意蕴包括：以明道信道为核心，传道授业；以修身立德为关键，正己化人；以业精善学为基础，严谨治学；以仁而爱人为根本，尊生爱生。②

韩泽春、王秋生从作风方面对师德内涵做了进一步的发展，提出师德是在教育教学活动中体现出来的工作作风、思想作风和生活作风。③

袁进霞从职业规范的角度阐述了师德的含义，认为教师整体素质的高低，决定着教师对教育实践的情感、态度和价值观，制约着教师教育教学的行为规范，是教师教书育人、为人师表的实践动力与精神支柱。④

齐琦提到师德是教师在自我教育实践中，所形成的一种稳定的道德观念与行为准则，是教师道德思想的自我体现，也是社会对教师的一种道德期望与要求。⑤

李国安提出，师德就是教师的道德或教师的职业道德。新时期人民教师的师德既有一般社会道德的共有特征，如扬善抑恶、诚信友爱等，又有一般职业道德所共有的特征，如爱岗敬业、忠于职守

---

① 潘懋元．大学教师发展论纲——理念、内涵、方式、组织、动力［J］．高等教育研究，2017，（01）．

② 刘志礼，等．新时代高校师德师风建设：内涵意蕴、现实困境及破解之道［J］．现代教育管理，2020，（09）．

③ 韩泽春，王秋生．社会主义核心价值体系视域下的高校师德师风建设［J］．新疆师范大学学报（哲学社会科学版），2013，（03）．

④ 袁进霞．高校师德师风存在的问题及对策［J］．学校党建与思想教育，2017，（04）．

⑤ 齐琦．正确认识和解决新形势下高校师德问题［J］．江苏高教，2018，（07）．

等。但除了上述共同特征外，人民教师的师德还有自己的特殊性，主要包括三个爱：爱教、爱校、爱生；三个勤：勤学、勤教、勤研；三个育人：教书育人、管理育人、服务育人和三个贡献：为人才强国、科教兴国和人民满意的教育做贡献。[①]

二、师德建设现状及实现路径

高校师德师风建设是提升新时代高校教师综合素质、办好人民满意的大学的"基础工程"。习近平指出："一个优秀的老师，应该是'经师'和'人师'的统一，既要精于'授业''解惑'，更要以'传道'为责任和使命。"[②]

总体而言，虽然高校师德建设现状良好，但在具体工作中也存在一些问题，研究者们主要从思想认识不足、相关制度缺失、评价不够科学等方面进行概括，具体包括：师德建设缺位错位。部分高校师德建设的主体责任意识不强，校院两级落实师德教育缺乏行之有效的抓手，存在不同程度"以管代育""以惩代育"问题，对师德建设措施"失之于宽、失之于松、失之于软"；师德师能"两张皮"。部分高校对"坚持教育者先受教育"的认识存在偏差，在教师队伍建设过程中重师能培育、轻师德教育，抓师德建设和师能提升"两张皮"，割裂了德育和智育的有机统一关系；师德管理"宽松软"。落实师德师风建设的制度不完善，长效机制不健全，制度

① 李国安.新时期人民教师师德的内涵和特质［J］.西南大学学报（社会科学版），2010，（05）.

② 习近平.做党和人民满意的好老师——同北京师范大学师生代表座谈时的讲话［N］.人民日报，2014-09-10（02）.

制定“上下一般粗”，对具体问题要求不明确、管理不具体、考核不严格，与实际贴合度不够，指导性、针对性、操作性不强；部分教师言行失范。个别教师受资本主义思想侵蚀，滋生功利主义、拜金主义、个人主义等错误价值观，对教师职业所承担的神圣使命认识不足①，部分教师不同程度上存在“轻教学、重科研”的现象，②教学方法单调，课堂沉闷，③立德树人意识淡薄，不珍惜、不爱惜教书育人的职业荣誉，个别师德失范行为影响高校声誉和教师职业形象，有的甚至危及教育秩序和社会稳定。

针对高校师德师风发展存在的问题，相关学者提出了富有成效的见解，比较有代表性的主要集中在以下几个方面：

一是加强顶层设计，构建全员全方位全过程师德养成的工作体系。高校党委站在构建师德建设大格局的高度上，整体规划学校师德建设工作，健全师德建设长效机制，推动师德建设常态化长效化，形成党委统一领导、党政齐抓共管、各部门分工合作，教师、学生、管理人员等全员参与的工作格局。④

二是注重政治引领，营造崇高师德的环境氛围。坚持中国特色社会主义理论体系的指引，在全社会形成尊师重教的良好氛围；充分借助师德榜样的辐射作用，利用一切有效的宣传载体和渠道，在全社会形成正面舆论引导。⑤我们需要以社会道德治理为基础，营

① 查政．高校师德建设问题探析［J］．中国成人教育，2015，(18)．
② 杨万义．当前高校师德建设的主要问题与解决路径研究［J］．中国青年研究，2012，(09)．
③ 李四芬，李上文．高校师德建设存在的问题、原因及对策［J］．江西社会科学，2003，(08)．
④ 邸燕茹．新时代高校师德建设研究［J］．新时代高校师德建设研究，2018(04)．
⑤ 徐士元，陈帅．高校师德他律机制研究［J］．思想教育研究，2017，(04)．

造有利于高校师德建设的良好环境。[①]

三是健全长效机制，以提升教师道德自觉与培育师德文化为途径加强师德建设。以习近平新时代中国特色社会主义教育思想为引领，一方面应该设立师德规范底线，完善师德考评制度，加大师德失范惩罚力度。另一方面提高师德规范的"合法性"，让类似于"蜡烛""春蚕"这些带有某种牺牲精神或理想主义的师德境界，能与教师实际的道德生活状况相结合，能真正在教师心中生根发芽、开花结果，高校教师能认同这些道德规范的正确性并长期遵循、内化为自身的道德信念与道德品格。[②]

四是完善评价制度，坚持改革创新，科学评价师德。黎野等认为，师德评价是否科学、结果是否公正直接影响师德惩处的公平公正，应做到科学评价师德。坚持以事实为依据，运用行为锚定评价法进行师德评价。坚持考核主体的多元化，确保师德评价的全面性和有效性。坚持实事求是，力求避免考核误区。[③]徐新洲指出在依据高校教师职业道德评价制度的基础上制定高校教师职业道德评价标准，应注重树立以促进教师全面发展为目标的评价理念，制定切实可行的高校教师职业道德评价标准，突出高校教师职业道德评价主体性和多元性，建立动态的高校教师职业道德评价反馈机制。[④]郭颖从外部评价入手，提出外部评价可以通过将人力资源管理与党

① 张建红．新形势下高校师德建设长效机制探析［J］．思想政治教育导刊，2018，(04)．

② 罗丽君，等．以习近平新时代中国特色社会主义教育思想引领高校师德建设［J］．西藏大学学报（社会科学版）2018，(01)．

③ 黎野，文洁．高教新常态下高校师德建设：难点与对策［J］．重庆科技学院学报（社会科学版），2017，(12)．

④ 徐新洲．高校教师职业道德规范的伦理审视与考核评价研究［J］．江苏高教，2019，(09)．

建实践结合，从个人动机与组织环境角度切入，探索出周边绩效视域下的动机、环境双耦合师德建设路径。①

五是加强考核监督，拓展制度约束路径。统筹构建系统、明确可操作的师德考核监督体系，包括考核、激励、监督惩处和师生全面参与四个方面。② 同时，充分发挥高校教师自我监督的作用，鼓励教师加强自我道德修养、加强自我反省自律，以达到慎独的境界；进一步拓宽监督渠道，健全学校、教师、学生、督导共同参与的、横向到边且纵向到底的师德建设监督网络，把组织监督与群众监督、自下而上监督与自上而下监督结合起来；加大舆论监督力度，既利用各种媒介表扬和宣传师德先进个人和先进集体，弘扬正能量，也要利用各种媒体揭露和抨击师德失范事件，以案为鉴。③

六是加强教师培训，重点突出高校教师教书育人、科学研究、社会服务等内容。针对高校辅导员这一特殊群体，依托培训和研修基地，提升高校辅导员胜任力。④ 学校人事管理和师资管理部门要把师德培训纳入师资队伍建设的整体规划，建立健全培训档案，将师德培训制度化、规范化。除对新教师进行岗前培训外，学校还应定期对教师进行全员轮训。⑤

① 郭颖.周边绩效视阈下的高校师德建设路径探析［J］.武汉理工大学学报（社会科学版），2017，（06）.

② 邸燕茹.新时代高校师德建设研究［J］.新时代高校师德建设研究，2018（04）.

③ 王德勋.高校师德建设运行机制及目标考核探讨［J］.国家教育行政学院学报，2009（04）.

④ 范晓云，许佳跃.高校辅导员胜任力培训体系研究［J］.思想教育研究，2015，（01）.

⑤ 王德勋.高校师德建设运行机制及目标考核探讨［J］.国家教育行政学院学报，2009（04）.

第四节　关于教师师德师能关系研究

一、教师师德师能相互关系

习近平总书记在学校思政课教师座谈会上指出，思政课教师要给学生心灵埋下真善美的种子，引导学生扣下第一粒扣子。第一，政治要强，让有信仰的人讲信仰，善于从政治上看问题，在大是大非面前保持政治清醒。第二，情怀要深，保持家国情怀，心里装着国家和民族，在党和人民的伟大实践中关注时代、关注社会，汲取养分、丰富思想。第三，思维要新，学会辩证唯物主义和历史唯物主义，创新课堂教学，给学生深刻的学习体验，引导学生树立正确的理想信念、学会正确的思维方法。第四，视野要广，有知识视野、国际视野、历史视野，通过生动、深入、具体的纵横比较，把一些道理讲明白、讲清楚。第五，自律要严，做到课上课下一致、网上网下一致，自觉弘扬主旋律，积极传递正能量。第六，人格要正，有人格，才有吸引力。①

习近平总书记为打造一支可信、可敬、可靠，乐为、敢为、有为的高素质思政教师队伍做出了部署、提出了要求，但同时也为全

① 习近平主持召开学校思想政治理论课教师座谈会，人民网，2019 年 3 月 18 日，http://cpc.people.com.cn/n1/2019/0318/c64094-30981554.html.

体教师抓好立德树人的根本任务提供了重要遵循。

我国高等教育肩负着培养德智体美劳全面发展的社会主义事业建设者和接班人的重大任务。师德，即教师职业道德，是教师在从事教育劳动中所遵循的行为准则和必备的道德品质；师能，即成为一名合格教师应具备的能力，包括教学能力、与学生交流沟通能力和科研能力等。

“学高为师、德高为范”这八个字有力概括了教师必须具备的基本素质——师德和师能。一般来说，师德师能是构成教师整体素质的重要组成部分，相互联系、不可分割。

王颖认为，一名教师的成长需要经历专业知识的学习和实践，教师技能的培养与锻炼，需要行为习惯、个人修养的磨炼，更需要世界观、人生观、价值观等内在精神世界和道德品质的教育和熏陶。师德是师能的内在驱动力，师能是师德的重要载体，“工欲善其事，必先利其器。”没有师能，就无法从事教师这一行业，师德师风建设更无从谈起。①

史岩峰从辅导员工作的经历出发，认为师德与师能如同双胞胎一样，相对于他们的母体——教师，密不可分。师德和师能是共生共存的统一体。没有师德，即使师能再高，也不能培养出社会需要的高素质人才。同样，如果教师没有高水平的业务素质，空谈师德，也无法把学生培养成为高素质人才。师能是发展之本，师德是教育之魂，高尚的师德是提高师能的前提，精湛的师能又是实践师德的

---

① 王颖.高职院校师德、师风、师能内涵分析及建设思路研究［J］.内蒙古财经大学学报，2019，（04）.

基础。[①]

王现军认为教师专业活动是一个综合的整体，教师用以支持专业活动的专业素养也是整体的、综合的、不可分割的，各部分互相影响，相辅相成。教师职业道德与教育教学能力共同构成了教师专业素养的主体，单纯地把教师职业道德孤立起来不利于师德水平的提高。在目前的教师教育和培训中，对师德与师能的培养是相互分离的，最终造成了对师德培养与成长的忽视或者漠视。[②]

鄢高翔认为师德即教师的职业道德，师能即教师的教育教学技能。师德师能作为教师基本素质的两个核心，是辩证的统一体。师德是教师这个特殊职业的灵魂，师能是教师的职业手段，教师内在的师德品质通过师能在育人的过程中得到彰显。德高才能艺馨，没有灵魂师能就失去方向，仅有师能而没有师德，培养的人才就会成为没有思想的工具。德能兼备，缺一不可。[③]

张国良提出师德，即教师的职业道德，以及与之相适应的道德观念、情操和品质。师能，应该包括"才"和"能"两方面的内容。"师能是发展之本，师德是教育之魂"，高尚的师德是提高师能的前提，精湛的师能是实践师德的基础。二者作为教师基本素质的两个核心，是相辅相成、相互促进、辩证统一的。师德是灵魂，师能是手段。内在的"师德"通过外在的"师能"在教书育人的过程中得到彰显。德高艺馨，没有师德师能就失去方向，仅有师能而没有师德，培

① 史岩峰．当代师德师能之我见［J］．大众文艺，2012，(01)．

② 王现军．论师德师能一体化培养［J］．安阳工学院学报，2017，(03)．

③ 鄢高翔．新时期高校教师的师德与师能研究［J］．高等农业教育，2005，(03)．

养的人才可能会成为没有思想的工具。德能兼备，缺一不可。[①]

二、教师师德师能一体化发展策略

教育大计，教师为本，教育是立教之本，兴教之源，高等教育发展水平在很大程度上取决于教师队伍的整体素质。努力造就一支符合新时代发展要求，“师德与师能”并驾齐驱，充满活力的高素质、专业化、创新型青年教师队伍，对于高等学校实现内涵式发展的目标意义重大。

围绕师德师能一体化建设，从理论和实践相结合的角度出发，研究者们提出了一定的成果。邢晨聚焦新时代高校青年教师队伍建设，提出师德与师能“并驾齐驱”是高校青年教师培养的核心策略，“德”“能”融合的教师队伍建设思路是新时代教师队伍建设的新视角。他从践行社会主义核心价值观，推进师德师能融合发展；树立终身学习观，引领师德师能“落地生根”；完善高校教师管理和评价机制，促进师德师能协同并进等三个方面提出了新时代高校青年教师师德师能一体化建设策略。[②]

王颖从当前高校教师队伍发展实际出发，分析了师德师能建设方面存在着重师能轻师德师风、师德师风建设形式化、师德师风评价机制不健全等问题，提出了新形势下加强师德师能建设的思路：坚持立德树人的建设方向；遵循三大规律的建设方法，即习近平总

① 张国良．浅谈新时期高校教师师德师能的建设［J］．长沙大学学报，2010，(03)．

② 邢晨.师德与师能并驾齐驱：新时代高校青年教师队伍建设策略研究［J］.保定学院学报，2019，(05)．

书记在全国高校思想政治工作会议上指出的：“要遵循思想政治工作规律，遵循教书育人规律，遵循学生成长规律，不断提高工作能力和水平”；把握四个统一的评价标准。①

吴天毅以高校工会组织在师德师能建设中的作用和作为为突破口，从建立健全机制体制的角度提出了加强高等学校教师师德师能建设的建议与思考，主要包括：建立健全师德建设工作机制，切实加强领导；明确师德师能建设目标，制定教师基本职业道德规范；坚持以青年教师队伍师德师能建设为重点，全面推进师德师能建设；适应新形势，不断创新师德师能建设的内容、形式和方法；重视和支持工会组织开展的师德师能建设活动等。②

王现军提出了师德师能一体化培养路径，师德培养立足于教师的日常活动，揭示教师专业活动的道德底蕴，实现技术与伦理的融通，揭示师德的专业价值，职业道德的价值与职业的最终追求是一致的，重视教师的职业幸福，只有享受幸福或者说被幸福吸引的教师，才可能带领学生走向更加幸福的生活。③

杨茂盛从教师个人和社会两个层面分析了高校教师师德师能的建设。从教师个人方面来讲，高校教师要加强自身道德修养和提高个人素质，包括加强思想政治理论学习和专业学习，研究新情况、解决新问题，坚持“以人为本”的教学理念，关心关爱学生；从外部条件来讲，首先要进一步健全制度，完善师德师能评价体系；其

① 王颖.高职院校师德、师风、师能内涵分析及建设思路研究［J］.内蒙古财经大学学报，2019，（04）.

② 吴天毅.加强青年教师队伍师德师能建设的思考与实践［J］.中国轻工教育，2010，（06）.

③ 王现军.论师德师能一体化培养［J］.安阳工学院学报，2017，（03）.

次进一步加强对教师的培训工作，将师德师能培训规范化、经常化；最后要树立典型，大力宣传典型事迹，弘扬优秀传统。通过树立先进典型，以点带面，达到激励先进、弘扬正气的目的，推动整个师德师能建设的进程。①

张国良提出新时期师德师能建设的核心应该是提高教师的素质。这一素质至少应包括两个方面，即德之素质—锤炼“三心”和能之素质—强化“三力”。“三心”包括爱心、责任心和纯洁心；“三力”包括教学能力、科研能力和服务能力。②

王春赢等从发挥好课堂主渠道和主阵地作用的角度出发，提出“课堂”是教师展现师德师能的舞台，必须要深入学习研究有效的教学方式，保障理论教学课堂的高效性，精心设计实践课堂，展现实践教学中教师的示范性，适应时代的要求，不断提高业务修养，敢于创新，改进并完善自己的知识结构和能力结构，树立终身学习的理念，加强自我思想、道德建设，力争成为“德”“能”兼备的教育者。③

第五节 文献述评及总结

党的十九大以来，以习近平同志为核心的党中央将高校思想政

① 杨茂盛.浅谈高校教师的师德与师能建设［J］.西安建筑科技大学（社会科学版），2010，（02）.

② 张国良.浅谈新时期高校教师师德师能的建设［J］.长沙大学学报，2010，（03）.

③ 王春赢，由晓霞.新时期加强高校青年教师师德师能建设的思考［J］.长春师范学院学报（人文社会科学版），2013，（04）.

治工作和教师队伍建设摆在突出位置，做出了一系列重大决策部署，为新时代高校师德建设提出了目标要求，指明了前进方向。以强化师德师风建设为首要任务，以教师素质能力提升为核心内容，以理顺教师管理体制机制为强大动力，培养高素质专业化创新型教师队伍的要求越来越成为学界共识。

综合来看，关于教师师德师能建设的研究呈现出“一多一少”的总体特征。

“一多”即概念研究多。关于加强高校教师思想政治工作、教师专业发展、教师胜任力、教师师德建设等概念的研究较为丰富，主要集中在三个方面：一是定义和内涵研究多，结合理论基础和实践经验，学者们提出了丰富多元的核心要义；二是问题、影响因素研究多，围绕多领域视角，对上述概念的发展模式与机制、评价体系、发展弊端等问题进行深入剖析；三是路径优化研究多，以问题为导向，对改进和优化路径提出了切实可行的思路和建议。

除此之外，还结合外语类等不同专业类型、青年教师等不同年龄层次、职业院校等不同学校主体，进行了广泛而深入的研究，研究视角除了最普遍的教育学视角外，还涉及“互联网+”视角、知识管理视角、实践反思视角等。研究方法多样，除了有文献研究法，也有实证研究。特别是在胜任力模型建构上，采用了问卷调查法、行为事件访谈法、层次分析法、德尔菲法等多种研究方法，确保数据分析的客观性和可靠性。

“一少”即协同发展研究少。以“师德师能双提升”为直接研究对象，以师德与师能双融合、双促进为加强教师思想政治工作和师德建设的实践路径和切入口，进行师德师能一体化提升探索的研究还较为缺乏。通过知网等检索，“师德师能提升机制”“师德师能一体化发展机制”等均无直接相关结果，将师德、师能进行融合性、一体化发展研究的文章也不多。此外，关于教师专业发展的研究，目前也多集中于专业能力提升方面，对教师专业发展机制的研究较少，也鲜有涉及教师师德建设的相关内容。

理论是实践的先导，思想是行动的指南。教师既承担着传播知识、思想和真理的历史使命，也肩负着塑造灵魂、塑造生命、塑造人的时代重任。从立德树人的根本任务和为党育人、为国育才的政治使命来看，教师“经师”和“人师”身份的统一都是必然要求，因此无论是教师专业发展，还是宏观的教师队伍建设研究，都不能与教师思想政治工作及师德师风建设割裂开来；理论研究如果一味将师德师风建设与师能提升、专业发展两个方向分置割裂，就可能导致实践路径中师德建设的“脱实入虚”，与师能提升及教师专业发展渐行渐远。

因此，加强师德建设与师能提升、教师发展机制的综合研究，是建设党和人民满意的高素质、专业化、创新型教师队伍的时代要求和现实需要，需要我们在实践层面进一步探索师德师能“双提升”的可行路径和发展机制。

第三章
党建引领 着力推进高校师德建设

高校师德建设事关立德树人根本，事关大学精神和教育根基，对建设党和人民满意的高素质专业化创新型教师队伍、培养能担当民族复兴大任的社会主义建设者和接班人的根本任务，起着基础性、全局性、战略性的保障作用，加强和改进新时代师德师风建设首先必须从落实科教兴国、人才强国战略的高度，从实现中华民族伟大复兴的高度，充分认识高校师德建设的重大意义。

2017年2月，中共中央、国务院印发《关于加强和改进新形势下高校思想政治工作的意见》，指出要加强教师队伍和专门力量建设，提升教师思想政治素质，加强思想政治工作，加强师德师风建设，增强教师教书育人的责任担当。意见明确，要完善教师职业道德规范，实施师德“一票否决”，鲜明指出师德问题既是“红线”，更是“底线”。

2018年1月，党中央、国务院印发《关于全面深化新时代教师队伍建设改革的意见》，将“突出师德”作为深化新时代教师队伍建设改革的五项基本原则之一，要求“把提高教师思想政治素质和职业道德水平摆在首要位置，把社会主义核心价值观贯穿教书育人全过程，突出全员全方位全过程师德养成，推动教师成为先进思想文化的传播者、党执政的坚定支持者、学生健康成长的指导者”，进一步明确了师德师风建设在加强教师队伍建设中的首要地位，为新时期全面加强教师师德建设提供了基本依据。

2018 年 11 月、2019 年 11 月，教育部等部委先后印发《新时代高校教师职业行为十项准则》《关于加强和改进新时代师德师风建设的意见》，从国家层面对新时代师德师风建设做出了顶层制度设计，进一步凸显出师德师风建设的重要性、长期性，以及整体推进师德师风建设长效机制建设的必要性和紧迫性。

同时，师德建设相关系列文件也把“党建引领”作为加强高校师德建设的重要内容和基本支撑。《关于加强和改进新形势下高校思想政治工作的意见》鲜明提出“要加强高校基层党建工作，建立健全高校基层党组织，加强教师党支部建设，充分发挥党支部战斗堡垒作用，认真做好在高校优秀青年教师中发展党员的工作”。《关于加强和改进新时代师德师风建设的意见》明确提出“三个坚持”，坚持思想铸魂、坚持价值导向、坚持党建引领，并将“坚持党建引领”作为全面加强教师队伍思想政治工作的重要内容。因此，做好新时代高校师德建设必须加强教师党支部建设，必须旗帜鲜明坚持党建引领。这就需要我们首先正确认识和把握新时代高校师德建设和教师党建工作的基本要求、内在关系以及以党建工作促进师德建设的基本路径和方法。

第一节　新时代高校教师党建的基本要求

一、高校教师党建及工作机制

教师党建是高校党建工作的重要内容，是为加强高校教师党组织建设、教育管理监督教师党员、组织宣传凝聚服务师生群众而开展的各项工作，不仅包括日常党务工作，也包括在高校教师党组织和党员群体中推进党的政治建设、思想建设、组织建设、作风建设、纪律建设和制度建设等各方面的内容。

做好高校教师党建工作，对于加强党对高校工作的全面领导，加强和改进高校党的建设，落实立德树人根本任务，建立高素质专业化、创新型教师队伍，培养中国特色社会主义事业合格建设者和可靠接班人具有重要意义。进一步完善和加强高校教师党建工作更是全面贯彻落实全国思想政治工作会议精神的政治要求，是推动全面从严治党要求向高校基层延伸的重要举措，是落实高校党建示范创建、质量创优工作及党员“四个合格”目标要求的一项制度安排，也是加强教师党支部规范化建设、解决教师党建突出问题的内在要求。

做好高校教师党建工作，要建立健全教师党建工作机制。建立健全教师党建工作体系是抓好教师党建工作的基本保障，也是提升教师党建工作质量的基本要求。学校层面要建立健全教师党建工作组织领导机制，形成学校党委统一领导，组织部门牵头抓总，教师工作、人事、宣传、党校等部门协同配合，院系党组织负责实施、教师党支部具体落实的教师党建工作格局。《关于加强新形势下高校教师党支部建设的意见》明确指出，学校党委对教师党建工作负主体责任，学校党委书记是第一责任人，分管教师思想政治工作的党委副书记是直接责任人，其他党委班子成员按照“一岗双责”要求，对分管部门和联系院系教师党建工作负主要领导责任。院系党组织对院系教师党建工作负主体责任，院系党组织书记负主要领导责任。校、院党组织应把教师党建工作摆在突出位置，把教师党支部建设纳入党建工作规划、年度工作要点，把教师党支部建设情况作为党组织书记抓党的建设和思想政治工作述职评议考核的重要内容。要建立健全校、院两级领导班子成员联系指导教师党支部工作制度，切实发挥教师党支部主体作用，以支部为基本单位，形成教师党建工作常态化长效化机制①。

二、高校教师党建工作的内在要求

2017 年 3 月，中共中央办公厅《关于推进“两学一做”学习教育常态化制度化的意见》指出，各级党组织要教育引导广大党员按照“四讲四有”标准，做到政治合格、执行纪律合格、品德合格、发挥作用合格。这其中，政治合格是党员的根本属性、执行纪律合格是党员的生命线、品德合格是党员的价值导向、发挥作用合格是

① 中共教育部党组 . 关于加强新形势下高校教师党支部建设的意见［Z］.2017-8-1.

党员的行动指南。这也是第一次从党中央层面提出党员的“四个合格”要求，吹响了全党同志争做“四个合格”党员的集结号。

2017年2月，为深入贯彻落实《关于加强和改进新形势下高校思想政治工作的意见》精神，教育部党组印发《普通高等学校学生党建工作标准》，对“两学一做”学习教育的“四讲四有”要求以及党中央提出的党员“四个合格”要求做了进一步细化和具体化，明确提出“推动高等学校党的建设实现全面从严治党合格、贯彻落实党中央治国理政新理念新思想新战略合格、共产党员行为和作风合格、改革发展稳定的各项工作合格的目标要求”①（以下简称“四个合格”目标要求）。其中，共产党员行为和作风合格，是对党中央“四个合格”的坚持和深化，其他三个合格是站在全面从严治党、坚持和加强党的领导以及改革发展稳定大局上对高校党建提出的新要求新任务。教师党建与学生党建一样，都是高校党建的重要内容，都需要全面贯彻落实党中央精神，以教育部党组“四个合格”目标要求为具体指导，进一步推进工作组织化、制度化、具体化，推动教师党建工作质量不断提升。

“欲筑室者，先治其基。”教师党支部是把党的路线方针政策落实到高校基层的战斗堡垒，是抓好教师党建工作的神经末梢，是直接教育、管理、监督教师党员和组织、宣传、凝聚、服务师生群众的基本单位，抓好教师党建工作首先要抓好教师党支部建设的制度化、规范化、科学化建设。同时，抓好教师党支部建设也是推动全面从严治党向基层延伸的必然要求，要把教师支部建设作为学校党

① 中共教育部党组．普通高等学校学生党建工作标准［Z］.2017-2-28.

建工作最重要的基本建设，努力使教师党支部成为教育党员的学校、团结群众的核心、攻坚克难的堡垒，使广大教师党员成为有理想信念、有道德情操、有扎实学识、有仁爱之心的好老师的表率。

三、新时代高校教师党支部的主要任务

党的十八大以来，以习近平同志为核心的党中央高度重视党支部建设，提出一系列新思想新要求，突出强调要把全面从严治党落实到每个支部、每名党员，推动全党形成了大抓基层、大抓支部的良好态势，取得了明显成效。党的十九大以来，《中国共产党支部工作条例（试行）》《中国共产党党员教育管理工作条例》相继出台，为全面提升党支部组织力、强化党支部政治功能、充分发挥党支部战斗堡垒作用以及党支部履行直接教育党员、管理党员、监督党员的职责，不断提高党员教育管理工作水平提供了更精准、全面的指导意见。2017 年 8 月，教育部党组出台《关于加强新形势下高校教师党支部建设的意见》，明确了高校教师党支部在高校党的建设和学校基层治理体系中的职能定位，并就新形势下加强高校教师党支部建设做出部署，为系统做好高校教师党建工作提出具体要求。

1. 切实加强教师党支部建设

一是不断优化教师党支部设置。高校党委要按照学校办学规模、内设机构及学科专业的调整变化，及时调整和优化基层党组织设置。按照有利于发挥教师党支部战斗堡垒作用和教师党员先锋模范作用、有利于开展党员教育管理服务活动的原则，在原有按照系或教研室设置教师党支部的基础上，结合当前高等教育发展新变化新趋势，

根据实际需要，探索依托重大项目组、课题组、学科组、重点实验室、中外办学项目、科研团队等多元化的教学科研组织建立教师党组织，探索教师党建工作向最活跃、最具创新能力的区域拓展，扩大党的工作的覆盖面和有效性，做到哪里有教师党员哪里就有教师党组织，哪里有党组织哪里就有健全的组织生活和党组织作用的充分发挥，同时兼顾党员人数，适度把握支部人数规模和人员结构，使教师党支部既能"安营扎寨"，又能科学高效运行。要加强教师党支部标准化、规范化建设，创新党支部工作方法，保障党支部工作条件；同时要突出问题导向，着眼补齐短板，整顿软弱涣散的教师党支部，每年进行摸底排查，对支委不强、长期不开展组织生活、不发挥作用的，限期整顿转化。

二是不断强化党支部政治属性。坚持政治属性是教师党支部第一属性，始终把政治建设摆在教师党支部建设的首要位置，用习近平新时代中国特色社会主义思想武装党员头脑、指导实践、推动工作，教育引导教师党员牢固树立"四个意识"、坚定"四个自信"、做到"两个维护"。认真贯彻落实党的教育方针政策，宣传执行上级党组织及本支部的决议，确保支部教师始终在思想上、政治上、行动上同以习近平同志为核心的党中央保持高度一致。把推动讲政治贯穿教育教学和科研活动全过程并作为党支部工作重要着力点，团结凝聚教师，把思想引领和价值观塑造融入教育教学，明确党支部在教育教学、科研管理等重大事项中加强政治把关作用的具体办法，把好教学、科研、管理等重大事项中的政治原则、政治立场、政治方向，在教师引进、课程建设、教材选用、学术活动等重大问题上把好政治关、师德关方面积极发挥作用。

三是建强教师党建工作队伍。着力抓好高校教师党支部书记“双带头人”培育工程，按照“政治强、业务精、有威信、肯奉献”的标准，选拔思想政治素质过硬、具有副高级以上专业技术职务或者博士研究生学历学位的优秀党员教师担任教学科研一线党支部书记，更好地发挥“领头雁”作用，推动高校教师党支部书记普遍成为党建带头人和学术带头人，适时推动一批国家青年基金项目获得者、教育部青年长江学者等高层次人才担任党支部书记，把教师党支部书记队伍建设成为新时代高校党建和业务双融合、双促进的中坚骨干力量。同时，注重挑选和配备熟悉热爱基层党务工作的青年党员学术骨干担任党支部副书记或委员，并作为支部书记后备人选进行培养锻炼。要强化支委班子成员的支委意识，提升履职尽责的能力，将教师党支部工作队伍教育培训纳入学校人才队伍建设总体规划，推动教师党建工作队伍专业化、职业化建设，定期开展专题培训，不断提升党支部书记的党性修养和党务工作能力。推动党务干部落实职务职级“双线”晋升办法和保障激励机制，形成职务（职称）评审单列计划、单设标准、单独评审的具体措施。

2. 突出抓好支部教师的思想政治工作

一是提升教育内容针对性。把加强教师理想信念教育作为党支部工作的首要任务，坚持思想政治工作与党的建设相结合，紧密联系高校自身特色及学科专业特点，做好党支部理论学习与教师政治理论学习计划的有效衔接，做到党支部理论学习有计划、有安排、有落实。以增强党性与党员意识、提高思想政治素质为目标，以增强党的执政能力建设、先进性和纯洁性建设为主线，组织教师党员学习党章党规、学习党的理论创新成果，组织开展党的基本理论、基本路线、基本纲领、基本要求和党的历史、优良传统教育，组织开展中国特色社会主义理论教育，组织开展党中央治国理政新理念新思想新战略、社会主义核心价值观和“不忘初心、牢记使命”主题教育。开展经常性党员教育，做好遵守政治纪律和政治规矩、廉洁自律教育，引导支部党员政治合格、执行纪律合格、品德合格、发挥作用合格，不断增强教师党员的政治意识、大局意识、核心意识、看齐意识，不断坚定中国特色社会主义道路自信、理论自信、制度自信、文化自信。

二是创新教育方式及载体。构建以校院教师思想政治理论学习为主体、基层组织专题学习为重点、各级各类网络学习教育为辅助、主题教育实践为支撑的多层次、多渠道的教师党员经常性学习教育体系。紧紧围绕党中央和学校党委关于加强教师思想政治工作的重要部署和要求，紧密结合教师工作实际，合理设置年度思想政治理论学习专题，科学制订培训计划，发挥好领学促学作用，用党的理论创新成果武装教师头脑，增强教育的生动性、针对性、时效性。要结合新时代信息技术特征及教师个人情况，大力倡导网络选学、实践研学等方式，运用党内各类主题教育网站和“两微一端”网络新媒体，创建网上党建学习阵地、党建学习 APP 等党员教育矩阵，确保外出调研、出国访学教师党员等流动党员同步接受教育。同时，以重大节庆日、重要活动、重要节点为契机，开展形式多样的主题教育和主题党日活动，增加教育培训实践环节，组织教师党员广泛参与和指导学生开展志愿服务、社会调查、承诺践诺等活动，努力提升教师思想政治素质和实践能力，实现在育人过程中育己，达到教学相长的效果。

3. 严格组织生活和党员管理监督

一是严肃党内组织生活。坚持党内政治生活的政治性、时代性、原则性、战斗性，坚持不懈用好批评和自我批评这个武器，提高批评与自我批评质量，确保组织生活规范，有实质性内容，能有针对性地解决教师党员的实际问题。把坚持“三会一课”制度作为基本要求，教师党员按要求参加党员大会、党小组会和上党课，党支部定期召开支部委员会会议，确保会议质量。“三会一课”应结合学科专业的特点，突出政治学习和思想教育，突出党性锻炼，坚决防止表面化、形式化。每年至少召开一次专题组织生活会，坚持把组织生活会制度落到实处，会前广泛听取意见，会上认真查摆问题、深刻剖析根源、明确改进方向，会后逐一整改落实。坚持谈心谈话制度，开展经常性谈心谈话，做到坦诚相见，交流思想和意见。坚持民主评议制度，督促党员对照党章规定的党员标准、对照入党誓词、联系个人实际做好党性分析，增强党的观念，强化教师党员意识。院系党组织要加强对教师党支部党内组织生活的指导和引导，确保党内组织生活有序开展，以健康的党内政治生活推动形成良好政治生态。

二是提高发展党员质量。在中青年骨干教师群体中做好党员发展工作是高校教师党建工作的重要内容，也是当前高校基层党建重点任务之一。发展党员要贯彻党的基本路线、基本理论和基本纲领，坚持党章规定的党员标准，按照“控制总量、优化结构、提高质量、发挥作用”的总要求，始终把政治标准放在首位，不断提高在教师群体中发展党员的质量。要特别注重从优秀中青年骨干教师和高层次人才中发展党员，在坚持标准的前提下给予政策倾斜，实行年度发展党员计划单列，同时严把发展关口，严格政治审查，深入考察发展对象的入党动机是否端正，对党的认识是否深刻，是否遵守党章党规党纪，是否坚定不移听党话、跟党走，真正把业务优秀的骨干教师吸纳为党员。在教师群体中发展党员，同样要坚持慎重发展、均衡发展，坚持入党自愿原则和个别吸收原则，健全完善校、院两级领导班子成员、党员学科带头人联系优秀青年教师制度，不断做好教师入党“思想启蒙”工作，坚持成熟一个，发展一个，禁止突击发展，反对“关门主义”。

三是严格党员日常管理。牢固树立党的一切工作到支部的鲜明导向，从严做好党员的日常管理工作。要确保党员组织隶属关系明晰，每一名教师党员都能纳入党的基层组织管理之中。及时做好党员党籍和组织关系管理，做好党费收缴、使用和管理工作等基础性工作，教育党员自觉按时足额交纳党费。把纪律和规矩挺在前面，加强党员日常管理监督，引导教师党员追求道德高线、严守纪律底线，促进形成党员教师遵守师德规范、践行学术道德的良好风尚。坚持以人为本，从政治、思想、学习、工作和生活上关心爱护教师党员，建立健全党内激励、关怀与帮扶机制，搭建务实管用、灵活多样、特色鲜明的服务党员群众载体，凝聚人心、化解矛盾、增进感情，使党支部真正成为团结凝聚师生群众的坚强阵地和政治核心。

尊重教师党员的主体地位，保障教师党员民主权利，确保教师党员的知情权、参与权、选举权和监督权，支持教师党员广泛参与院系、学校管理工作，畅通教师党员参与讨论党内事务的途径，拓宽表达意见渠道，营造党内民主讨论的政治氛围。

4. 发挥教师党支部和教师党员作用

一是发挥教师党支部作用。坚持围绕中心抓党建、抓好党建促发展。围绕服务国家战略、社会发展和高等教育改革发展需求，全面贯彻落实学校党委决策部署和学校中心工作任务，有效开展学习型、服务型、创新型党组织创建，发挥好组织带动、工作带动、队伍带动、榜样带动作用，教育引导教师党员在教学科研工作中亮出党员身份，带头攻坚克难，引领带动师生积极投身学校改革发展事业。提高教师党组织在教师思想政治教育、管理、服务工作中的针对性实效性，提升教师党组织在教育教学、科学研究、社会实践等方面工作的凝聚力和引领力。坚持解决思想问题与实际问题相结合，注重人文关怀和心理疏导，大力推进师德师风建设，关心了解党支部教师的思想政治状况，及时回应师生群众的重大关切，防止各类错误思想文化侵蚀，建立健全预警机制，积极做好教育引导工作，切实在引领优良校风、师德、师风、践行社会主义核心价值观和维护学校改革发展稳定大局中发挥战斗堡垒作用。

二是发挥教师党员作用。充分发挥教师党员的先锋模范作用，带头落实“四个合格”目标要求，做党的路线方针政策的宣传者，做党的教育事业和立德树人的践行者，做服务国家、服务社会需要的争先者，做钻研科学知识、勇攀科学高峰的探索者。始终按照讲政治、有信念，讲规矩、有纪律，讲道德、有品行，讲奉献、有作为的标准，做到政治合格、执行纪律合格、品德合格、发挥作用合格，严格遵守党章与党纪党规，带头遵守国家法律和校纪校规，做遵纪守法和良好师德师风的标杆，努力成为“四有”好老师的表率，带头践行社会主义核心价值观，用自己的学识、阅历、经验，引导和帮助学生把握好人生方向，特别是引导和帮助青少年学生扣好人生的第一粒扣子。要定期开展评选表彰优秀教师党员工作，通过选树先进典型，用身边人、身边事教育影响其他教师和广大学生，团结和带领广大教师为推动形成优良党风、校风、学风做贡献。

第二节　新时代高校师德建设的基本要求

一、高校师德建设及工作机制

师德是教师的职业道德，是教师和一切教育工作者应具备的道德品质和应遵从的行为规范，也是教师为了维护社会公共利益应该遵守的社会公共道德。师德与教师职业不可分割，教师职业道德随着教师职业的产生和实践而逐渐丰富和不断完善；教师职业道德又为教师能够更好地从事教育事业提供了价值尺度和行为依据。

一般来说，高校教师师德内涵是由客观和主观两个方面构成。从客观方面看，它是由外在社会规定的教师职业活动应遵循的规范和准则，一般以法律政策或文件等形式提出硬性规定；从主观方面看，它凝聚在教师内在的道德观念和品质中并外化于道德行为，主要体现在自觉主动性上，并随教育实践的拓展而不断丰富。因此，加强高校师德建设，需要将师德师风要求与高校教育教学实践相结合，贯穿教师管理监督全过程，实现师德建设的主客观要求相统一。

高校要把加强师德建设作为教师队伍建设的首要任务和固本工程，夯实学校主体责任，压实学校主要负责人第一责任人责任。要强化党委教师工作部建设，明确将教师思想政治和师德师风建设作为其主要职责。要建立健全责任落实机制，坚持失责必问、问责必严。进一步完善师德建设的各项制度机制，加强工作支撑和条件支持，提高师德师风建设工作的科学性、实效性。

二、新时代高校师德建设的基本遵循

教师是教育之本，师德是教师之本。党的十八大以来，以习近平同志为核心的党中央将高校师德建设摆在突出位置，发表了一系列重要讲话、做出了一系列重要指示批示。习近平总书记在关于教育工作的系列重要讲话中，从国家繁荣、民族振兴、教育发展的大局出发，深刻阐释了教师职业和教师工作的重要性，先后用“大先生”“筑梦人”“系扣人”“引路人”等称谓表达对广大教师的殷切期盼，明确提出成为一名党和人民满意的好老师应满足“四有”“四个引路人”“四个统一”的标准要求，号召广大教师以德立身、以德立学、以德施教。这些要求相互衔接、一脉相承，具有丰富的思想理论内涵和时代价值，形成了对广大教师的思想、道德、学识、作风等方面的全方位系统要求，是新时代进一步加强思想政治工作、师德建设的基本遵循。

2013年教师节前夕，习近平总书记对广大教师提出了“三个牢固树立”的殷切希望，其中第一个希望就是牢固树立中国特色社会主义理想信念，带头践行社会主义核心价值观。要求广大教师“自觉增强立德树人、教书育人的荣誉感和责任感，学为人师、行为世范，做学生健康成长的指导者和引路人”①，突出了教师职业道德修养的重要地位。

2014年教师节前夕，习近平在北京师范大学与师生代表座谈时号召广大教师要做一名好老师，并详细阐释了好老师应具有的四个方面品质，即有理想信念、道德情操、扎实学识、仁爱之心。这四方面品质中，三个方面是围绕教师的职业道德素养谈的，师德是核心。习近平指出：一个优秀的老师，应该是‘经师’和‘人师’的统一，既要精于‘授业’‘解惑’，更要以‘传道’为责任和使命。②

2016年教师节前夕，习近平在北京市八一学校考察发表讲话时强调：广大教师要做学生锤炼品格的引路人，做学生学习知识的引路人，做学生创新思维的引路人，做学生奉献祖国的引路人。③这“四个引路人”强调了教师的使命重在育人、成为“人师”，要从锤炼品格、学习知识、创新思维、奉献祖国四个方面引领学生成长。

---

① 习近平．习近平向全国广大教师致慰问信［N］．人民日报，2013-09-10（1）．

② 习近平．做党和人民满意的好老师——同北京师范大学师生代表座谈时的讲话［N］．人民日报，2014-09-10（2）．

③ 霍小光，张晓松．习近平在北京市八一学校考察时强调：全面贯彻落实党的教育方针 努力把我国基础教育越办越好［N］．光明日报，2016-09-10（1）．

在2016年12月召开的全国高校思想政治工作会议上，习近平指出加强高校师德师风建设要坚持“四个统一”，即“坚持教书和育人相统一，坚持言传和身教相统一，坚持潜心问道和关注社会相统一，坚持学术自由和学术规范相统一”。[①] 教学和科研是高校教师教育实践的两大重点领域，前两个统一是在教学方面的要求，后两个统一是在科研方面的要求。“四个统一”是教师的思想、道德、学识、作风在这两大领域的具体体现。

可见，“四有”是基础，是教师师德建设的应有之义；“四个引路人”是目标，是师德建设作用发挥的方向；“四个统一”是路径，是教师提升师德的必然选择。[②] 育有德之人，需有德之师。教师只有自身具备了理想信念、道德情操、扎实学识和仁爱之心，以德立身、以德立学、以德施教，才能以德育德，源源不断地培育出具有高尚品格、扎实学识、创新思维、奉献祖国的高素质人才。而加强教师队伍建设正是为了立德树人。坚持“四个统一”，是对教师在人才培养、科学研究、社会服务职责中的具体要求，是实现成为“四有”好老师、担当“四个引路人”的具体路径。

2019年3月，习近平总书记在学校思想政治理论课教师座谈会的讲话中对思政课教师要求：“第一，政治要强；第二，情怀要深；第三，思维要新；第四，视野要广；第五，自律要严；第六，人格要正。”这虽是对思政课教师的要求，但亦可引申至对高校教师师德

① 习近平在全国高校思想政治工作会议上强调：把思想政治工作贯穿教育教学全过程 开创我国高等教育事业发展新局面［N］. 人民日报，2016-12-09（1）.

② 邸燕茹 . 新时代高校师德建设研究［J］. 思想理论教育导刊，2018,（4）.

的基本要求。由“四有好老师”到“六个要”，高校教师师德的基本要求在内容和层次上随着新时代的不断前进而丰富深化。

三、新时代高校师德建设的基本原则①

一是坚持正确方向。抓好新时代高校师德建设，要全面贯彻党的十九大精神和习近平新时代中国特色社会主义思想，坚持社会主义办学方向，全面贯彻党的教育方针，落实立德树人根本任务。坚持党对高校师德建设工作的全面领导，充分发挥党建引领师德建设的能效，确保教师在落实立德树人根本任务中的主体作用得到全面发挥。用习近平新时代中国特色社会主义思想武装教师头脑，使广大教师更好掌握马克思主义立场观点方法，认清中国和世界发展大势，增进对中国特色社会主义的政治认同、思想认同、理论认同、情感认同。

二是坚持尊重规律。抓好新时代高校师德建设，首先要深入学习贯彻习近平总书记关于教育的重要论述，遵循教育规律、教师成长发展规律和师德师风建设规律，注重高位引领与底线要求结合、严管与厚爱并重，做到师德建设的主客体要求相统一，不断激发教师内生动力，提高教师提升师德的主观能动性，形成积极正面导向。要强化教育强国、教育为民的责任担当，引导广大教师在为党育人、为国育才的实践中厚植教育情怀。

三是坚持聚焦重点。抓好新时代高校师德建设，要坚持把促进学生成长成才作为教师队伍建设的出发点和落脚点，以理顺教师管

① 教育部等七部门．关于加强和改进新时代师德师风建设的意见［Z］.2019-11-15.

理体制机制为强大动力，加强教师党建、教师专业发展与师德建设的协同作用，推动高校教师“经师”和“人师”身份实现有机统一。重视高层次人才、海外归国教师、青年教师的教育引导，增强工作针对性。针对当前高校师德建设突出问题，强化各地各部门的领导责任，进一步压实高校主体责任，引导家庭、社会协同配合，推进师德师风建设工作制度化、常态化。

四是坚持继承创新。立足我国国情，传承中华优秀师道传统，全面总结改革开放特别是党的十八大以来，高校在师德师风建设方面取得的有益经验，营造尊师重教氛围，传递教师正能量，让全社会广泛了解教师工作的重要性和特殊性。借鉴国际经验，注重把握新时代新任务新变化，加强管理体制机制和教育方式方法创新，推动师德师风建设工作不断深化，不断适应新时代高等教育“立德树人”的根本要求。植根校史校情，要以校训为核心，以校史文化为主线，以教风和学风为拓延，形成不同高校师德建设的生动表达，营造优良校风学风和育人成才氛围。

典型案例

传承“翔宇”精神以红色基因铸魂育人

北京第二外国语学院是周恩来总理亲自提议成立的外国语大学，学校党委和广大教师秉承总理建校初心，以“翔宇”精神凝心聚力，围绕为党育人、为国育才，建强“翔宇”大思政格局，着力提升铸魂育人实效。

传承红色基因，突出红色爱国主义教育。面向全体师生讲述红色校史，实施新生和新教工“翔宇精神传承与校史文化主题教育”；将国庆70周年群众游行任务作为爱国主义思政课，通过开展“青春献给祖国”事迹宣讲，持续激发师生爱国热情；打造全国大学生红色旅游创意策划大赛，2019年共有境内外246所学校的764支队伍参赛，推动爱国教育形成生动实践；结合主题教育，在今年的决赛环节策划“一课”“一展”“一演”，组织所有参赛师生听一次党课、参观一场红色历史展览、观赏一场红色经典演出。

以“翔宇”精神文化，引领优良校风师风学风。以总理精神为感召、以校训为核心、以师德师风、教风学风为延伸和表现形式，形成社会主义核心价值观的“二外表达”。构建文化育人环境，举办“翔宇”70周年旅游文化周、“中国梦·师生唱”主题活动，设立新生“梧桐奖章”，选树“翔宇励志榜样”、评选“四个表率党员”，营造优良学风校风和育人成才氛围。打造价值理论“微表达”，开展支部微宣讲、举办学生微党课、推出“世说习语”双语微宣传，见微知著、积微成著，提升铸魂育人实效。

强化师德师风示范，创新育人育才机制。党委书记、院长带头为学生讲党课、思政课，凸显“头雁”效应；院领导、系主任采用“1+1+6”模式对接宿舍、联系学生，打造亲和型、对话型、平等型师生关系；由学院党委牵头建立“党委＋班主任＋全体教师”的班级联络机制，推动“党委委员进班级、进班会”，打造覆盖全体师生的“网阵交流机制”，师生联络覆盖率达到100%；以党员教师为主体的首批“全国高校黄大年式教师团队”旅游管理教师团队，以

"师徒制"教学，扎根讲台、知行统一，带领学生把学习成果写在全国红色旅游目的地的热土上。

兴国必先强师，教师承担着传播知识、传播思想、传播真理的历史使命，肩负着塑造灵魂、塑造生命、塑造人的时代重任。加强和改进新时代师德师风建设只有牢牢把握基本遵循和基本原则，才能真正达成预期的建设效果。一是构建形成完备的师德建设制度体系和有效的师德建设长效机制，全面提升教师思想政治素质和职业道德水平，高校教师敬业立学、崇德尚美呈现新风貌、新气象。二是基本建立教师权益保障体系，让教师安心、热心、舒心、静心从教的良好环境基本形成，师道尊严进一步提振。三是不断加深全社会对教师职业认同度，不断提高教师政治地位、社会地位和职业地位，广大教师在岗位上有幸福感、事业上有成就感、社会上有荣誉感，尊师重教蔚然成风。

第三节 高校教师党建与师德建设的内在关系

高校教师党建和师德建设，是高校以教师为主体开展的重要工作。两项工作在建设主体、根本目标、主要问题、建设路径和建设效果上都具有很强的逻辑关联性。探讨二者之间的内在关系，有利于加深对高校教师党建工作及师德建设工作内涵、理念和内容的理解，进一步形成以党建为引领、协同推进教师党建工作和师德建设工作的思想认识，为加强和改进高校师德建设提供更系统有效的路径方法。

一、建设主体的统一性

教师党建工作和师德建设工作关系到高校思想政治工作的实效性和针对性，也关系到高校全面深化新时代教师队伍建设改革的成效。从工作任务分工来看，教师党建工作和师德建设工作在校级层面均应由教师工作部具体负责统筹。按照教育部工作要求，大部分高校已专门设立党委教师工作部，负责学校教师思想政治工作和师德师风建设，使得高校教师党建工作和师德建设工作更加系统化、体系化，为同步推进教师党建工作和师德建设工作提供了基本组织基础。

在二级院系层面，教师党建工作和师德建设工作均由党组织负责具体落实，党的建设问题和师德师风建设重要事项均由院系党委会议或党总支会议讨论研究决定，党建工作和师德建设工作能做到同步计划、同步推动、同步落实。同时，教研室层面的教师党支部承担着支部建设和教师党员教育管理的重要职责，其中包括保证监督党的教育方针贯彻落实、加强教师思想政治引领、巩固马克思主义在高校意识形态领域的指导地位等内容。这其中，把好教师政治关、师德关是一项重要职责。因此，教师党建工作和师德建设工作在建设主体上高度统一，为推进两项工作、探索提升师德建设的有效方法提供了良好条件。

二、根本目标的一致性

习近平总书记指出：高校立身之本在于立德树人，教育的根本问题是“培养什么人、怎样培养人、为谁培养人”。这就明确了立德树人是高校的根本任务，高校的一切工作必须紧紧围绕立德树人这一根本任务展开。“不忘初心、牢记使命”主题教育期间，高校将党“为中国人民谋幸福、为中华民族谋复兴”的初心使命，在教育领域具体表述为“为党育人、为国育才”，即鲜明地指出为党育人、为国育才是党的初心和使命在高校最直接、最本质的体现，为党育人、为国育才是高校必须一以贯之坚持、不折不扣落实的政治使命，也是建设党和人民满意的高素质、专业化、创新型教师队伍所要达成的根本目标，也必然是高校党的建设工作的最终落脚点。因此，教师党建工作与师德建设工作必须旗帜鲜明以“为党育人、为国育才”为根本导向，不断推动立德树人各项工作扎实落地。

从高校的功能来看，高校教师党建工作和师德建设都是高质量高标准实现教育使命任务的重要手段和基本保障，根本目标都是为了培养德智体全面发展的社会主义事业建设者和接班人。因此，只有将两项工作有机结合，充分发挥高校党组织在师德师风建设中的重要作用，以党员教师带动全体教师，全面调动教师队伍的积极性和创造性，才能更好提升高校教师教学质量和育人育才水平。①

---

① 杨清．新时代高校党建工作带动师德师风建设的研究［J］．科教导刊，2018，(19)．

典型案例

自觉肩负育人育才使命倾力打造“心之约”工程

北京第二外国语学院党委自觉肩负“为党育人、为国育才”政治使命，着力打造亲和型、对话型、平等型“心之约”工程，将其作为加强改进师德师风建设和“全员育人、全过程育人、全方位育人”的重要举措。

创新“约”的机制，突出“全员参与、双向互动”。坚持“亲和、平等、对话”原则，创新确立“午间食刻交流”“梧桐奖章”“我与校领导有个约定”“同读一本书·读书面对面”“青年成长导师”等多种交流渠道。每位校领导对接基层党支部、班级或学生社团，每学期至少为学生讲1堂思想政治理论课或形势政策课，每周至少“面对面”接触学生1次。中层干部定期参加学生主题党日团日、主题班会、社团活动或文体竞赛；专业课教师与辅导员共同积极开展针对学生的深度辅导和学业发展辅导；后勤、安稳部门工作人员以精细化保障管理育人、环境育人，全员育人的格局逐见成效。

丰富“约”的内容，突出“全过程、全方位”育人。强化以师生为中心的理念，不断密切师生情感联系。每学期通过每周五中午“食刻交流”，学生与校领导开展午餐交流十余次，交流学习心得与思想困惑；通过“我与校领导有个约定”活动，校领导与新生共同策划组织主题活动，帮助学生顺利度过入学适应期。校党委书记专程前往西藏，看望慰问援藏毕业生；党委副书记、校长长期保持与扎根新疆、投身基层的毕业生书信沟通，把育人育才工作写在祖国大地上。

提升“约”的内涵，突出铸魂育人实效。在师生交流互动中，构建交融性、互动性的以文化人环境，营造优良学风校风和育人育才氛围。在庆祝新中国成立70周年庆祝活动中，二外1076名师生参与国庆服务保障四项重要任务，学校成立22个临时党支小组强化党的政治引领，师生共同设计制作国庆专属“梧桐徽章”，厚植家国情怀。任务完成后，学校参训师生赴雪域高原开展国庆宣讲活动，覆盖5所大专院校、7所中小学的1000余名师生，受到西藏自治区教育厅和相关师生的广泛赞赏。

三、主要问题的关联性

从教师党建工作实际来看。教师党建和思想政治工作体制机制不够健全，针对性、实效性还有待提升。长期以来，高校各级党组织和党的工作部门按照中央和上级党委要求，切实加强基层党组织建设，教师党建工作的制度化、规范化、科学化程度不断提高，教师党支部的工作覆盖面不断扩大、战斗堡垒作用持续加强，广大教师党员的先锋模范作用进一步发挥。但也应当看到，教师党建工作还存在“上热中温下凉”情况，教师党支部建设工作仍然面临新情况新问题，一是一些党支部政治功能弱化，在把好政治关、师德关方面缺乏行之有效的制度或者务实管用的举措。二是个别教师党员组织生活不经常、不认真、不严肃，批评和自我批评质量不高，流于形式，做表面文章，没有往心里走、往实里走。三是教师思想政治工作相对薄弱，少数教师党员党的意识不强、先锋模范作用发挥不突出，对教师师德师风建设没有起到正面导向作用。四是少数党支部书记党务能力不足、工作积极性不高，有效调动和激励党务工作人员积极性的机制办法不够健全，党支部建设不够有生机活力等。这些问题严重影响教师队伍的凝聚力和战斗力，影响教师师德建设成效和教师队伍建设质量。

从高校师德建设实际来看。当前高校师德建设成效整体上是良好的，大部分教师职业认同感强，积极健康向上，能够尽职尽责完成教学科研工作。但随着国际国内形势深刻变化，各种思潮通过互联网、新媒体在大学校园内不断交流、交融、交锋，教师思想政治工作面临许多新情况新任务新挑战，高校师德师风建设也存在诸多突出问题，主要表现在：一是师德建设缺位错位。部分高校师德建设的主体责任意识不强，校院两级落实师德教育缺乏行之有效的抓手，存在不同程度“以管代育”“以惩代育”问题，对师德建设措施“失之于宽、失之于松、失之于软”。二是师德师能“两张皮”。部分高校对“坚持教育者先受教育”的认识存在偏差，在教师队伍建设过程中重师能培育、轻师德教育，抓师德建设和师能提升“两张皮”，割裂了德育和智育的有机统一关系。三是师德管理“宽松软”。落实师德师风建设的制度不完善，长效机制不健全，制度制定“上下一般粗”，对具体问题要求不明确、管理不具体、考核不严格，与实际贴合度不够，指导性、针对性、操作性不强。四是部分教师言行失范。个别教师受资本主义思想侵蚀，滋生功利主义、拜金主义、个人主义等错误价值观，立德树人意识淡薄，不珍惜、不爱惜教书育人的职业荣誉，个别师德失范行为影响高校声誉和教师职业形象，有的甚至危及教育秩序和社会稳定。

由此可以看出，教师党建和师德建设面临着同样的困境，党组织的政治核心作用和政治关、师德关把关不足，导致其主体作用未能得到有效发挥。师德建设出现的问题有高校教师自身修养方面的原因，也有高校师德建设责任主体作用发挥不充分，教育培养约束机制不到位的原因，这其中教师党建，特别是教师党支部自身建设及党支部政治功能发挥情况是师德建设相关问题产生的重要因素。

四、建设路径的协调性

教师党建工作是高校党的建设的重要组成部分，必须按照高校党的建设要求和教师党建实际需要做好自身建设。新时代党的建设总要求提出全面推进党的政治建设、思想建设、组织建设、作风建设、纪律建设，把制度建设贯穿其中。高校教师党建也必须以政治建设为统领，以坚定理想信念宗旨为根基，以调动教师积极性、主动性、创造性为着力点，全面推进六大建设，不断提高教师党建工作质量，为教师教育教学各项工作提供思想、政治和组织保障。

从师德建设的内容途径看，做好教师思想政治引领，强化思想政治理论学习，加强完善师德建设工作机制体制，做好教师师德师风考核评价监督约束等方面的内容与教师党建工作范围大体一致。而坚持党建引领，充分发挥教师党支部和党员教师作用更是师德建设的应有之义和现实需求。因此，从教师思想政治工作、作风和纪律要求、监督考评等机制建设、组织保障等各方面，加强教师党建工作的政治引领和组织保障，对推进师德建设有积极的指导和促进作用。

五、建设效果的互促性

教师党建和师德建设工作内容虽各有侧重，但是一脉相承，在建设效果上相互促进，对推动高校落实立德树人根本任务起着重要作用。教师党支部是党在高校的基层战斗堡垒，是党团结和联系广大教师的桥梁纽带。《关于加强和改进新时代师德师风建设的意见》明确指出，建好党员教师队伍，使党员教师成为践行高尚师德的中坚力量，重视在高层次人才和优秀青年教师中发展党员工作，完善学校领导干部联系教师入党积极分子等制度，使教师党支部成为涵养师德师风的重要平台。教师党建对师德起着重要的政治引领和组织保障作用，高质量党建必将有效引领、带动和推进高质量师德建设，不断涵养良好校风、师风；而好的师德建设作为基本支撑，反过来又能使教师党组织更有凝聚力向心力，更加坚强有力、更具生机活力，为教师党组织发挥战斗堡垒作用提供条件，对推动学校涵养形成良好的政治生态有着积极的促进作用。

此外，不管是教师党建工作，还是师德建设工作，都以提高教师的思政政治素养和职业道德水平为基本要求，两者建设效果的好坏，也直接影响着高校大学生的思想品德教育和道德修养，最终影响“为党育人、为国育才”和立德树人的成效。

第四节 以党建为引领 加强师德建设的基本思路

习近平总书记在全国高校思想政治工作会议强调，“我们的高校是党领导下的高校，是中国特色社会主义高校”。[①] 加强高校师德建设，就必须不断坚持和完善党对学校工作的全面领导，着力发挥院系党组织政治核心作用，突出教师党支部在师德建设方面的主体作用，不断发挥教师党员榜样引领作用，形成党建引领、推动师德师风建设取得良好成效的生动局面。

一、坚持学校党委的全面领导，优化师德建设的顶层设计

师德建设是高校加强教师队伍建设的首要内容，在高校立德树人根本任务中处于关键地位，是一项站位高、内涵深、要求严的系统工程，必须坚持高校党委的全面领导。党委教师工作部是加强教师队伍建设的工作部门，需要将教师思想政治和师德师风建设作为其首要职责。加强教师师德建设，首先需要加强党委教师工作部建设，从专门机构建设上做好组织和工作机制保障。

① 习近平在全国高校思想政治工作会议上强调：把思想政治工作贯穿教育教学全过程 开创我国高等教育事业发展新局面［N］. 人民日报，2016-12-09（1）.

学校党委要站在构建师德建设大格局的高度，整体规划学校师德建设工作，不断健全完善师德建设长效机制，推动师德建设常态化长效化，形成党委统一领导、党政齐抓共管、各部门分工合作，教师、学生、管理人员等全员参与的工作格局。要进一步建立教师工作部、组织部、宣传部、教务部门、科研部门等协调分工的工作机制，明确二级党组织、教师党支部等党组织在师德建设中的职责作用，不断健全师德建设管理机制。坚持学校党委的全面领导，还需要加强师德建设的顶层设计，建立教育、宣传、考核、监督、激励、惩处六个方面紧密衔接的“六位一体”师德建设工作体系，将六个方面的任务分解到教师工作、宣传、教务、科研、人事、工会等相关党政群团工作部门。同时要夯实学校各级单位负责人主体责任，压实学校主要负责人第一责任人责任，建立健全责任落实机制，坚持失责必问、问责必严。

二、发挥院系党组织政治核心作用，全方位推进师德建设

高校院系党组织是推进师德师风建设工作的责任主体，需要从办好中国特色社会主义大学的高度强化对师德建设重要性、迫切性的认识，准确把握功能和职责定位，持续完善全员全方位全过程师德建设的实践路径，为构建常态化、长效化师德建设体制机制做出努力。

一是强化政治功能，有力推动师德建设任务落细落实。高校院

系基层党组织是政治组织，具有鲜明的政治属性，必须落实全面从严治党的要求，强化政治功能，当好全面贯彻党的教育方针为党为国育人育才、服务全体师生推动学院改革发展的骨干力量。院系基层党组织要抓实落细师德师风建设各项要求，把贯彻党的教育方针转化为教师的自觉行动，以实现其对所在院系全体教师的政治引领和价值引领作用。《中国共产党普通高等学校基层组织工作条例》明确规定，高等学校院系级党组织肩负有六项主要职责，其中就包括领导本单位的思想政治工作、抓紧本单位党员干部的教育管理工作等。院系党组织要提高政治站位，从推动党建全面进步、全面过硬的高度，准确把握师德师风建设的工作定位，从制度建设、日常教育监督、舆论宣传等方面切入，强化师德师风正向激励，严格师德师风考核，有效凝聚师德建设合力，扛起师德师风建设的主体责任，将发挥院系党组织政治核心作用落到实处。

二是提升思想政治工作实效，加强师德师风宣传教育。抓好学校党建和思想政治工作是高校党组织办学治校的基本功。《中共教育部党组关于高校党组织“对标争先”建设计划的实施意见》提出，院系党组织要发挥干部和教师队伍建设中的政治把关和主导作用，通过细致深入的思想政治工作，确保师德师风、学术道德、教风学风建设落实到位。这准确界定了院系党组织在思想政治工作中的重要作用。院系党组织要创新师德师风建设方式途径，强化立德树人等理想信念教育，筑牢“四有好老师”“四个引路人”的思想政治基础，严格对标《新时代高校教师职业行为十项准则》等制度红线要求，抓好师德师风考核评价，实施“一票否决制”。

三是压实全面从严治党责任，夯实师德师风建设责任落实机制。近年来，中央、教育部、各省教育部门、各高校就建立健全高校师德建设长效机制密集出台制度规范，从责任落实层面强调健全师德建设工作机制问题。中共中央、国务院《关于全面深化新时代教师队伍建设改革的意见》提出，要健全师德建设长效机制，推动师德建设常态化长效化。教育部也出台文件要求建立健全高校师德建设长效机制，加强高校教师师德失范行为处理，明确提出要建立和完善党委统一领导、党政齐抓共管、院系具体落实、教师自我约束的师德建设领导体制和工作机制。可以看到，院系是师德建设的责任主体，其功能定位是“具体落实”，院系党组织和行政主要负责人同时对本单位师德建设负直接领导责任。院系党组织要立足探索建立教育、宣传、考核、监督与奖惩相结合的责任落实要求，强化师德师风建设的组织领导、教育培训、考核评价和督促检查。

三、突出教师党支部主体作用，为师德建设提供坚强保障

中共中央、国务院《关于全面深化新时代教师队伍建设改革的意见》指出，要加强教师党支部和党员队伍建设，将全面从严治党要求落实到每个教师党支部和教师党员，把党的政治建设摆在首位。中共教育部党组《关于加强新形势下高校教师党支部建设的意见》指出，加强新形势下高校教师党支部建设，对于落实立德树人根本任务，培养中国特色社会主义合格建设者和可靠接班人，具有重大

而迫切的战略意义。因此，做好师德建设需要让党支部在基层工作中“唱主角”，真正做到把教师党员组织起来，把师生群众动员起来，确保党的教育方针政策和决策部署贯彻落实，真正成为教学科研一线的坚强战斗堡垒，为开展师德建设各项工作提供坚强的政治保障和组织保障。

一是强化政治引领作用。加强教师理想信念教育是教师党支部工作的首要任务，要以“两学一做”学习教育常态化制度化为抓手，认真学习党的十九大精神和习近平总书记关于教育的重要论述，促进教师将思想引领和价值观念的塑造融入日常教育教学过程中，在课堂教学、论坛讲座等活动中坚持正确的政治方向、政治立场、政治原则。

二是增强教育引导作用。以党支部为单位，以“三会一课”为基本制度，开展形式多样、氛围庄重的组织生活、主题党日等活动。党支部工作要贴近教师工作及生活，开展经常性谈心谈话，交流思想、沟通工作，帮助教师解决思想、工作和生活的实际问题，及时做好教师心理疏导，对错误倾向和苗头问题及时制止，进而加强师德师风建设。

三是增强协调带动作用。加强教师党支部建设对教研室、群团组织的带动作用。以党支部为单位，积极选树和向上级单位推进先进典型，激励党员教师带头遵循师德规范、践行学术道德，在院系党建、教学、群团工作层面形成党建示范引领的生动局面，同时加大对党外优秀中青年教师的吸纳和吸引，带动优秀青年教师不断向党组织靠拢。

四、发挥教师党员榜样引领作用，形成优秀师德示范效应

习近平总书记在全国教育大会上强调：“人民教师无上光荣，每个教师都要珍惜这份光荣，爱惜这份职业，严格要求自己，不断完善自己。做老师就要执着于教书育人，有热爱教育的定力、淡泊名利的坚守。”高校要抓好师德先进典型选树，引导教师以德立身、以德立学、以德施教。

一是抓好队伍建设。坚持选拔、培养政治素质强、业务精、群众基础好的党员教师担任教师党支部书记，让书记成为“双带头人”，成为引领优秀师德的榜样先锋。高校党员教师是教师队伍中的重要力量，拥有教师的职业身份和党员的政治身份，要将师德师风和党性修养统一起来，始终坚持教职工政治理论学习和“三会一课”制度，在钻研专业知识的同时，加强理论学习，积极探索师德建设的新思路和新方法，让党员教师成为师德建设的“先锋队”和“排头兵”。同时，重视在科研骨干、学术带头人、留学归国人员中培养入党积极分子，把各类优秀青年教师凝聚在党的周围。

二是抓好作用发挥。坚持教师党员的主体地位，始终以围绕教师、服务教师发展为宗旨，不断丰富支部活动形式，加强学习交流，不断提升教师的政治理论素养；结合教师职业发展的诉求，将教师职业道德、学术规范、职业理想等教育融入组织生活中。以专题报告、集体备课、网络学习、实践培训、谈心谈话、师生支部联动等多种活动形式，加强教师间的沟通学习，搭建师生沟通平台，切实

提高师德建设的实效性。

三是不断完善机制。坚持正向引领，完善考评机制，细化评价路径。广泛征求干部师生对支部教师的意见建议，着力发挥党组织、党支部和党员间的监督作用，将党员民主评议工作纳入师德师风考核中，通过民主评议、调查问卷、满意度测评等方式增加发现问题渠道，进一步建立和完善师德师风考评体系。结合上级和学校各项表彰安排，加强对优秀党员教师、党务工作者及普通教师的表彰力度，在岗位聘任、职称评审、导师遴选、班主任选任、项目申报、评奖评优等各环节严格落实师德“一票否决”，建立教师师德专项档案，引导全体教师坚守为党育人、为国育才的初心和使命，不断提升师德修养和育人育才本领。

典型案例

打造“党建领航”工程，在主题教育中推进师德建设落地开花

“不忘初心、牢记使命”主题教育开展以来，北京第二外国语学院中东学院对标对表中央和市委要求，按照学校党委部署，坚持从实际出发，以党建引领，依托学院党建特色项目，在主题教育中推动教师思想政治工作和师德建设落细落小落实，做到有力度、有深度、有温度。

建设“党员教授先锋队”。“基层一吹哨、教授党员先报到”，学院教师党支部紧紧抓住教授队伍这个学术群体“牛鼻子”，强化发挥党员教授先锋模范作用。通过组织“天天向上学习小组”“大教

授小课堂”等内部学习交流活动，有效调动教授力量，让政治理论学习有深度，提高教师们历史责任感、使命感。特别是邀请《习近平谈治国理政》阿文版、《十九大报告》阿文版、《中国共产党章程》（十九大新修订）阿文版主要译者之一——中东学院张洪仪教授分享翻译过程和学习体会，让全体教师深刻理解习近平新时代中国特色社会主义思想内涵。

推出“特色党课系列”。学院党总支依托3个党支部，开设“党员讲台”，“一人一党课、人人上讲台”。主题教育期间，教师党支部书记和普通党员纷纷走上“党员讲台”，围绕学习习近平新时代中国特色社会主义思想，结合自身工作学习实际，自选主题上一次党课或向全体党员报告一次学习体会，每次党课设1名点评嘉宾，在交流中实现互学互鉴，深化思想认识。

打造“东东党建思政工作室”。精心设计学习载体，丰富学习形式，让思政教育有温度，提升参与度和吸引力。推动党建思政工作拟人化，取“中东学院”之“东”字，打造“东东思政工作室”，推出学院形象代言人“东东”，设计“党员东东”形象，成为每一名中东学院党员的“形象代表”，深受党员和群众的喜爱；建立“心之约”学院领导联系班级制度，学院班子带头、教师全员参与学生学业与成长、职业与成才过程，充分听取学生意见和需求；推进“习近平新时代中国特色社会主义思想进口译课堂”，提升课程思政建设水平，让习近平新时代中国特色社会主义思想在全体师生中入脑入心。

第四章
师德师能协同提升的内在关系

高校教师要站稳讲台，就必须具有胜任这份职业、履行好教书育人神圣职责的优秀能力，也即本书围绕的主题——教师胜任力。由于教师职业的特殊性，教师胜任力包括师德与师能两个方面，师德、师能又分别包含着不同的构成要素，要有针对性地提升教师胜任力，有必要正确认识师德与师能的内在关系，进而在协同机制上着力，在举措手段上有的放矢，精准推动教师师德师能双提升、双过硬。

第一节　师德与师能内涵要求具有一致性

一、师德内涵的特殊性

德，即道德，是一种特殊的社会意识形态，是以善恶为标准，主要靠社会舆论、传统习俗和人们的内心信念来发挥作用、调节各种行为关系的规范的总和。“国无德不兴，人无德不立”，在我们悠久的历史文化传统中，评价一个人首要看其是否有良好的德行。而教师，作为传道授业者、传薪播火者，自古以来更具有“德高为师、身正为范”的道德要求，也即师德。

师德，从狭义上讲，属于职业道德的范畴，主要指教师在教育教学、科学研究、教学管理、社会服务等职业活动中所应遵循的道德行为准则和规范，是社会成员约定俗成地对教师职业行为的基本要求。由于教师以正在成长和发展中的人为工作对象，所从事的是塑造灵魂、塑造生命、塑造人的工作，这种工作的特殊性，使得教师师德不仅仅局限于职业道德，而向个人私德和社会公德方面进行了延伸——教师所秉持的道德观，所体现出的道德行为，本身就是一种教育手段，潜移默化且不可避免地影响着教育对象。师德，既根源于社会的经济关系，制约于教育劳动的本质和职能，还决定于教育活动中的特殊利益关系，教师育人的职业特殊性决定了，教师师德应该具有更高更完善的水平和要求。① 因此，习近平总书记在同北京师范大学师生代表座谈时引用西汉学者杨雄《法言·学行》中的名言强调，“师者，人之模范也。”合格的教师首先应该是道德上的合格者，好老师首先应该是以德施教、以德立身的楷模。这里对教师“德”的要求，显然不能用狭义上的“职业道德”来理解，它包含了教师这一群体因其职业特殊性所必须具备的师德素养：在严格遵守职业道德的同时，还要明大德、守公德、严私德。

因此，师德内涵的特殊性就在于，其虽属于职业道德的范畴，

① 邢永富，吕秋芳．高等学校教师职业道德修养［M］．北京：首都师范大学出版社，2016：36.

但由于教师这一职业的特殊性，而不仅仅是对于职业行为、职业活动中的道德要求，更包含着个人私德、社会公德等各方面的综合素养水平要求。这种特殊性主要体现在：

一是师德首要讲大德。“人们自觉地或不自觉地，归根到底总是从他们阶级地位所依据的实际关系中，从他们生产和交换的经济关系中，吸取自己的道德观念。”① 道德，属于上层建筑、意识形态范畴，其性质由一定社会经济关系的性质所决定，在不同历史发展阶段，呈现出不同的道德规范、原则和特征。当前，我们处于社会主义初级阶段，我们所形成的是以为人民服务为核心、以集体主义为原则的社会主义道德体系。这一道德体系的根本属性是社会主义的，因此在我们国家，无论我们讲什么“道德”，归根结底，都必须坚持以马克思主义为指导，为社会主义建设事业服务。这是明大德、讲大德的根本出发点。

同时要明确，教育事业是具有政治性和阶级性的。在我国，教育事业由党领导，是中国特色社会主义事业的重要组成部分，因此，习近平总书记强调，我国高等教育发展方向要同我国发展的现实目标和未来方向紧密联系在一起，为人民服务，为中国共产党治国理政服务，为巩固和发展中国特色社会主义制度服务，为改革开放和社会主义现代化建设服务。② 高校教师的神圣使命是为党育人、为国育才，所培养的人才应该是、也必须是社会主义事业的建设者和

① 马克思，恩格斯 . 马克思恩格斯选集（第 3 卷）[M] . 北京：人民出版社，1972：133.

② 习近平在全国高校思想政治工作会议上强调：把思想政治工作贯穿教育教学全过程 开创我国高等教育事业发展新局面 [N] . 人民日报，2016-12-09（1）.

接班人。这是作为高校教师，必须首要具备的“大德”。这一大德的本质，就是“忠”，要忠诚于党和人民的教育事业，自觉做中国特色社会主义事业的坚定信仰者和忠实实践者。这一大德的要求，就是要有理想信念，要树牢“四个意识”，坚定“四个自信”，坚决做到“两个维护”，在教育教学事业中，自觉把“传道”放在首位，以强烈的国家使命感和社会责任感，培养好社会主义事业的合格建设者和接班人。

习近平总书记强调，好老师应该做中国特色社会主义共同理想和中华民族伟大复兴中国梦的积极传播者，帮助学生筑梦、追梦、圆梦，让一代又一代年轻人都成为实现我们民族梦想的正能量。[①]总书记的话，是对教师明大德、讲大德要求具有鲜明时代性的生动阐述，作为人民教师，只有时刻把忠于党和人民的教育事业记在心上，才能真正成为“经师”与“人师”的完美统一体，才能真正肩负起立德树人的使命责任，无愧于教育事业，无愧于“人民教师”这一光荣崇高的职业称号，才能“为师于百千万年间，其身亡而其教存”。

二是师德对教师私德、公德有高标准要求。中华民族自古以来分外重视个人道德修养和社会道德伦理，而教师作为“人之模范”，对其言行举止的要求则更甚。教师，是站在讲台上的“传道授业解惑”者，是学生人生理想的灯塔、道德修养的镜子，教师应该在是非、曲直、善恶、义利、得失等方面具有一以贯之的正确价值判断。

---

① 习近平.做党和人民满意的好老师——同北京师范大学师生代表座谈时的讲话［N］.人民日报，2014-09-10（2）.

教师的道德修为、人格修养不是一蹴而成的，而是自我要求、自我提高、自我修炼的结果，是时时处处坚守人格底线、追求崇高精神而自然透露出的精气神。一个人要想成为一名合格的人民教师，就必须在私德修养上有坚守，在公德示范上有追求。

“其身正，不令而行。”教师以身作则，模范遵守社会公德，积极修为个人私德，成为一个道德高尚的人，学生就自然而然将其当作人生榜样，而从心底里佩服并遵从教师的教导，在思想上把准人生航向，努力成为像老师一样高尚、受人尊敬的人，在学习上也往往更有动力，更具成效。教师如果不能为人师表，表里不一、言行不一则会使学生产生信任危机，教师在讲台上的传授效果就会大打折扣，甚至会对学生价值观产生负面影响。教师的职业特性，教师的社会地位、社会定义，都要求教师必须师德高尚，这“师德”的内涵范围也必然超脱了职业道德的范畴，而成为大德、公德、私德与职业道德各个方面自律与他律综合表现的统一。

“能够迫使每个学生去检点自己，思考自己的行为和管住自己的那种力量，首先就是教育者的人格，他的思想信念，他的精神生活的丰富性，他的道德面貌的完美型。”① 要成为一名合格教师，要明大德、讲大德，要时刻牢记作为人民教师的初心使命，坚持立德树人，始终忠于党和人民的教育事业；要守公德、严私德，无论在公共空间、职业活动中还是在私人生活里，都应该以德立身，自觉追求真善美，保持对道德的敬畏，做一个脱离低级趣味、具有高尚追求的人，在言行举止中做学生优秀道德修养的镜子。

① 苏霍姆林斯基．和青年校长的谈话．上海：上海教育出版社，1983：155.

二、师德内涵向师能要求的延伸

师能，顾名思义，是教师从事教育教学活动所应具备的能力，主要是教师的专业发展能力，即教师教育教学信仰、知识、能力等方面的综合发展能力，其伴随教师职业生涯始终。教师之所以要具备高尚师德，并不是单纯要成为一个具有高尚品行的个人，而是因为其承担着立德树人的重要使命，承担着以人心影响人心、以灵魂影响灵魂的特殊职责。师德不是空中楼阁，它承载于教师言行举止的各方面，同时，要真正实现师德的“镜子”作用、引领作用，师德本身就提出了对能力的要求，即在一定意义上看，师德蕴涵着对发挥其影响力的师能要求。

教育部在《新时代高校教师职业行为十项准则》中，规定有“潜心教书育人”准则，要求要“落实立德树人根本任务，遵循教育规律和学生成长规律，因材施教，教学相长”，这显然不仅是对教师教育教学态度的规范，同时包含着对教师教育教学能力的要求。“道德本质上是实践的。道德在一定意义上就是现实的人的活动。”①师德不仅是服务于教学实践的，从本质上看，师德本身就是实践的，是具有师能要求的。这种师能要求，可以从两个层面理解，一是作为教师，其最基本的道德就是能够有效传授知识，能够不断精进自己教育教学的本领，实现教育的目的，达到教书育人的目标。一个教师个人品行再完美，教书育人的本领不强，得不到学生的认可，便无法说这老师是合格的、师德是高尚的。因此说，师德内涵里本

① 戚万学，唐汉卫．现代道德教育专题研究［M］．北京：教育科学出版社，2005：259.

身就蕴涵着教师教书治学本领的能力要求；另一个层面，则是教师要能够把自己正确的世界观、人生观、价值观有效影响学生，使学生树立正确的三观，并逐步坚定理想信念，这样一种“以一个灵魂唤醒另一个灵魂”，以自己的德行影响学生德行的能力，是教师作为教育工作者的根本任务，也是师德内涵的应有之义。

正因此，诸多学者在论述师德时，也常常将“师能”作为师德要素之一。而本书试图说明的是，从师德内涵的特殊性和广义性上看，师德内涵是向师能延伸的（由此，也说明师德师能具有内部的统一性而不可分割），但从狭义概念看，师德与师能又各有其特殊规定性，既一个指向精神层面，更加强调“润物细无声”的涵育影响，一个指向技术层面，更加强调“传道授业解惑”的硬核本领。明晰两个概念之间的内涵关系，有利于从更深层次理解两者之间所应具有的统一性、协调性，而绝不是为了淡化或模糊两者之间的区别关系。

三、师能要求蕴含师德规范的必然性

从传统意义上来看，师能一般指教师的教育教学能力，如知识功底是否扎实、教学能力是否过硬，教学方法是否科学等，这可以说是教师的基本能力、基本素质。而面对时代的不断发展变化，教师师能的内涵和要求，其实早已超出基本能力的范畴，而更加体现为一种“发展能力”，也即本书所强调的教师专业发展能力。教师专业发展能力，不仅是教育教学基本能力的不断更替进步，同时也包含着师德水平的不断提升，师德影响力的不断进步。

“师也者，教之以事而喻诸德者也。”教书和育人是不可分割的一个整体，教书本领也蕴涵着师德要求。“一个以先进的科技文化知识武装大脑的教师，不仅能净化自己的心灵，陶冶自己的情操，扩大自己的兴趣，锻炼自己的意志，而且会在教与学的互动中做到以身示教、以学服人，以实际行动去感染学生、说服学生、引领学生。”[①]教师的师能本领，是服务于立德树人这一根本任务的，教书治学、传播知识是能力的一个方面，“立德树人”则是更高层面的师能本领。目前我国正处于社会转型期，即社会发展迅猛、多元文化猛烈碰撞的时期，而大学生也正处于人生的重要转折期，因此，如何对学生进行正确引导，使他们增强辨别是非的能力，增强抵制各种诱惑的自觉性，培育他们的高尚品德就是高校教师责无旁贷的责任。[②]一个好老师，不仅教书本领要强，以德立身、以德立学、以德施教的本领也必须高强。

第二节　师德师能协调发展的必要性

一、师德师能是教师胜任力的一体两面

如前所述，师德与师能在内涵和要求上具有方向上的一致性，

① 田贵平．高校教师师德内化问题及对策研究［J］．道德与文明，2008（2）：86.
② 傅树京．高等教育学［M］．北京：首都师范大学出版社，2016：80.

服务于立德树人这一根本任务。剖析两个概念，明确从广义上来看，无论从哪个角度，师德与师能都是紧密联系、不可偏废的。但对教师“胜任力”这一统合性概念而言，师德与师能概念的运用则是狭义上的，具有明显边界的：师德，在道德范畴内；师能，在能力范畴内。

对教师来说，教书与育人是工作职责的一体两面，两者不可偏废，与之对应，师德与师能是教师胜任力的一体两面，两者缺一不可。只抓师能、不重师德，教师的政治站位、道德水平就难以保证；只重师德、不抓师能，教师专业能力就容易与时代步伐和教育改革大势脱节，就无法适应不断发展变化的学情，无法取得良好的教育教学效果。因此，教师要胜任职业要求，要取得长足发展，就必须把师德与师能统一起来，协同发展，形成自己的综合素质、综合能力。

二、师德师能发展存在不协调现象

尽管从理论上看，师德与师能是相辅相成的，内涵上具有交叉，指向和目标上具有统一性，但在具体实践中，在教师个体身上，师德与师能发展却仍然存在着不协调的现象，这主要体现在师德失范上。近年来，高校教师师德失范行为屡见不鲜、屡上报端，有学者对 CNKI 所刊文献关键词进行共词可视化分析，发现高校师德规范与师德失范问题研究是当前高校师德建设的主要领域之一，文章同时对其中提及频率大于 10% 的关键词的文章进行了梳理（见表格 1），“缺乏敬业精神”“教书育人”理念认知不清或是表现不尽如人意占比较高。①

表格 1　高校教师师德失范文章分布情况

师德失范行为表现	百分比
缺乏敬业精神	63.2%
教书育人	54.11%
为人师表意识弱化	37.23%
功利主义	36.36%
职业价值观模糊	33.77%
学术不端	35.06%
理想信念动摇	25.97%
团队精神欠佳	18.61%
治学不严	16.45%

综合近年来出现的各类师德失范行为，笔者进行梳理归纳，主要为四方面问题：理想信念上有偏差，违反政治纪律、工作纪律，在教育教学活动中及其他场合有损害党中央权威、违背党的路线方针政策的言行，在各类渠道发表、转发错误观点，或编造散布虚假信息、不良信息；作风上不正派、举止上不雅正，与学生发生不正当关系，有对学生猥亵、性骚扰行为；学术不端，在科学研究工作中，有抄袭剽窃等行为；违反廉洁纪律，存在索要、收受学生或学生家长财物等行为。

高校教师，能够进入中国教育系统的塔尖，学术水平、专业能

① 李亚员.高校师德建设研究：热点领域与推进方向——基于CNKI所刊文献关键词的共词可视化分析［J］.东北师范大学学报（社会科学版），2016（6）：188-194.

力和教育教学本领应该是毋庸置疑的，但一小部分教师由于在师德方面放松了警惕，最终触碰了底线、红线，令人唏嘘，令人警醒。总的来看，教师能力是能够通过培训学习、经验积累得以较快提升的，而教师道德水平却更加隐性，从评价判断上来看，具有难以直接、快速把握的特征，从培养提升上来说，则更需要一种精神上的长期涵育、综合素质的长久锻造。但我们必须清醒认识到的是，教师师德越是在效果影响上的直接显现性不够，越需要加倍重视——在师德师能双提升机制的构建和协调推进中，师德最容易被忽略，而实际上需要更加关注的一面。

三、不协调现象归因具有多重性

教师个体在师德师能发展上存在不协调现象，原因是多方面的，综合来看，主要体现在以下几个方面：

一是，教师思想上不够重视。教师对师德内涵的特殊性和师能要求的发展性不明确，掌握不深入，在思想上往往认为，自己的德行合乎规范即可，能力上能够把知识传播给学生就行，对“立德树人”的本质把握不深，尤其对师德中涉及“大德”的部分，由于不能对现实教学科研产生直接性意义，因而从思想上轻视。另一方面，对师能而言，存在功利性学习倾向，更多关注当下能够直接运用、更快产生效果的能力学习，而对如教育教学理念、创新改革思想等影响根本，影响长远发展的能力不愿意投入过多时间，同时，对师能本身蕴涵着的“立德树人”本领的要求关注较少，更多停留在技术层面，一旦涉及理念性的，如价值引领能力、“课程思政”建设等，重视度不够，积极性不高。

二是，管理机制上不够健全。虽然对高校教师来说，师德师能是胜任力的一体两面，但在高校管理中，却往往归属不同部门，协同推动难度较大。如根据教育部文件，各高校成立了党委教师工作部，专门开展教师思想政治工作和师德师风建设，而对师能提升的培训，则多归属于教师发展中心，有的高校还专门设立教师教学发展中心。在相关机构的设置上，各个高校又有不同，以教师工作部为例，有的独立设置，有的与党委宣传部合署，有的与人事处合署，合署单位的不同直接影响着机构职能的发挥。同时，在实际工作中，推动教师师德师能协调发展“双提升”，不仅是教育培训一个方面，还涉及教师队伍管理中的政治建设、职称评聘、考核评价、薪酬福利等各个环节，以及教学、科研等能力提升与考核评价等工作，要推动师德师能一体化“双提升”需要理顺体制机制，构建完善管理手段。

三是，考评监督上不够有力。诸多高校对教师师德师能的培训提升更多是看作一种“锦上添花”的工作，更加侧重教师个体的主动性、自觉性，在针对性考评监督上，往往底气不够足，举措不够实、不够有力有效。随着师德失范问题的愈发严峻，各高校近年来越来越重视运用师德考核的监督和考评作用，但师德考核涉及层面多，开展时间短，体系化建设还多在探索中。教师师能的考核评价，普遍意义上更多体现为学生评教体系，随着形势的发展，单纯的学生评教已不足以全面反映教师专业能力，越来越多的高校开始探索立足于教师发展体系的全方位档案化考评体系建设。只有把师德师能纳入考核评价体系，并融入教师管理、人事管理工作中，教师师德师能协调发展才能更有力、更有效。

典型案例

北京第二外国语学院创新机制推动教师师德师能双提升

面向新时代新形势新任务，如何完善机制实现教师师德师能协同提升，尤其是推动师德建设常态化、长效化，切实提升教师综合素质水平，是当前各高校必须解决的重要课题。北京第二外国语学院（下文简称“学校”）坚持把师德建设摆在教师队伍建设的首位，深化工作机制创新、学习教育创新、培训体系创新、传承培养创新、监督考评创新，探索完善新时代高校师德建设长效机制，推动全员全过程全方位师德养成。

一、工作机制创新：完善组织领导，强化制度建设

（1）完善组织领导。师德师风双提升工作，是一项极其重要同时又较为复杂的系统性工程。学校坚持把加强和改进师德建设机制作为着力点，结合上级精神，于2018年2月，正式成立党委教师工作部（与原人事处合署），专门开展教师思想政治工作，整体统筹落实师德建设各项任务。同年5月，学校进一步完善师德建设工作领导小组（师德考核领导小组），将其作为师德师风建设专门议事机构，由党委书记、校长担任组长，分管干部人事工作的校领导、纪委书记担任副组长，全面加强师德师风建设。

2018年12月，学校进行机构改革，加强和改进教师思想政治工

作和师德师风建设，学校将党委教师工作部（人事处）与党委组织部合并组建党委组织人事部，全面打通教师思想政治工作、师德师风建设与党建统战、教师发展、教师考核、奖励激励等的藩篱，使学校师德建设真正有了抓手。新部门的组建，为建立健全和深化落实师德师风建设长效机制，发力教师思想政治教育、专业发展培训和教师考核评价、思想动态分析研判及教师入职、聘岗、培育、考核、晋升、评奖评优等各环节师德考察等方面工作，提供了坚强组织领导。

（2）强化制度建设。制度建设是推动工作的牛鼻子，学校在全面深入自查、调研、梳理教师师德师风建设弱项基础上，连续出台《关于加强和改进基层党组织在教师队伍建设中发挥主导作用的实施意见》《教职工政治理论学习制度》《师德建设五年发展规划（2018—2022）》《建立健全师德建设长效机制的实施办法（修订）》《教师职业行为规范》《师德“一票否决制”实施细则》《青年教师导师制实施办法》《师德考核实施办法》8个专门文件，建立起校院两级师德建设组织机构、师德状况调研制度、师德舆情快速反应制度、师德重大问题报告制度等。系列制度的出台，使学校构建起宣传、教育、考核、监督与奖惩相结合的师德建设长效机制，为全校进一步推动师德师风建设贯穿融入教书育人、管理育人、服务育人各项工作，引导广大教师以德立身、以德立学、以德施教、以德育德，争做“四有”好老师、当好“四个引路人”，奠定了坚实基础，提供了有力制度和机制保障。

二、学习教育创新：构建宣教体系，营造崇德氛围

（1）抓实政治理论学习。学校将理论武装与师德养成相结合，通

过“静下心学、走出去看、请进来讲”等方式，有步骤、有计划地开展各类政治理论学习教育。实行教职工政治理论学习制度，组织全体教职工每周二下午至少2个小时集中学习，为全体教师编印配发《师德师风建设学习资料汇编》，领导干部集中学、带头学，全体教职工讨论学、研究学，推动教师理论学习往深里走、往实里走、往心里走。

同时，通过举办党支部书记示范班和中青年教师培训班，推动新教工与教师党支部书记理论共训、思想共进；实施“翔宇”思想引领和青年成长引领工程，强化青年教师传承弘扬二外翔宇精神和优秀教风的自觉性、主动性；邀请故宫博物院前院长单霁翔，商务部前副部长陈健，中联部副部长王亚军，全国政协常委、原中组部副部长王秦丰等专家进校做专题报告，组织教师前往北大红楼、香山革命纪念地接受革命传统教育，观看《决胜时刻》《我和我的祖国》主旋律影片等，推动全体教师坚定理想信念，强化理论武装，提高师德水平。

（2）构建师德宣教体系。学校通过打造党建标杆院系示范点、推广支部建设先进经验、创建党员先锋岗、评选师德标兵等方式，使师生“干有示范，学有榜样”。建设上线师德师风专题教育网站“翔宇师德网”，设置“工作要闻”“院系动态”“师德先锋”“师德警钟”“规章制度”“学习资料”等栏目，目前，已打造建设成为全校师德教育、宣传、警示与监督的重要阵地。网站聚焦弘扬践行高尚师德，更加注重多形式挖掘展示师生身边的典型人物、先进事迹，营造出全校崇德敬德的良好氛围。

充分利用“黄大年式教师团队”评选、师德先锋评选、教师节表彰慰问、新教师入职宣誓、青年教师导师拜师仪式、退休教师荣休仪式、翔宇教学奖评选、翔宇盛典、年度十大人物评选等活动，选树宣传师德先进典型，强化师德教育引导。如学校2018年教师节“‘快闪’感师恩、‘拜师’传帮带”系列庆祝活动获得北京电视台、人民网、中国网等多家新闻媒体报道。师德宣教体系的构建，校内外媒体矩阵的广泛宣传报道，展现了学校教师良好的精神风貌，激励着全校教师崇教爱生、潜心治学，争做师德典范。

三、培训体系创新：注重价值引领，融入专业发展

（1）加强新教工入校教育。学校将思想政治和师德教育摆在首要位置，引领全体新入职教职工签订师德承诺书并做入职宣誓，强化新教工对师德标准的认知。将新教工入校教育延长至两周，书记、校长讲授“入校第一课”，作开班讲话，同时注重通过真实动人、震撼人心的红色教育实践强化新教工立德树人责任感、使命感。

（2）强化全员职业素养。学校面向全体教职工制定分类分层的系列培育和提升计划，将思政和师德教育有效融入教学法提升培训、科研能力提升培训、管理干部综合能力提升培训以及人文素养、心理健康等素质拓展类沙龙、讲座中，注重通过解决教师发展问题解决教师思想问题，切实提升师德教育效果。自教师发展中心成立以来，开展校级层面培训52次，累计培训教职工2000余人次，其中，在新冠肺炎疫情期间创新开展线上集中培训10次，切实推动教师师德师能共同提升，更好实现“四个相统一”。

（3）开展专题培训实践。通过探索实践，学校形成了“不忘初心 立德树人”师德宣教活动品牌，开展了相关专题教育报告会、师德先进人物宣讲会等，组织相关主题社会实践活动，推动广大教师

“走出去”了解国情、市情、社情、民情，在实践中坚定理想信念，更好地实现“四个相统一”。

四、传承培养创新：关注青年教师，完善支持体系

（1）实行青年教师导师制。制定出台《青年教师导师制实施办法》，传承弘扬二外优秀教风，充分发挥老教师师德师能“传帮带”作用，以推动新入职青年教师尽快适应工作岗位，尽快融入学科队伍，全方位打造高水平人才队伍。“一杯清茶飘香来，三味人生感师恩！请向导师敬茶！”2018年9月10日教师节当天，隆重举办青年教师导师制启动仪式，在具有浓郁中国传统文化特色的拜师仪式上，来自15个教学单位的34位青年教师与32位导师正式达成“传帮带”结对培养师徒关系。同时，学校专门为来自英国、白俄罗斯的两位外教配备中国传统文化导师，为中外青年教师快速成长、全面发展保驾护航。青年教师导师制启动仪式，营造出全校尊师重教的浓厚氛围，系统化“传帮带”培养体系为我校打造高素质、高水平青年教师队伍奠定了良好基础。活动被北京电视台、中国教育电视台、人民网、中国网、千龙网、北京考试报等多家主流媒体广泛报道，引起强烈社会反响。

（2）强化青年教师后备培养。学校着眼师德建设与能力提升相结合，教师成长与学校发展相结合，骨干培养与整体提升相结合，制定《关于加强青年教师队伍建设的若干实施》，出台配套文件《新入职教职工教育管理规定》《“翔宇青年骨干教师系列培育计划”实施办法》等，着力完善体制机制，为教师全方位发展提供制度遵循。以社会主义核心价值观为引领，推动青年教师开展多种形式的学习

考察、调查研究、志愿服务等，选拔选派优秀青年教师校内外多渠道挂职锻炼，搭建平台、建立基地，着力强化青年教师服务社会尤其是服务首都"四个中心"建设的使命感、责任感，探索建立跟踪培养机制，发现培养一批骨干教师干部后备人才，构建后备人才库。

五、监督考评创新：强化工作督导，完善考评体系

（1）强化师德建设工作督导。学校结合上级要求，统筹开展"做新时代'四有'好老师和'四个引路人'"学习实践活动，制定详细《实施方案》，明确5个方面21项具体内容及相关活动时间节点、牵头部门、协办部门等，同时推动各二级院系全部成立专门领导机构并制定符合院系实际的《实施方案》。

活动开展后，学校先后开展多次有针对性的工作指导督查并逐渐使工作督导制度化，推动各二级单位通过召开组织生活会、师生座谈会、研讨调研等形式，自查总结本单位教师思想政治工作与师德师风建设好的经验、做法、存在问题、整改措施及工作计划。科学化有重点的工作督导，使学校各项师德建设举措得以迅速有效落地，同时，各单位全面深入的自查总结和意见反馈，为学校摸清教师思想政治工作和师德建设现状，以问题为导向进一步加强和改进教师思想政治工作和师德师风建设奠定了基础。

（2）完善师德考核评价体系。2019年7月，学校根据上级最新精神，修订颁布《师德考核实施办法》。《考核办法》明确了师德考核对象、原则、等级、方法、程序和结果运用，将师德考核明确为优秀、合格、基本合格和不合格四个等级，实行个人自评、学生测评、教师互评、单位考评相结合的综合考评方法，同时，科学量化各等级测评指标，避免考核形式化、随意化。早在2018年5月，学校出台的《岗位设置与聘任工作实施办法》和《教师专业技术职务晋升与聘任管理办法》中就明确提出了“师德前置审核”原则，《师德考核实施办法》则进一步统筹师德考核与年度考核的关系，将师德考核结果纳入教师年度考核和聘期考核，作为评优评奖的首要依据，明确“师德考核结果为基本合格的教师，其年度考核结果不能评定为合格及以上档次”，“师德考核结果为不合格的教师，其年度考核评定为不合格，实行‘一票否决’”。《实施办法》的出台，明确了师德考核主体责任和标准流程，将师德考核结果运用于教师管理和职业发展全过程，强化了考核结果运用，切实发挥了师德考核引领作用。

六、主要成效

（1）一批师德模范不断涌现。通过师德建设组合拳，我校教师立德树人使命感、责任感不断增强，近年来，先后涌现出以邹统钎教授带领的全国“黄大年式教师团队”，司显柱、郎建国等为代表的市级“师德先锋”，王成慧、武光军等为代表的市级优秀教师，以及多位北京市优秀共产党员、优秀德育工作者、首都精神文明建设奖获得者等典型人物、先进事迹。2018年，学校获评首都文明校园。

（2）党员教师模范带头作用日益凸显。在2019年1月学校举办的“翔宇盛典”上，10个先进基层党组织，30位优秀共产党员和15位优秀党务工作者获得表彰奖励。在国庆70周年群众游行任务中，学校机关和学院党员干部、专任教师带头加入一线训练队伍，中队长、小队长、安全员 70% 由党员担任。广大党员教师积极落实《青年教师导师制实施办法》，66 名党员主动担任近两年新入职青年教师导师，传承弘扬优秀师德、教风，一对一传帮带，助力新教师教学、科研能力成长。

（3）教师教育教学水平不断提升。通过优秀师德思想引领和教学法提升培训、教学研究交流、教学现场观摩、翔宇教学奖评选等多种师能提升举措，学校教师教育教学水平不断提升。2019 年 5 月，我校 3 名教师参加北京高校第十一届青年教师教学基本功大赛，全部获奖，实现我校在该项教学比赛中的新突破；11 月，在教育部组织的首届全国高校思想政治理论课教学展示大赛中，1 名教师斩获特等奖，我校成为唯一获得该教学比赛特等奖项的北京市属高校；2020 年 6 月，组织 30 名教师参加全国高校教师教学创新大赛——第六届外语微课大赛，22 名教师获得北京市级奖项，3 名教师获得国家级奖项。

（4）主动服务国家和首都发展战略的意识持续增强。广大教师积极主动参与党的十九大、中国“一带一路”国际合作高峰论坛、“亚洲文明对话”大会、国庆 70 周年庆典等多个中央和国家重大会议、活动的翻译、服务、保障工作，得到上级好评肯定。近年来，教师围绕服务首都“四个中心”，特别是“国际交往中心”建设，自觉开展北京城市品牌形象传播、北京友好城市研究、北京国际形象调查、公共政策翻译等，持续助力壮大主流思想舆论，推动首都对外文化传播，取得了一批开创性成果，多个咨政报告获得领导批示指示。

2020年新冠肺炎疫情期间，我校教师积极投入到抗“疫”阻击战中，主动承接北京12345市民服务热线外语服务，赴顺义新国展防疫一线开展志愿服务，用20种语言录制《防疫小贴士》微视频，编译海外社交媒体、主流媒体等对我国抗击疫情的新闻报道241篇，编译字数36万余，编译文章先后被外文局和有关部门采纳近80篇。我校教师抗“疫”事迹，被《北京日报》以“蹈厉奋发、步履不停北二外师生凝心聚力抗疫情”为题整版报道，光明日报、中国教育报、中国教育电视台、人民网、中国网、学习强国等多家主流新闻媒体平台均进行了相关报道。疫情期间，我校多位教师在主流媒体撰文或出镜发声，为正确认识当前国际关系、凝心聚力抗击疫情、有序推动复工复产、疫后旅游产业发展等重大社会议题贡献智慧，展现出二外担当，体现出我校教师高尚师德师风和优秀精神文明风貌。

教育大计，教师为本。面向新时代新使命，学校将继续坚持把师德建设摆在教师队伍建设首位，以学习贯彻习近平新时代中国特色社会主义思想为主线，用心用力、抓细抓实，引领广大教师争做“四有”好老师，当好“四个引路人”，为国家发展、民族复兴培养一代又一代有国际视野、有家国情怀的优秀二外学子。

第五章 理论模型构建

一、研究问题的提出

在整理了前人对高校教师师德、师能、绩效等方面的研究之后，提出本次研究的主要问题包括：如何评价高校教师的内隐素质、师德素质、胜任力水平、绩效产出情况以及工作满意度等潜在特质；这些特质之间是否存在相互的影响作用；以及高校能否通过组织支持、政策关怀等方式促进教师师德师能的提升，加强各特质之间的交互作用，既实现学校事业的蓬勃发展，又确保教师的工作满意度足够高。为更好地探寻这几个问题之间的逻辑关系和发展途径，可以将研究问题确定为以下几个具体方面：

（1）高校教师的内隐素质包括哪些维度，内隐素质之间是否存在相互的影响和交互。教师对高校的政策支持和组织关怀是否能够促进教师师德水平的提升，是否能够通过调节教师性格特征和职业认同对师德水平的影响促进教师师德水平的提升速度。

（2）高校教师的胜任力特征包括哪些维度，内隐素质是否能够影响胜任力水平。教师对高校的政策支持和组织关怀的感知能否提升胜任力水平，能否通过调节内隐素质对胜任力素质的影响，提升教师胜任力水平的质量和速度。

（3）高校教师的岗位职责与工作绩效包括哪些因素，如何科学地测评绩效，教师的胜任力水平能否影响绩效产出，教师对高校的政策支持和组织关怀的感知能否提升绩效，能否通过调节教师胜任力水平对绩效的影响促进教师产出更好的成果。

（4）高校教师的工作满意度包括哪些维度，如何测评教师满意度，教师的绩效产出是否会影响其满意度，教师对高校的政策支持和组织关怀感知能否提升工作满意度，能否通过调节绩效对工作满意度的影响进一步提升教师的满意度。

二、模型潜变量的选用

高校教师的内隐特征、师德水平、胜任力水平、工作绩效、工作满意度等维度都是无法直接测量的指标，可以通过文献查阅、专家访谈、工作总结等方式选用相应的潜变量。

1. 内隐特征

根据人力资源管理理论中的“冰山模型”[①]和“洋葱模型”[②]，高校教师的核心胜任力要素是内隐的、深层次的，不易被感知，却能够决定其工作中所需的胜任力水平，可以预测其长期绩效。通过总结

① D, C, and McClelland. Testing for competence rather than for “intelligence” *American Psychologist*, 1973.

② Boyatzis. *The competent manager*. Wiley，1982.

文献，本研究将高校教师的内隐特征确定为4个维度，分别是人格特征、职业认同、职业目标和师德素质。

2. 胜任力水平

高校教师的胜任力水平代表了其完成党的教育事业的能力水平，根据高校教师人才培养、科学研究和社会服务的三项主要职责，本研究将胜任力水平细分为教学胜任力、科研胜任力和服务胜任力三个二级指标，以便科学准确的评价教师的胜任力水平。

3. 绩效产出

根据高校教师人才培养、科学研究和社会服务的三项主要职能，本研究将绩效细分为教学绩效、科研绩效和服务绩效，分别测评教师的绩效产出质量和数量，以达到科学测评的目标。

4. 工作满意度

工作满意度代表了高校教师对教师岗位工作的满意程度，其水平可以一定程度上影响教师的工作积极性，以及未来是否离职的倾向。

5. 组织支持

高校具备管理教师的职责，其政策导向、工作氛围、领导关怀等方面可以影响教师的工作和职业发展，也是教师决定工作满意度的重要因素之一。本书根据分别研究影响教师师德素质、胜任力水平、绩效产出以及工作满意度的因素的需要，将组织支持维度细分为对师德、胜任力、绩效及满意度四个二级指标，分别代入模型中进行测量。

三、研究假设的提出

在选用潜变量的基础上，通过汇总文献、逻辑推断等方式，可以提出研究假设，探索各潜变量之间的交互影响。本书中研究假设包括：

1. 内隐特征的交互影响

H_{11}：人格特征正向影响职业动机

H_{12}：人格特征正向影响师德素质

H_{13}：职业认同正向影响职业动机

H_{14}：职业认同正向影响师德素质

H_{15}：师德组织支持感知正向影响师德素质

2. 对高校教师胜任力水平的影响

H_{21}：人格特征正向影响胜任力水平

H_{22}：职业认同正向影响胜任力水平

H_{23}：职业动机正向影响胜任力水平

H_{24}：师德素质正向影响胜任力水平

H_{25}：胜任力组织支持感知正向影响胜任力水平

3. 对高校教师绩效的影响

H_{31}：胜任力水平正向影响绩效

H_{32}：绩效组织支持感知正向影响绩效

H_{33}：绩效组织支持感知正向调节胜任力水平对绩效的影响

4. 对高校教师工作满意度的影响

H_{41}：胜任力正向影响工作满意度

H_{42}：绩效正向影响工作满意度

H_{43}：满意度组织支持感受正向影响工作满意度

H_{44}：满意度支持感受正向调节胜任力对工作满意度的影响

四、模型的建立

根据选用的潜变量，以及提出的研究假设，建立高校教师胜任力水平、绩效及工作满意度全模型见图 1。

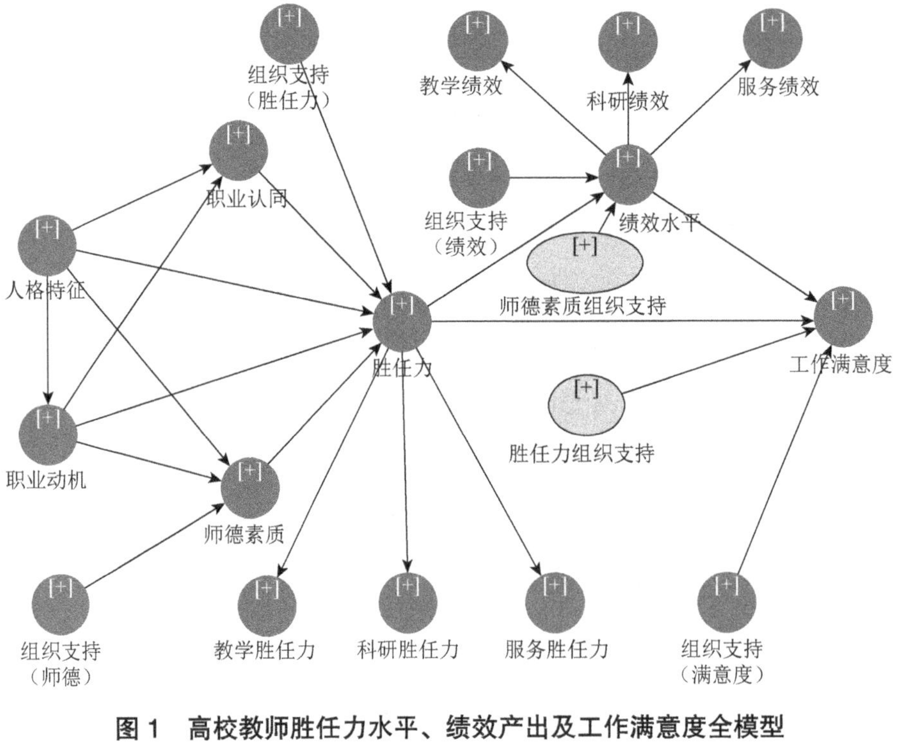

图 1　高校教师胜任力水平、绩效产出及工作满意度全模型

第六章
问卷的编制与测试

通过查阅文献，发现国内没有研究者系统性的研究过高校教师内隐特征、胜任力水平、绩效产出及工作满意度的交互作用，也没有完整的问卷可直接引用。因此本书通过依次查阅各细分领域的文献，在其量表基础上，经过逻辑修正、专家访谈等方式，分别建立各维度的量表。通过试测，剔除或修改量表中的无效题项，最终编制成为正式问卷。

第一节　初步编制量表

一、内隐特征测评量表

1. 人格特征

近年来，心理学家们对人格特征已经有了较为深入的研究，建立了多个量表，包括明尼苏达多项人格调查表（MMPI-2）、卡特尔十六种人格因素测验量表（16PF）、艾森克人格量表（EPQ）和大五人格量表等多个量表。①②③④ 其中罗杰、戴晓阳等在中文形容词大五人格量表（BFFP-CAS）基础上，结合题总相关、探索性因素分析及专家讨论，从完整版量表中抽取20个条目组成评估五个人格维度的简式量表，研制了中文形容词大五类人格量表简式版本（BFFPCAS-S），并通过对1690名在校生进行调查，基本达到预期目标，为快速评估和测量个体的大五人格特征提供了便利。⑤⑥⑦⑧⑨

由于大五类人格比较匹配高校教师胜任力、绩效等方面的研究需求，为确保问卷数据的准确，防止填写问卷时由于题项太多产生不耐烦的情绪，故本研究选用大五类人格量表。量表如表格2所示。

---

① Graham. MMPI-2：Oxford University Press，1993.

② 易晓明. 16PF中文版的信度，结构效度问题以及测试方式对信度的影响［J］.中国临床心理学杂志，2020，(02).

③ 钱铭怡，武国城，朱荣春，张莘.艾森克人格问卷简式量表中国版（EPQ-RSC）的修订［J］.心理学报，2000，(003).

④ 罗杰，刘振会，蹇世琼，王孟成.中文形容词大五人格量表简式版在小学教师群体中的应用［J］.中国临床心理学杂志，2019.

⑤ 王孟成，戴晓阳，姚树桥．中国大五人格问卷的初步编制［C］，2010.

⑥ 罗杰，戴晓阳.中文形容词大五人格量表的初步编制Ⅰ：理论框架与测验信度［J］.中国临床心理学杂志，2015，(3).

⑦ 王孟成，戴晓阳，姚树桥.中国大五人格问卷的初步编制Ⅱ：效度分析［J］.中国临床心理学杂志，2010，(6).

⑧ 王孟成，戴晓阳，姚树桥.中国大五人格问卷的初步编制Ⅲ：简式版的制定及信效度检验［J］.中国临床心理学杂志，2011，(4).

⑨ 罗杰，戴晓阳.中文形容词大五人格量表的初步编制Ⅳ：简式版的研制［J］.中国临床心理学杂志，2018，(004).

表格 2 人格特征初拟量表

序号	题项			代码
1	缄默的	→	健谈的	XGTZ1
2	喜欢怀疑的	→	受人信赖的	XGTZ2
3	天马行空的	→	有条不紊的	XGTZ3
4	感性的	→	冷静的	XGTZ4
5	按部就班的	→	喜欢探索的	XGTZ5
6	喜欢独处的	→	乐群的	XGTZ6
7	世故的	→	坦诚的	XGTZ7
8	随机应变的	→	坚持规则的	XGTZ8
9	审慎的	→	积极的	XGTZ9
10	重视经验的	→	开拓创新的	XGTZ10
11	独立的	→	好交际的	XGTZ11
12	严厉的	→	宽厚的	XGTZ12
13	懂变通的	→	能坚持的	XGTZ13
14	心思细腻的	→	有原则的	XGTZ14
15	稳健的	→	创新的	XGTZ15
16	寡言的	→	活跃的	XGTZ16
17	冷淡的	→	热情的	XGTZ17
18	莽撞的	→	小心的	XGTZ18
19	情绪低落的	→	有活力的	XGTZ19
20	保守的	→	开放的	XGTZ20

2. 职业动机

根据马斯洛需要层次理论，随着社会主义生产力的迅速发展，人民的物质需要已经得到了极大满足，因而更加重视个人的精神需求，在工作中寻求自我实现，职业动机也成为影响教师胜任力的重要因素。本研究中选用了 Dik 等编制的 CVQ 问卷，共包含两个子问卷，分别测量寻求使命（Search of Calling）和存在使命（Presence of Calling）。①② 量表如表格 3 所示。

表格 3　职业动机初拟量表

序号	题项	代码
1	我有被教师职业召唤的使命感	ZYDJ1
2	没有人逼迫我从事教师职业	ZYDJ2
3	有人生偶像吸引我从事教师职业	ZYDJ3
4	我之所以从事教育工作，是因为教育使命感的召唤	ZYDJ4
5	教育工作让我实现了人生目标	ZYDJ5
6	我认为教师职业是实现人生价值的路径	ZYDJ6
7	教师职业是我人生意义的重要部分	ZYDJ7
8	当我从教时，我努力实现我的人生价值	ZYDJ8
9	教师职业最重要的意义是让我可以帮助别人	ZYDJ9
10	我最重要的职业目标就是改变学生的人生	ZYDJ10
11	我的工作会改善这个世界	ZYDJ11
12	我经常评估我的工作对别人有多大的作用	ZYDJ12

① Dik B. J., Eldridge B. M., Steger M. F., and Duffy R. D. "Development and Validation of the Calling and Vocation Questionnaire（CVQ）and Brief Calling Scale（BCS）[J]". *Journal of Career Assessment*, 2012, 20（3）: 242–263.

② 顾江洪，江新会，丁世青，谢立新，黄波.职业使命感驱动的工作投入：对工作与个人资源效应的超越和强化［J］.南开管理评论，2018,（02）.

3. 职业认同

教师职业认同是教师个体对自身职业的一种综合态度，是对“个体”与“职业”在互动整合过程中的认知、感受以及行为倾向的综合体。能否认同职业是决定高校教师是否愿意花费时间、精力去提升胜任力、创造更多的绩效产出的重要因素。本研究通过整合李笑樱、魏淑华等多人的研究结果，设计了职业认同量表①②③。职业认同量表如表格 4 所示。

表格 4　职业认同初拟量表

序号	题项	代码
1	我适合做教师工作	ZYRT1
2	从事教师职业能够实现我的人生价值	ZYRT2
3	我为自己是一名教师而自豪	ZYRT3
4	在做自我介绍的时候，我愿意提到我是一名教师	ZYRT4
5	作为一名教师，我时常觉得受人尊重	ZYRT5
6	我会注意自己的言行，不损害教师形象	ZYRT6
7	我关心社会如何看待教师群体	ZYRT7
8	有人指责教师群体时，我感受到侮辱	ZYRT8
9	我会积极主动地与其他教师联系，创造和谐的同事关系	ZYRT9
10	对于规定的教师职责，我会认真对待，及时完成	ZYRT10
11	对于未规定或未明确的教师职责，如果有利于学生发展，我会积极参与并认真对待	ZYRT11

① 李笑樱，闫寒冰．教师职业认同感的模型建构及量表编制［J］．教师教育研究，2018，（02）．

② 魏淑华，宋广文，张大均．我国中小学教师职业认同的结构与量表［J］．教师教育研究，2013，（01）．

③ 陈韶荣，吴庆松．心理资本与高校青年教师职业认同的关系研究——论工作投入的中介作用［J］．大学教育科学，2018，（01）．

续表

序号	题项	代码
12	对于未规定或未明确的教师职责，如果有利于个人发展，我会积极参与并认真对待	ZYRT12
13	我会积极思考如何更大限度地发挥我作为教师的价值	ZYRT13
14	我认为教师职业对促进人类个体发展十分重要	ZYRT14
15	我认为教师的工作对促进学生的成长与发展很重要	ZYRT15
16	我认为教师的工作对人类社会发展有重要作用	ZYRT16
17	我认为教师职业是社会中最重要的职业之一	ZYRT17

4. 师德素质测评量表

师德是教师队伍特有的职业道德，人才培养以道德培养为基础，教师的师德也是决定其能否做好教书育人工作的最重要的品质特征。习近平总书记在同北京师范大学师生代表座谈时对如何做好老师提出了四个方面的要求，教育部、各级教育管理部门也纷纷配套出台了关于深化教师队伍师德建设的文件。本研究在各高校已经建立了师德评价体系的基础上，选用了经实践后证实可行的师德测评量表如表格 5 所示。

表格 5　师德素质初拟量表

序号	题项	代码
1	我的政治方向坚定	SDSZ1
2	我自觉爱国守法	SDSZ2
3	我积极传播优秀文化	SDSZ3
4	我潜心教书育人	SDSZ4

续表

序号	题项	代码
5	我关心爱护学生	SDSZ5
6	我坚持言行雅正	SDSZ6
7	我遵守学术规范	SDSZ7
8	我秉持公平诚信	SDSZ8
9	我坚守廉洁自律	SDSZ9
10	我积极奉献社会	SDSZ10

二、胜任力水平测评量表

根据高校教师教学、科研和社会服务的三项岗位职责，分别借鉴了熊思鹏、陈谦和曹如军等人制定的三个量表，按照学科特点进行修正，拟定了教师胜任力水平评测量表。①②③胜任力水平评测量表如表格6所示。

表格6 胜任力水平初拟问卷

序号	维度	题项	代码
1	教学胜任力	我有丰富的学科知识	JXCPT1
2		我的合理的教学目标设定	JXCPT2
3		我有足够的沟通能力	JXCPT3
4		我的教学内容安排科学合理	JXCPT4
5		我的语言表达准确到位	JXCPT5

① 熊思鹏、何齐宗．高校青年教师教学胜任力的调查与思考［J］．教育研究，2016.

② 陈谦．博士招生科学性的优化探索［J］．江苏高教，2019，（05）．

③ 曹如军．高校教师社会服务能力：内涵与生成逻辑［J］．江苏高教，2013，（2）．

续表

序号	维度	题项	代码
6	教学胜任力	我有丰富的教学实践性知识	JXCPT6
7		我有合适的教学方法	JXCPT7
8		我有足够的教育技术	JXCPT8
9		我的课堂组织严谨	JXCPT9
10		我的师生互动活跃有效	JXCPT10
11		我有足够的幽默感	JXCPT11
12		我对教学对象分析到位	JXCPT12
13		我的教学研究充足	JXCPT13
14	科研胜任力	我有充分的获取知识的能力	KYCPT1
15		我有足够的学术鉴别能力	KYCPT2
16		我有足够的科学研究能力	KYCPT3
17		我有足够的学术交流能力	KYCPT4
18		我有足够的学术创新意识	KYCPT5
19		我有足够的学术创新能力	KYCPT6
20		我有足够的学科交叉能力	KYCPT7
21		我有足够的学术抗压能力	KYCPT8
22		我对意见有足够的接受能力	KYCPT9
23		我有足够的科研持续能力	KYCPT10
24		我有足够的学术诚信能力	KYCPT11
25	服务胜任力	我有足够的服务社会的责任意识	FWCPT1
26		我的交流表达顺畅到位	FWCPT2
27		我有足够的学习和发展能力	FWCPT3
28		我有足够的沟通与合作能力	FWCPT4

续表

序号	维度	题项	代码
29	服务胜任力	我能够发现和把握问题	FWCPT5
30		我能够分析、解决问题	FWCPT6
31		我对问题的发展有前瞻	FWCPT7
32		我有足够的信息获取能力	FWCPT8
33		我的研究成果实现了转化	FWCPT9
34		我有组织学生活动的能力	FWCPT10
35		我能够对学生开展思政辅导	FWCPT11
36		我有充足的应急处理能力	FWCPT12

三、绩效水平测评量表

根据高校教师的三大岗位职责及职责明细，本研究拟定了绩效水平评测量表，如表格 7 所示。

表格 7　绩效水平初拟问卷

序号	维度	题项	代码
1	教学绩效	我给学生授课的课时数很饱满	JXACM1
2		我的评教成绩优秀	JXACM2
3		我的教育研究成果丰富	JXACM3
4		我的教学获奖很多	JXACM4
5		我指导学生数量很多	JXACM5
6		我编写的教材（教辅书籍）、录制的视频课程丰富	JXACM6

续表

序号	维度	题项	代码
7	科研绩效	我发表的论文或著作数量丰富	KYACM1
8		我发表的论文或著作质量过硬	KYACM2
9		我的科研项目数量丰富	KYACM3
10		我的科研项目级别较高	KYACM4
11		我获得科研奖励较多	KYACM5
12		我的科研经费充足	KYACM6
13		我的科研经费使用合理	KYACM7
14		我经常参加学术交流	KYACM8
15		我的学术影响力很大	KYACM9
16	服务绩效	我在本校学科建设中起了重大作用	FWACM1
17		我经常参加学校的命题、监考、阅卷等服务性工作	FWACM2
18		我经常开展国际交流	FWACM3
19		我参加了较多的社会团体、学术组织	FWACM4
20		我为国家建言献策	FWACM5
21		我经常提供公益培训或其他志愿服务	FWACM6
22		我的成果转化实现了社会效益	FWACM7

四、工作满意度评测量表

为确保测量的精度，课题组成员通过查阅文献，将刘小萍等多人制定的高校教师工作满意度量表对比分析后，根据学科特点和实际工作经验的总结，整理汇总成为工作满意度量表。①②③④⑤⑥评测量表如表格 8 所示。

表格 8 工作满意度初拟问卷

序号	题项	代码
1	我在工作中受人尊重	SATIS1
2	我的成果得到了赞许	SATIS2
3	我工作中人际关系和谐	SATIS3
4	我对福利和保障满意	SATIS4
5	我对薪资水平满意	SATIS5
6	我的培训机会很多	SATIS6
7	我的晋升机会充足	SATIS7
8	我有充足的职业成就感	SATIS8
9	我不打算更换行业预期	SATIS9
10	我会推荐亲友来校工作	SATIS10
11	我关心学校发展	SATIS11
12	我自豪的告知别人我在本校工作	SATIS12
13	我与学校价值观一致	SATIS13

① 周浩波，李凌霄.高校教师工作满意度影响因素研究——基于48篇文献的Nvivo质性分析.[J]现代教育管理，2019,（11）.

② 冯艳艳.高校教师与组织的契合度及对工作满意度的影响研究［D］.聊城大学，2016.

③ 程跟锁，陈建海.高校青年教师工作满意度的影响因素研究——基于结构方程模型的实证分析［J］.兰州大学学报（社会科学版），2018,（4）.

④ 刘小萍，周炎炎.高校教师工作压力对工作满意度的影响研究［J］.高教探索，2016,（001）.

⑤ 顾远东，王勇明，彭纪生.绩效考核对高校教师工作满意度的影响：职业压力的中介作用［J］.管理学报，2010.

⑥ 罗茜，李洪玉，何一粟.高校教师人格特质、工作特征与工作满意度的关系研究［J］.心理与行为研究，2012,（3）.

续表

序号	题项	代码
14	我愿意为学校奉献	SATIS14
15	我的建言被领导采纳	SATIS15

五、组织支持感知测评量表

1986年，Eisenberger等在社会交换理论、互惠规范与组织人格化概念基础上，提出了组织支持感知的概念。[①] 组织支持感知指员工对组织重视其贡献及关注其发展程度的总体看法，高校教师的组织支持感知包括高校对其师德师能提升、绩效认定及重视工作满意度等多个方面，通过搜集分析熊会兵等人研究的结果，根据目前高校对教师的支持现状，修正整合其量表，拟定了高校教师组织支持感知评测量表。[②③④⑤⑥⑦⑧] 如表格9所示。

---

① Eisenberger, R., Huntington, R., Hutchison, S., and Sowa, D. “Perceived Organizational Support” [J]. *Journal of Applied Psychology*, 1986, 71 (3): 500-507.

② 任君庆，王琪. 高职院校教师职业压力，组织支持感与工作满意度关系研究 [J]. 中国职业技术教育，2020，(003).

③ 毕妍，蔡永红，蔡劲. 薪酬满意度、组织支持感和教师绩效的关系研究 [J]. 教育科学文摘，2016，(3).

④ 韩翼，刘竞哲. 个人—组织匹配、组织支持感与离职倾向——工作满意度的中介作用 [J]. 经济管理，2009，(2).

⑤ 刘颖，郑瑜. 科研人员组织支持感与工作行为的关系研究 [J]. 中国科技论坛，2011，(8).

⑥ 熊会兵，罗东霞. 高校教师的组织支持感、集体自尊与组织承诺关系 [J]. 经济管理，2008，(13).

⑦ 何会涛，彭纪生，袁勇志. 组织支持感、员工知识共享方式与共享有效性的关系研究 [J]. 科学学与科学技术管理，2009，(11).

⑧ 王静，刘智. 组织支持感对工作家庭冲突的影响——教师胜任力的中介作用 [J]. 教育学术月刊，2018，(011).

表格 9　组织支持感知初拟量表

序号	维度	题项	代码
1	师德提升支持	学校重视师德评价	MRSUP1
2		学校有完善的师德评价规范	MRSUP2
3		学校对师德评价运用合理到位	MRSUP3
4	师能提升支持	学校重视教师能力的提升	CPTSUP1
5		学校有完善的教师能力提升制度	CPTSUP2
6		学校在培训资源上投入充足	CPTSUP3
7		学校的培训组织服务到位	CPTSUP4
8		学校的培训策略科学合理	CPTSUP5
9	绩效支持	学校在职务晋升中重视教师的绩效产出	ACMSUP1
10		学校的教学管理制度鼓励教师多上课、上好课	ACMSUP2
11		学校的教学资源配备足以保障教学和教研	ACMSUP3
12		学校的科研资源配备足以保障开展科研工作	ACMSUP4
13		学校的科研管理制度鼓励教师做好科研	ACMSUP5
14		学校分配制度鼓励绩效产出	ACMSUP6
15		学校领导支持教师的绩效产出	ACMSUP7
16		学校的科研氛围鼓励教师做好科研	ACMSUP8
17		同事会协作提升绩效产出	ACMSUP9
18	满意度支持	学校的分配制度科学合理	SATSUP1
19		领导对我足够关心	SATSUP2
20		我可以参与学校的决策	SATSUP3
21		我对福利保障体系满意	SATSUP4
22		我对学校的工作氛围满意	SATSUP5

第二节　量表的修订

一、专家访谈

为改善量表的可读性和测评精度，首先通过专家访谈的形式，邀请多个高校教务处、科研处、研究生处、人事处等职能部门的处长以及学院的院长、知名教授等专家共 16 人就初步拟定的量表进行了深入讨论，请他们对量表各题项提出建议是否保留或者进行修改，完成了对量表的第一次修订。

二、量表试测

为进一步验证量表的测评精度，寻找一些高校专任教师小范围发放并回收了试测问卷，共收集 105 份试测问卷，样本分布如表格 10 所示。

表格 10　试测样本分布

类型	项目	数量
性别	男	38
	女	67
年龄分布	30 岁及以下	5
	31~40 岁	55

续表

类型	项目	数量
年龄分布	41~50 岁	33
	51~60 岁	12
学历	博士研究生	57
	硕士研究生	43
	大学本科	5
职称	教授	8
	副教授	29
	讲师	60
	助教	8
所在学科	文学	29
	经管	25
	法政	2
	思政	36
	公共课	13

1. 正态性检验

样本含量≤ 5000 时，正态性检验的结果以 Shapiro-Wilk（S-W 检验）为准，通过 SPSS 软件对各题项数据的正态性进行 Shapiro-Wilk 检验后，发现在 5% 的显著性水平上，所有题项的正态性分布假设均被拒绝[①]。通过观察各维度数据的 Q-Q 图，可以发现样本数据偏离直线较多，同样证明数据为偏态分布如表格 11 和图 2 所示。

① 刘庆武，胡志艳 . 如何用 SPSS，SAS 统计软件进行正态性检验［J］. 湘南学院学报，2005.

表格 11 试测样本 S-W 检验

潜变量	观察变量	Shapiro-Wilk				峰度		偏度	
		统计	显著性	统计	显著性	统计	标准错误	统计	标准错误
职业认同	ZYRT1	.646	.000	.573	.000	5.277	.467	−2.283	.236
	ZYRT2			.617	.000	3.754	.467	−1.921	.236
	ZYRT3			.606	.000	4.289	.467	−2.020	.236
	ZYRT4			.560	.000	6.266	.467	−2.414	.236
	ZYRT5			.747	.000	1.027	.467	−1.202	.236
	ZYRT6			.368	.000	18.535	.467	−3.944	.236
	ZYRT7			.535	.000	7.064	.467	−2.517	.236
	ZYRT8			.660	.000	3.245	.467	−1.751	.236
	ZYRT9			.653	.000	4.776	.467	−1.945	.236
	ZYRT10			.378	.000	20.209	.467	−4.042	.236
	ZYRT11			.470	.000	13.567	.467	−3.297	.236
	ZYRT12			.605	.000	3.405	.467	−1.907	.236
	ZYRT13			.543	.000	5.190	.467	−2.228	.236
	ZYRT14			.457	.000	13.861	.467	−3.301	.236
	ZYRT15			.437	.000	16.500	.467	−3.567	.236
	ZYRT16			.415	.000	19.899	.467	−3.882	.236
	ZYRT17			.463	.000	15.028	.467	−3.364	.236
人格特征	XGTZ1	.935	.000	.810	.000	−1.148	.467	.308	.236
	XGTZ2			.796	.000	−.607	.467	−.660	.236
	XGTZ3			.839	.000	.724	.467	−.831	.236
	XGTZ4			.884	.000	−.023	.467	−.560	.236

续表

潜变量	观察变量	Shapiro-Wilk				峰度		偏度	
		统计	显著性	统计	显著性	统计	标准错误	统计	标准错误
人格特征	XGTZ5	.935	.000	.887	.000	-.169	.467	-.339	.236
	XGTZ6			.897	.000	-.695	.467	.074	.236
	XGTZ7			.724	.000	-.835	.467	-.801	.236
	XGTZ8			.847	.000	-.523	.467	-.059	.236
	XGTZ9			.873	.000	-.852	.467	-.017	.236
	XGTZ10			.889	.000	-.063	.467	-.406	.236
	XGTZ11			.896	.000	-.407	.467	.034	.236
	XGTZ12			.865	.000	-.229	.467	-.377	.236
	XGTZ13			.863	.000	-.023	.467	-.255	.236
	XGTZ14			.892	.000	-.329	.467	-.326	.236
	XGTZ15			.886	.000	-.046	.467	-.140	.236
	XGTZ16			.874	.000	-.098	.467	-.118	.236
	XGTZ17			.860	.000	-.788	.467	-.263	.236
	XGTZ18			.842	.000	.055	.467	-.219	.236
	XGTZ19			.850	.000	-.844	.467	-.090	.236
	XGTZ20			.815	.000	-1.155	.467	.276	.236
职业动机	ZYDJ1	.911	.000	.757	.000	-1.188	.467	-.560	.236
	ZYDJ2			.534	.000	2.441	.467	-1.910	.236
	ZYDJ3			.863	.000	-.465	.467	-.521	.236
	ZYDJ4			.843	.000	-.212	.467	-.718	.236
	ZYDJ5			.791	.000	.625	.467	-1.042	.236
	ZYDJ6			.786	.000	.338	.467	-.882	.236

续表

潜变量	观察变量		Shapiro-Wilk			峰度		偏度	
		统计	显著性	统计	显著性	统计	标准错误	统计	标准错误
职业动机	ZYDJ7	.911	.000	.717	.000	1.705	.467	−1.370	.236
	ZYDJ8			.688	.000	3.492	.467	−1.635	.236
	ZYDJ9			.724	.000	2.858	.467	−1.526	.236
	ZYDJ10			.802	.000	.600	.467	−1.020	.236
	ZYDJ11			.813	.000	.936	.467	−.979	.236
	ZYDJ12			.842	.000	.184	.467	−.684	.236
师德素质	SDSZ1	.448	.000	.408	.000	7.301	.467	−2.814	.236
	SDSZ2			.390	.000	8.078	.467	−2.947	.236
	SDSZ3			.424	.000	6.231	.467	−2.661	.236
	SDSZ4			.424	.000	6.231	.467	−2.661	.236
	SDSZ5			.374	.000	9.486	.467	−3.125	.236
	SDSZ6			.354	.000	10.638	.467	−3.298	.236
	SDSZ7			.376	.000	9.591	.467	−3.096	.236
	SDSZ8			.374	.000	9.486	.467	−3.125	.236
	SDSZ9			.376	.000	9.591	.467	−3.096	.236
	SDSZ10			.442	.000	6.105	.467	−2.562	.236
教学胜任力	JXCPT1	.899	.000	.761	.000	−.707	.467	−.601	.236
	JXCPT2			.719	.000	−.339	.467	−.801	.236
	JXCPT3			.715	.000	−.289	.467	−.837	.236
	JXCPT4			.688	.000	−.285	.467	−.839	.236
	JXCPT5			.716	.000	−.509	.467	−.659	.236
	JXCPT6			.751	.000	−.783	.467	−.701	.236

续表

潜变量	观察变量	Shapiro-Wilk				峰度		偏度	
		统计	显著性	统计	显著性	统计	标准错误	统计	标准错误
教学胜任力	JXCPT7	.899	.000	.737	.000	–.497	.467	–.685	.236
	JXCPT8			.785	.000	–.290	.467	–.700	.236
	JXCPT9			.753	.000	–.615	.467	–.619	.236
	JXCPT10			.765	.000	.272	.467	–.787	.236
	JXCPT11			.796	.000	–1.335	.467	–.241	.236
	JXCPT12			.788	.000	–.095	.467	–.635	.236
	JXCPT13			.797	.000	.738	.467	–.822	.236
科研胜任力	KYCPT1	.916	.000	.747	.000	–.011	.467	–.946	.236
	KYCPT2			.783	.000	–.786	.467	–.636	.236
	KYCPT3			.823	.000	–.778	.467	–.449	.236
	KYCPT4			.813	.000	–1.014	.467	–.380	.236
	KYCPT5			.825	.000	–.763	.467	–.433	.236
	KYCPT6			.833	.000	.339	.467	–.584	.236
	KYCPT7			.825	.000	–1.013	.467	–.239	.236
	KYCPT8			.816	.000	–.132	.467	–.490	.236
	KYCPT9			.747	.000	–.570	.467	–.679	.236
	KYCPT10			.807	.000	–1.035	.467	–.417	.236
	KYCPT11			.600	.000	1.315	.467	–1.570	.236
服务胜任力	FWCPT1	.914	.000	.673	.000	.250	.467	–1.159	.236
	FWCPT2			.693	.000	–.055	.467	–.964	.236
	FWCPT3			.708	.000	–.260	.467	–.972	.236
	FWCPT4			.688	.000	.042	.467	–1.083	.236

续表

潜变量	观察变量	Shapiro-Wilk				峰度		偏度	
		统计	显著性	统计	显著性	统计	标准错误	统计	标准错误
服务胜任力	FWCPT5	.914	.000	.735	.000	–.535	.467	–.806	.236
	FWCPT6			.734	.000	–.464	.467	–.718	.236
	FWCPT7			.781	.000	1.379	.467	–.995	.236
	FWCPT8			.773	.000	–.828	.467	–.519	.236
	FWCPT9			.881	.000	–.468	.467	–.170	.236
	FWCPT10			.799	.000	–1.161	.467	–.274	.236
	FWCPT11			.808	.000	–.682	.467	–.580	.236
	FWCPT12			.810	.000	.937	.467	–.727	.236
教学绩效	JXACM1	.966	.008	.590	.000	1.474	.467	–1.623	.236
	JXACM2			.803	.000	.638	.467	–.864	.236
	JXACM3			.864	.000	–.655	.467	–.235	.236
	JXACM4			.865	.000	–.113	.467	–.228	.236
	JXACM5			.837	.000	.077	.467	–.609	.236
	JXACM6			.899	.000	–.444	.467	–.162	.236
科研绩效	KYACM1	.966	.009	.851	.000	.258	.467	–.234	.236
	KYACM2			.857	.000	–.161	.467	–.367	.236
	KYACM3			.875	.000	.090	.467	–.213	.236
	KYACM4			.889	.000	–.156	.467	–.191	.236
	KYACM5			.889	.000	–.063	.467	–.141	.236
	KYACM6			.895	.000	–.234	.467	–.016	.236
	KYACM7			.837	.000	–.166	.467	–.487	.236
	KYACM8			.896	.000	–.440	.467	–.341	.236
	KYACM9			.894	.000	–.207	.467	.099	.236

续表

潜变量	观察变量	Shapiro-Wilk				峰度		偏度	
		统计	显著性	统计	显著性	统计	标准错误	统计	标准错误
服务绩效	FWACM1	.972	.025	.876	.000	.077	.467	-.260	.236
	FWACM2			.780	.000	.567	.467	-1.125	.236
	FWACM3			.900	.000	-1.068	.467	.033	.236
	FWACM4			.902	.000	-.644	.467	-.164	.236
	FWACM5			.908	.000	-.550	.467	-.241	.236
	FWACM6			.906	.000	-.368	.467	-.064	.236
	FWACM7			.914	.000	-.556	.467	-.026	.236
工作满意度	SATIS1	.974	.034	.790	.000	-.328	.467	-.751	.236
	SATIS2			.824	.000	.271	.467	-.664	.236
	SATIS3			.707	.000	-.204	.467	-.974	.236
	SATIS4			.865	.000	-.405	.467	-.603	.236
	SATIS5			.900	.000	-.485	.467	-.239	.236
	SATIS6			.886	.000	.032	.467	-.312	.236
	SATIS7			.905	.000	-.549	.467	-.275	.236
	SATIS8			.872	.000	.117	.467	-.546	.236
	SATIS9			.780	.000	.640	.467	-1.019	.236
	SATIS10			.760	.000	-.140	.467	-1.027	.236
	SATIS11			.875	.000	-.426	.467	-.424	.236
	SATIS12			.689	.000	-.230	.467	-1.056	.236
	SATIS13			.798	.000	-.931	.467	-.513	.236
	SATIS14			.764	.000	-1.250	.467	-.498	.236
	SATIS15			.725	.000	-.708	.467	-.830	.236
	SATIS16			.891	.000	-.474	.467	-.228	.236

续表

潜变量	观察变量	Shapiro-Wilk				峰度		偏度	
		统计	显著性	统计	显著性	统计	标准错误	统计	标准错误
师德组织支持感知	MRSUP1	.894	.000	.713	.000	1.424	.467	−1.283	.236
	MRSUP2			.744	.000	.745	.467	−1.063	.236
	MRSUP3			.782	.000	.983	.467	−1.013	.236
胜任力组织支持感知	CPTSUP1	.899	.000	.791	.000	1.702	.467	−1.092	.236
	CPTSUP2			.821	.000	.532	.467	−.686	.236
	CPTSUP3			.834	.000	.604	.467	−.751	.236
	CPTSUP4			.834	.000	.941	.467	−.882	.236
	CPTSUP5			.831	.000	.939	.467	−.927	.236
绩效组织支持感知	ACMSUP1	.922	.000	.809	.000	1.159	.467	−.907	.236
	ACMSUP2			.833	.000	.334	.467	−.859	.236
	ACMSUP3			.845	.000	.135	.467	−.647	.236
	ACMSUP4			.850	.000	−.599	.467	−.328	.236
	ACMSUP5			.841	.000	−.657	.467	−.485	.236
	ACMSUP6			.827	.000	.094	.467	−.595	.236
	ACMSUP7			.814	.000	1.058	.467	−.941	.236
	ACMSUP8			.834	.000	−.069	.467	−.581	.236
	ACMSUP9			.838	.000	−.264	.467	−.389	.236
满意度组织支持感知	SATSUP1	.950	.001	.855	.000	.016	.467	−.461	.236
	SATSUP2			.855	.000	−.465	.467	−.374	.236
	SATSUP3			.896	.000	−.780	.467	−.142	.236
	SATSUP4			.871	.000	−.220	.467	−.501	.236
	SATSUP5			.838	.000	.830	.467	−.850	.236

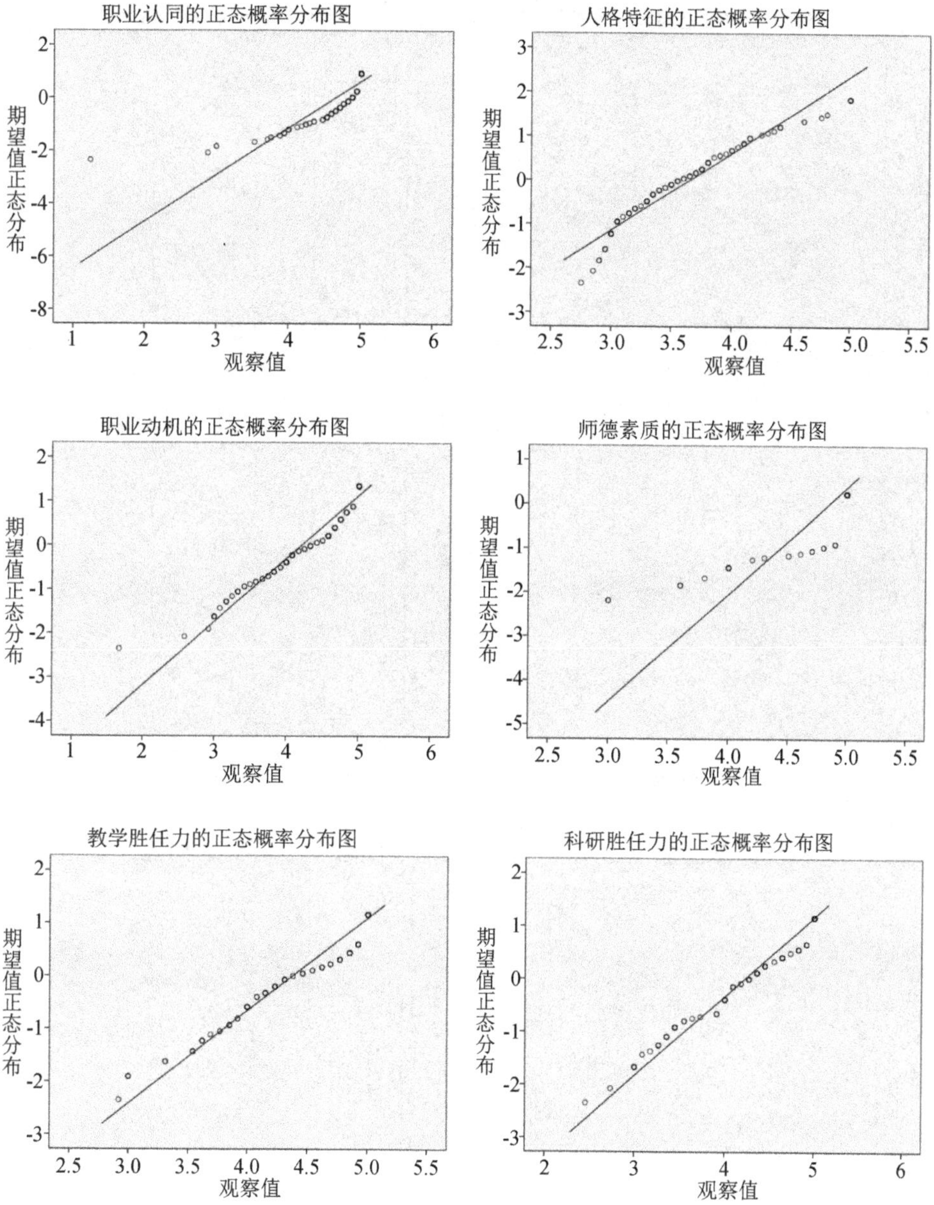

图 2 测试样本正态性检验

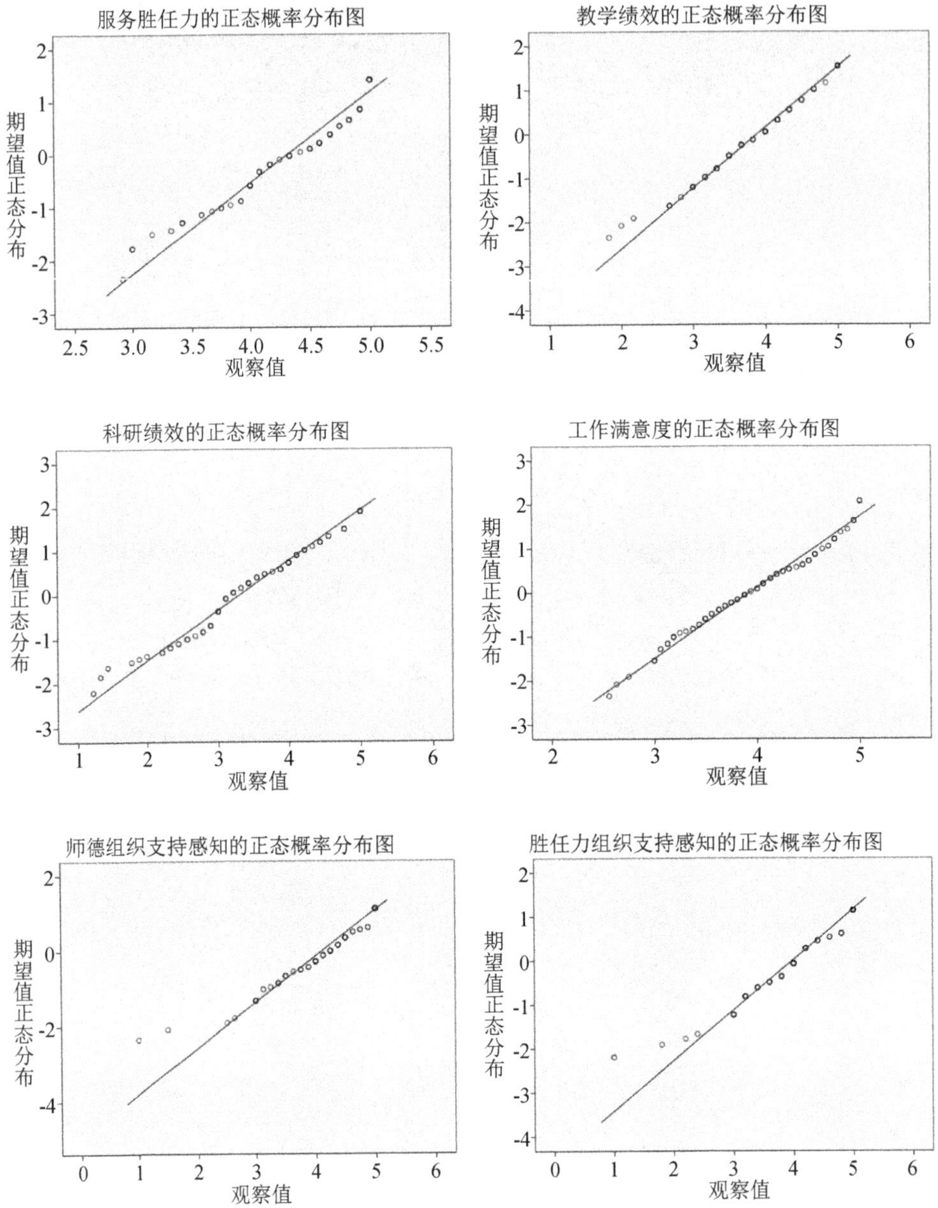

图 2　试测样本正态性检验（续）

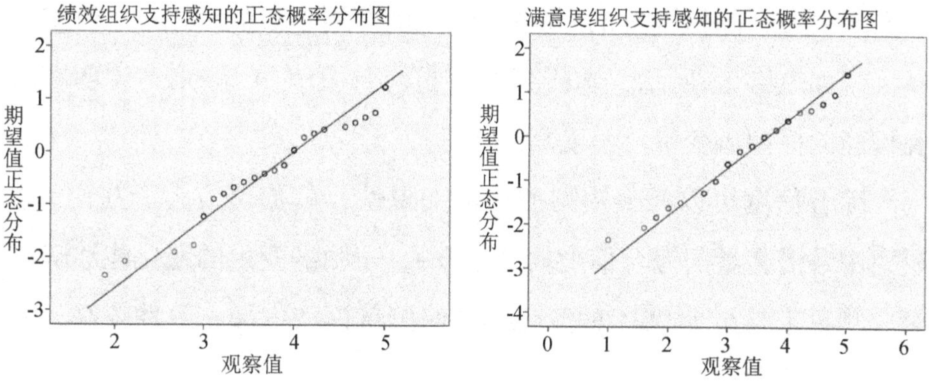

图 2 试测样本正态性检验(续)

2. 估计方法选择

根据检验结果，数据均为偏态分布，偏最小二乘法(Partial Least Square, PLS)不要求样本数据呈正态性分布。① 根据相关资料，结构方程模型建模时样本量至少为顾客满意度模型中，具有最多结构路径指向的隐变量的路径数的十倍，更弱一些的限制类似于多元回归，也应至少五倍；② 且 PLS 估计时样本量最少推荐 100 个；最好在 230 个以上，③ 并且试测样本量符合 PLS 估计的样本量要求。综上所述，本研究选用 PLS 估计，使用 SmarTPLS3.0 软件计算。

3. 内隐特征测评量表验证与修订

(1)信度与效度分析。

在本研究中，信度指的是调查数据所反映教师内隐特征、胜任力、绩效、工作满意度及组织支持感知的可靠性。试测样本的感受

① 崔彬，张亚维. 大学生创业教育满意度形成机理研究——基于 PLS 结构方程模型的实证分析 [J]. 中国大学生就业，2013,(22).

② 梁燕. 关于顾客满意度指数的若干问题研究 [J]. 统计研究,(11).

③ 梁燕，金勇进. 顾客满意度模型的样本量研究 [J]. 统计研究，2007,(7).

趋向于一致，随机因素的影响越小，测评数据就越客观，α 值就会越大。如表格 12 所示，本研究中潜变量 α 值均大于 0.9，说明本研究构建的模型潜变量可信度高。

综合信度可以代表模型的内部一致性，其数值应大于 0.7 ，本研究中各潜变量的综合信度均大于 0.9，表明潜变量的变化能够解释对应测量工具至少 90% 的变化，说明测量模型内部一致性较好，描述是可信的。

除人格特征外，所有潜变量的平均提取方差值（AVE）均超过 Fornell 和 Larcker（1981）提出的临界值 0.5，说明解释变量很好地解释了潜变量，具有较好的收敛效度。①

表格 12　内隐特征量表信度与收敛效度

潜变量	Cronbach's Alpha	组合信度	平均抽取变异量（AVE）	R^2
人格特征	.906	.918	.378	0.46
师德素质	.981	.983	.855	0.57
职业动机	.943	.951	.622	0.64
职业认同	.970	.973	.679	0.61

各潜变量间相关系数最大值（0.541）小于潜变量 AVE 值平方根的最小值（0.615），故可以认为各潜变量间存在良好的区分效度，如表格 13 所示。

① Bagozzi R. P., Fornell C., and Larcker D. F. “Canonical Correlation Analysis As A Special Case Of A Structural Relations Model” . *Multivariate Behavioral Research*, 1981, 16（4）: 437.

表格 13 内隐特征量表区分效度

	人格特征	师德素质	职业动机	职业认同
人格特征	.615			
师德素质	.324	.925		
职业动机	.536	.541	.789	
职业认同	.347	.433	.424	.824

（2）验证性因子分析（CFA）。

通过验证性因子分析（见图 3），可以确定观察变量是否属于潜变量的范畴。从表格 14 中可以看出，人格特征中有 10 个观察变量的因子负荷量低于 0.6，切合人格特征的 AVE 值 =0.378<0.5，说明其观察变量不能很好地解释潜变量，因此将该 10 条观察变量删除。职业动机中从业逼迫、人生偶像和改变学生人数 3 个观察变量的因子负荷量均小于 0.7，不能很好地解释职业动机维度，因此予以删除。

表格 14 内隐特征因子载荷

题项	均值	标准差	因子负荷量			
			人格特征	师德素质	职业动机	职业认知
XGTZ1	3.676	.504 3	.663			
XGTZ2	4.229	.454	.702			
XGTZ3	4.000	.507	.654			
XGTZ4	3.533	.602	.336			
XGTZ5	3.610	.549	.513			
XGTZ6	3.238	.628	.741			
XGTZ7	4.390	.422	.664			

续表

题项	均值	标准差	因子负荷量			
			人格特征	师德素质	职业动机	职业认知
XGTZ8	3.752	.494	.537			
XGTZ9	3.610	.554	.735			
XGTZ10	3.524	.573	.476			
XGTZ11	3.086	.622	.546			
XGTZ12	3.724	.559	.526			
XGTZ13	3.514	.568	.382			
XGTZ14	3.257	.631	.260			
XGTZ15	3.143	.580	.330			
XGTZ16	3.448	.551	.691			
XGTZ17	3.876	.488	.844			
XGTZ18	3.829	.449	.571			
XGTZ19	3.876	.450	.784			
XGTZ20	3.762	.462	.863			
SDSZ1	4.829	.259		.905		
SDSZ2	4.838	.255		.912		
SDSZ3	4.810	.277		.916		
SDSZ4	4.810	.277		.911		
SDSZ5	4.857	.235		.928		
SDSZ6	4.867	.230		.950		
SDSZ7	4.867	.217		.919		
SDSZ8	4.857	.235		.946		
SDSZ9	4.867	.217		.948		

续表

题项	均值	标准差	因子负荷量			
			人格特征	师德素质	职业动机	职业认知
SDSZ10	4.819	.251		.912		
ZYDJ1	4.286	.437			.837	
ZYDJ2	4.705	.333			.615	
ZYDJ3	3.657	.657			.638	
ZYDJ4	3.990	.543			.779	
ZYDJ5	4.210	.505			.921	
ZYDJ6	4.219	.484			.911	
ZYDJ7	4.400	.463			.854	
ZYDJ8	4.486	.413			.858	
ZYDJ9	4.362	.472			.834	
ZYDJ10	4.133	.541			.655	
ZYDJ11	4.114	.509			.762	
ZYDJ12	3.971	.527			.721	
ZYRT1	4.562	.477				.779
ZYRT2	4.552	.439				.722
ZYRT3	4.571	.432				.786
ZYRT4	4.590	.457				.795
ZYRT5	4.324	.487				.673
ZYRT6	4.810	.325				.910
ZYRT7	4.657	.403				.809
ZYRT8	4.505	.440				.682
ZYRT9	4.533	.412				.772

续表

题项	均值	标准差	因子负荷量			
			人格特征	师德素质	职业动机	职业认知
ZYRT10	4.810	.316				.906
ZYRT11	4.733	.353				.890
ZYRT12	4.619	.378				.757
ZYRT13	4.714	.322				.889
ZYRT14	4.752	.340				.906
ZYRT15	4.771	.327				.893
ZYRT16	4.790	.312				.913
ZYRT17	4.752	.331				.862

注：有下划线的代表因子负荷量过低，予以删除

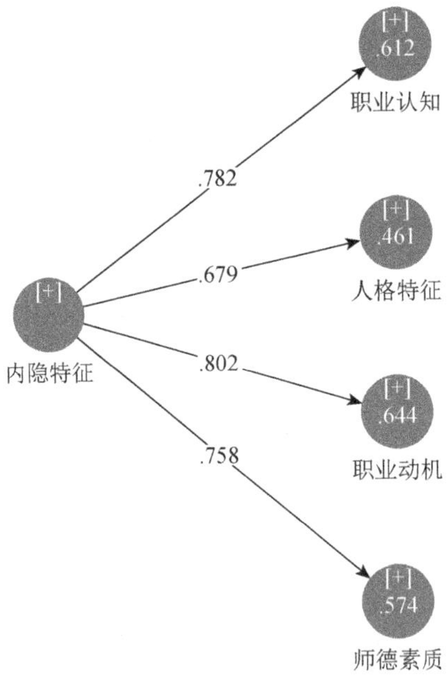

图3　内隐特征验证性因子分析

（3）量表修正。

在删除无效题项之后，再次检验样本信度与效度（见图 4）。从表格 15 中可以得出，修订后的人格特征潜变量的 AVE 值上升至 0.571，已经超过 0.5 的要求，具备较好的收敛效度。所有潜变量的科隆巴赫 α 值和组合信度均大于 0.9，AVE 值均大于 0.5，R^2 值均大于 0，所有因子在潜变量的因子负荷量都大于 0.6，修订后的量表具有良好的信度与效度。

表格 15 内隐特征测评修正量表信度与效度

潜变量	观察变量	Cronbach's Alpha	组合信度	AVE	R^2	因子负荷量			
						人格特征	师德素质	职业动机	职业认同
人格特征	XGTZ1	0.915	0.930	0.571	0.416	.706			
	XGTZ2					.742			
	XGTZ3					.643			
	XGTZ6					.765			
	XGTZ7					.679			
	XGTZ9					.726			
	XGTZ16					.708			
	XGTZ17					.867			
	XGTZ19					.811			
	XGTZ20					.875			

续表

潜变量	观察变量	Cronbach's Alpha	组合信度	AVE	R^2	因子负荷量			
						人格特征	师德素质	职业动机	职业认同
师德素质	SDSZ1	0.981	0.983	0.855	0.224		.908		
	SDSZ10						.911		
	SDSZ2						.914		
	SDSZ3						.917		
	SDSZ4						.913		
	SDSZ5						.927		
	SDSZ6						.948		
	SDSZ7						.917		
	SDSZ8						.944		
	SDSZ9						.947		
职业动机	ZYDJ1	0.946	0.955	0.703	0.264			.859	
	ZYDJ4							.805	
	ZYDJ5							.933	
	ZYDJ6							.918	
	ZYDJ7							.860	
	ZYDJ8							.853	
	ZYDJ9							.830	
	ZYDJ11							.747	
	ZYDJ12							.714	

续表

潜变量	观察变量	Cronbach's Alpha	组合信度	AVE	R^2	因子负荷量			
						人格特征	师德素质	职业动机	职业认同
职业认同	ZYRT1	0.970	0.973	0.679	0.884				.776
	ZYRT2								.716
	ZYRT3								.781
	ZYRT4								.790
	ZYRT5								.667
	ZYRT6								.913
	ZYRT7								.808
	ZYRT8								.683
	ZYRT9								.773
	ZYRT10								.910
	ZYRT11								.892
	ZYRT12								.757
	ZYRT13								.890
	ZYRT14								.909
	ZYRT15								.897
	ZYRT16								.916
	ZYRT17								.866

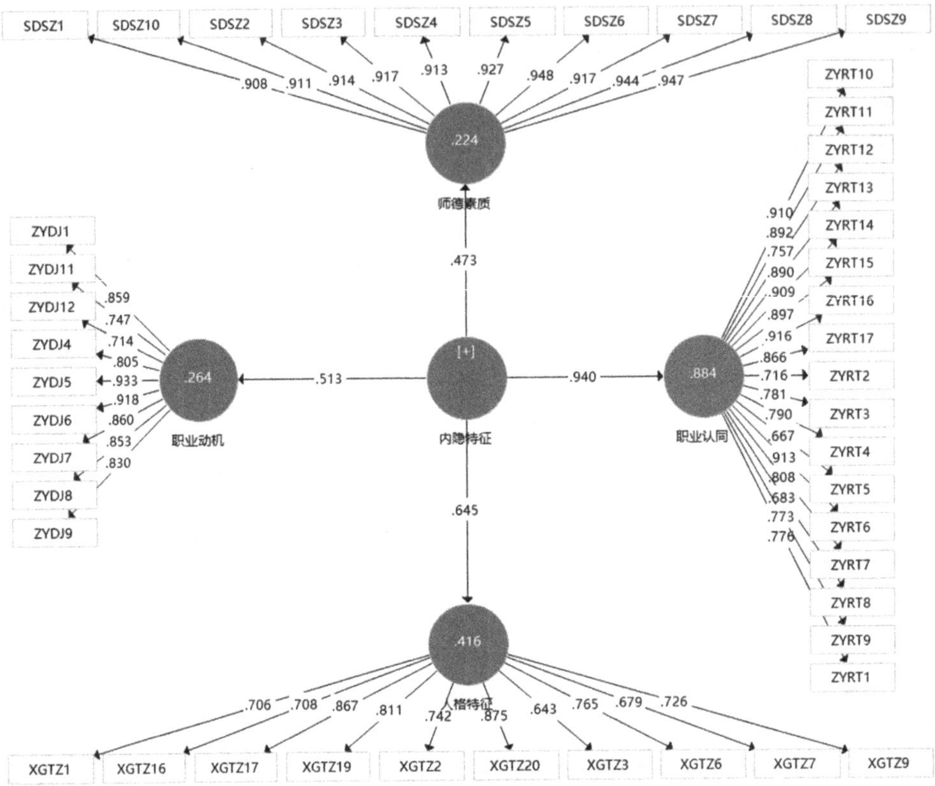

图 4　内隐特征测评修正量表验证性因子分析

4. 胜任力测评问卷的验证与修订

（1）信度与效度分析。

教学、科研和服务胜任力 3 个潜变量的科隆巴赫 α 值均大于 0.9，组合信度均大于 0.95，AVE 值均大于 0.65，R^2 值均大于 0.75，说明该量表具备良好的信度和收敛效度（见表格 16）。教学胜任力和服务胜任力的相关系数（0.836）大于潜变量 AVE 值的平方根最小值（0.813），说明量表区分效度不理想（见表格 17）。

表格 16　胜任力评测量表信度与收敛效度

	Cronbach's Alpha	组合信度	AVE	R^2
教学胜任力	.966	.970	.711	0.87
服务胜任力	.952	.958	.660	0.88
科研胜任力	.962	.968	.733	0.77

表格 17　胜任力评测量表区分效度

	教学胜任力	服务胜任力	科研胜任力
教学胜任力	.843		
服务胜任力	.836	.813	
科研胜任力	.703	.736	.856

（2）验证性因子分析。

根据表格 18 和图 5 可以看出，服务胜任力中研究成果转化和学生活动组织 2 个观察变量的因子负荷量较低，且其含义与科研胜任力及教学胜任力有较大重叠，因此予以删除。

表格 18　胜任力评测量表验证性因子分析

题项	均值	标准差	因子负荷量		
			教学胜任力	服务胜任力	科研胜任力
JXCT1	4.362	.678	.833		
JXCT2	4.486	.619	.835		
JXCT3	4.495	.619	.851		
JXCT4	4.552	.569	.886		

续表

题项	均值	标准差	因子负荷量		
			教学胜任力	服务胜任力	科研胜任力
JXCT5	4.486	.587	.853		
JXCT6	4.371	.721	.811		
JXCT7	4.438	.631	.893		
JXCT8	4.305	.732	.869		
JXCT9	4.390	.655	.853		
JXCT10	4.362	.678	.832		
JXCT11	4.133	.782	.764		
JXCT12	4.286	.700	.863		
JXCT13	4.200	.809	.808		
FWCT1	4.562	.631		.799	
FWCT2	4.543	.602		.859	
FWCT3	4.486	.678		.863	
FWCT4	4.533	.648		.855	
FWCT5	4.429	.688		.888	
FWCT6	4.448	.632		.878	
FWCT7	4.267	.784		.875	

续表

题项	均值	标准差	因子负荷量		
			教学胜任力	服务胜任力	科研胜任力
FWCT8	4.314	.694		.851	
FWCT9	3.667	.922		.604	
FWCT10	4.162	.745		.730	
FWCT11	4.190	.818		.754	
FWCT12	4.133	.782		.744	
KYCT1	4.400	.738			.883
KYCT2	4.267	.796			.892
KYCT3	4.124	.813			.942
KYCT4	4.143	.798			.934
KYCT5	4.114	.808			.908
KYCT6	4.038	.827			.897
KYCT7	4.067	.784			.873
KYCT8	4.057	.849			.805
KYCT9	4.410	.657			.704
KYCT10	4.162	.806			.888
KYCT11	4.648	.617			.633

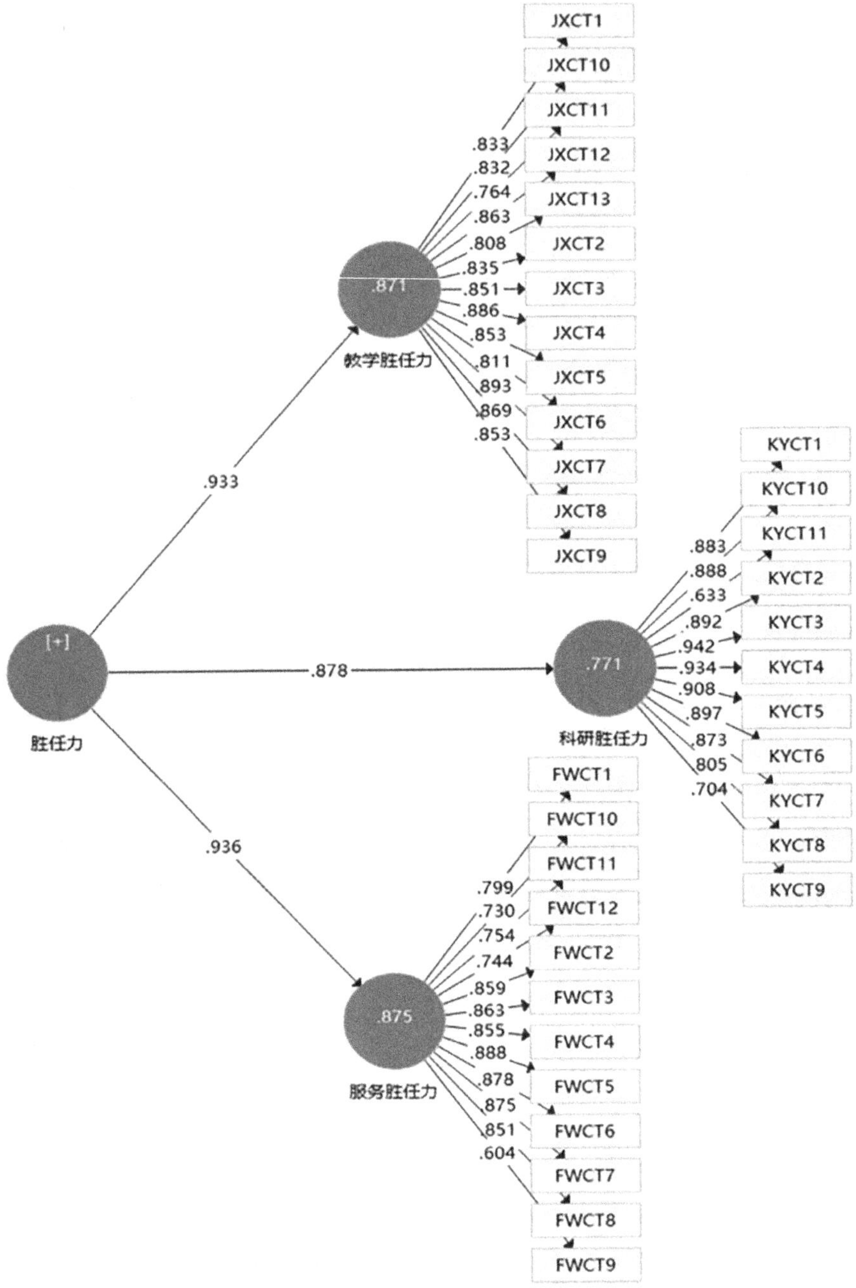

图 5　胜任力评测量表验证性因子分析

（3）量表修正与验证。

根据量表信度与效度检验结果，删除无效的观察题项后，再次验证修正量表的信度与效度。从表格 19 和图 6 可以得出，3 个潜变量的科隆巴赫 α 值和 AVE 值均大于 0.9，R^2 值均大于 0.75，除学术诚信外，所有因子在潜变量的因子负荷量均超过 0.7，量表的信度与收敛效度较好。其中虽然学术诚信的因子负荷量（0.634）低于 0.7，但是由于学术诚信的含义属于科研胜任力中重要的部分，是教师师德的重要组成部分，因此予以保留。根据表格 20 可以得出，3 个潜变量的相关系数最大值（0.832）小于潜变量 AVE 值的平方根最小值（0.843），修正后的量表具有良好的区分效度。

表格 19 胜任力水平测量量表信度与效度

潜变量	观察变量	Cronbach's Alpha	组合信度	AVE	R^2	因子负荷量		
						教学胜任力	服务胜任力	科研胜任力
教学胜任力	JXCT1	.966	.967	.970	.872	.833		
	JXCT2					.835		
	JXCT3					.851		
	JXCT4					.886		
	JXCT5					.853		
	JXCT6					.811		
	JXCT7					.893		
	JXCT8					.869		

续表

潜变量	观察变量	Cronbach's Alpha	组合信度	AVE	R^2	因子负荷量		
						教学胜任力	服务胜任力	科研胜任力
教学胜任力	JXCT9	.966	.967	.970	.872	.853		
	JXCT10					.832		
	JXCT11					.763		
	JXCT12					.863		
	JXCT13					.807		
服务胜任力	FWCT1	.954	.957	.961	.861		.822	
	FWCT2						.881	
	FWCT3						.885	
	FWCT4						.876	
	FWCT5						.899	
	FWCT6						.890	
	FWCT7						.876	
	FWCT8						.865	
	FWCT11						.713	
	FWCT12						.708	

续表

潜变量	观察变量	Cronbach's Alpha	组合信度	AVE	R^2	因子负荷量		
						教学胜任力	服务胜任力	科研胜任力
科研胜任力	KYCT1	.962	.965	.968	.770			.883
	KYCT2							.892
	KYCT3							.942
	KYCT4							.934
	KYCT5							.908
	KYCT6							.897
	KYCT7							.873
	KYCT8							.805
	KYCT9							.704
	KYCT10							.888
	KYCT11							.634

表格 20 胜任力水平测量量表区分效度

	教学胜任力	服务胜任力	科研胜任力
教学胜任力	.843		
服务胜任力	.832	.844	
科研胜任力	.703	.723	.856

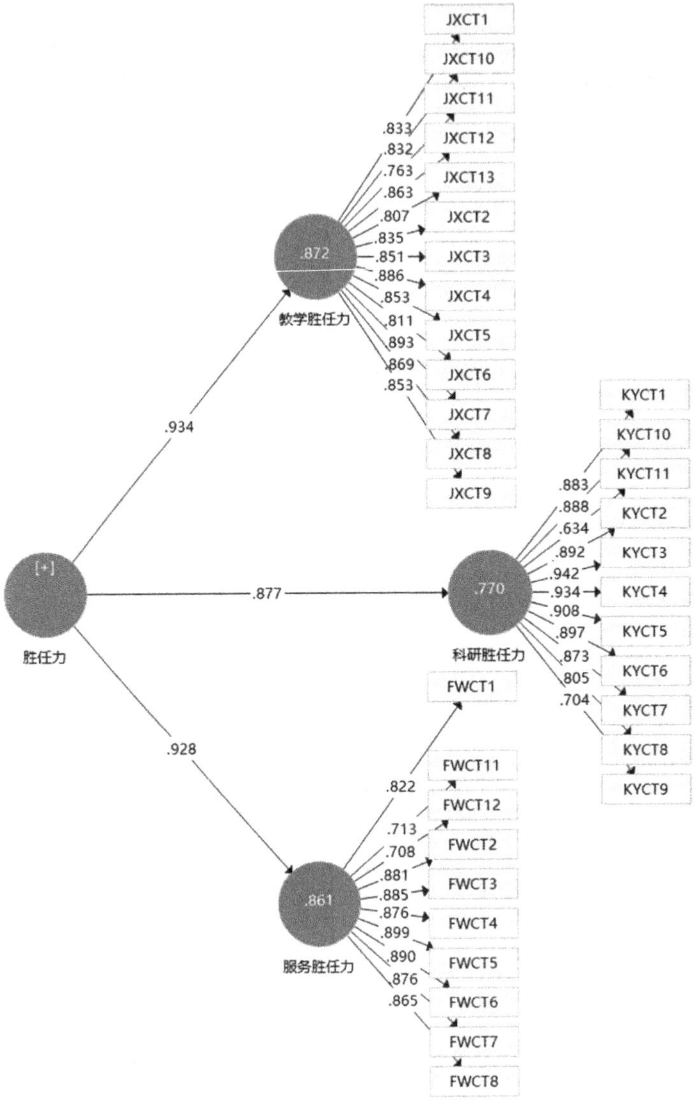

图 6　胜任力评测修正量表验证性因子分析

5. 绩效测评问卷的验证与修订

（1）信度与效度分析。

从表格 21 可以看出，教学绩效、科研绩效和服务绩效 3 个潜变

量的科隆巴赫 α 值均大于 0.85，组合信度均大于 0.85，AVE 值均大于 0.591，R^2 值均大于 0.65，量表具有良好的信度与收敛效度。从表格 22 可以看出，科研绩效和服务绩效的相关系数（0.800）大于 3 个潜变量 AVE 值平方根的最小值（0.769），量表的区分效度不理想。

表格 21 绩效评测量表信度与收敛效度

	Cronbach's Alpha	组合信度	AVE	R^2
教学绩效	.859	.893	.591	0.67
服务绩效	.890	.915	.611	0.83
科研绩效	.943	.953	.719	0.91

表格 22 绩效评测量表区分效度

	教学绩效	服务绩效	科研绩效
教学绩效	.769		
服务绩效	.635	.781	
科研绩效	.695	.800	.848

（2）验证性因子分析。

从表格 23 和图 7 可以得出，教学绩效中授课课时的因子负荷量较低，仅有 0.463，这可能是由于教学任务量主要由教学管理部门安排，教师个人主观决定的权限较少，因此课时较难体现其教学绩效，因此予以删除；评教成绩的因子负荷量（0.692）也低于 0.7，但是考虑到近期国家重视教学质量，要求教师多出金课，少出水课，且因子负荷量距离 0.7 较近，因此予以保留。科研绩效中合理使用经费和社会服务绩效中参加命题、阅卷工作 2 个观察变量的因子负荷量较低，且其含义与潜变量有一定差距或与其他潜变量可能有较高交叉，因此予以删除。

表格 23 绩效评测量表验证性因子分析

题项	均值	标准差	因子负荷量		
			教学绩效	服务绩效	科研绩效
JXACM1	4.657	.341	.463		
JXACM2	4.190	.466	.692		
JXACM3	3.790	.528	.899		
JXACM4	3.410	.596	.873		
JXACM5	3.962	.524	.758		
JXACM6	3.324	.614	.839		
FWACM1	3.152	.576		.704	
FWACM2	4.048	.637		.576	
FWACM3	2.829	.719		.759	
FWACM4	3.067	.663		.854	
FWACM5	3.057	.616		.827	
FWACM6	3.076	.606		.857	
FWACM7	2.971	.619		.850	
KYACM1	3.419	.556			.901
KYACM2	3.629	.589			.861
KYACM3	3.305	.568			.911
KYACM4	3.162	.598			.935
KYACM5	2.990	.570			.886
KYACM6	2.962	.597			.816
KYACM7	3.914	.530			.648
KYACM8	3.486	.617			.792

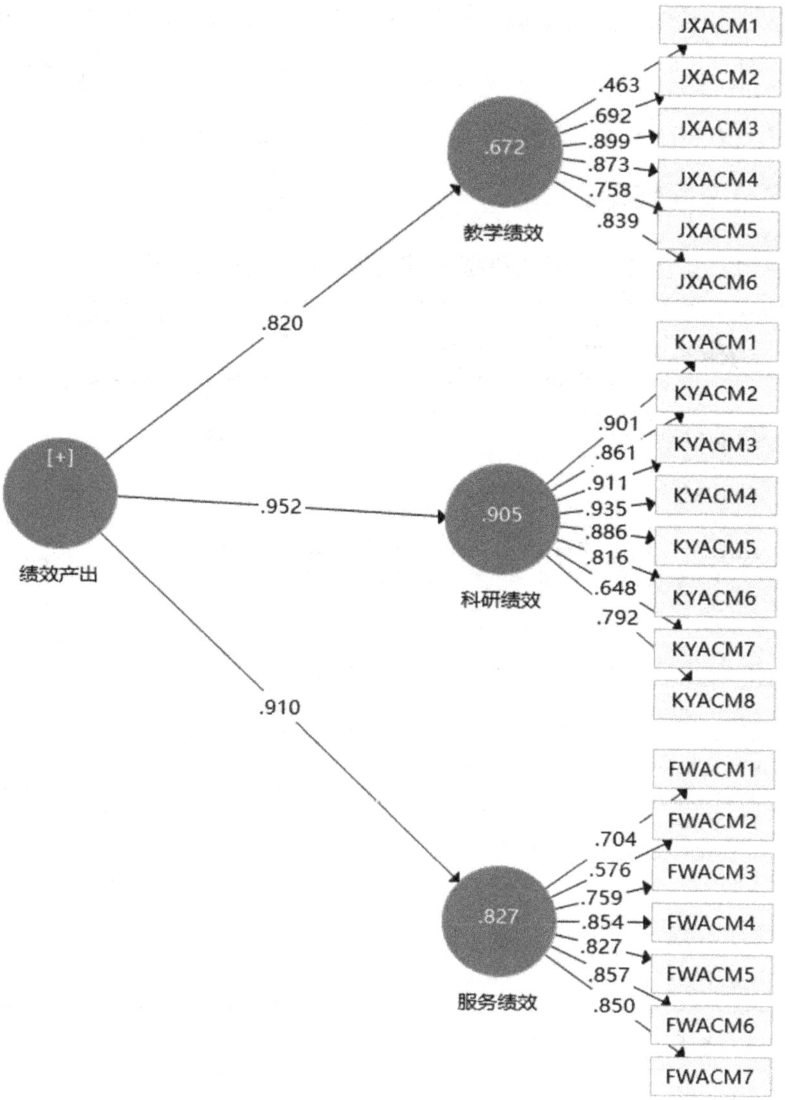

图 7 绩效测评量表验证性因子分析

（3）量表修正与验证。

从表格 24 和图 8 可以得出，经过修正，量表的潜变量科隆巴赫 α 值均大于 0.85，组合信度均大于 0.9，AVE 值均大于 0.65，除评教成绩观察变量外，其他观察变量的因子负荷量均大于 0.7，量表的信度与收敛效度较高。从表格 25 可以看出，3 个潜变量的相关系数最大值（0.802）小于其 AVE 值平方根的最小值（0.812），修正量表的区分效度较高。

表格 24　绩效测评修正量表信度与收敛效度

潜变量	观察变量	Cronbach's Alpha	组合信度	AVE	R^2	因子负荷量		
						教学绩效	服务绩效	科研绩效
教学绩效	JXACM2	.875	.908	.667	.686	.675		
	JXACM3					.899		
	JXACM4					.882		
	JXACM5					.753		
	JXACM6					.853		
服务绩效	FWACM1	.869	.906	.659	.806		.720	
	FWACM3						.781	
	FWACM4						.872	
	FWACM5						.832	
	FWACM6						.847	
科研绩效	KYACM1	.949	.958	.768	.909			.908
	KYACM2							.866
	KYACM3							.911
	KYACM4							.938
	KYACM5							.896
	KYACM6							.830
	KYACM8							.774

表格 25　绩效测评修正量表区分效度

	教学绩效	服务绩效	科研绩效
教学绩效	.817		
服务绩效	.621	.812	
科研绩效	.710	.802	.876

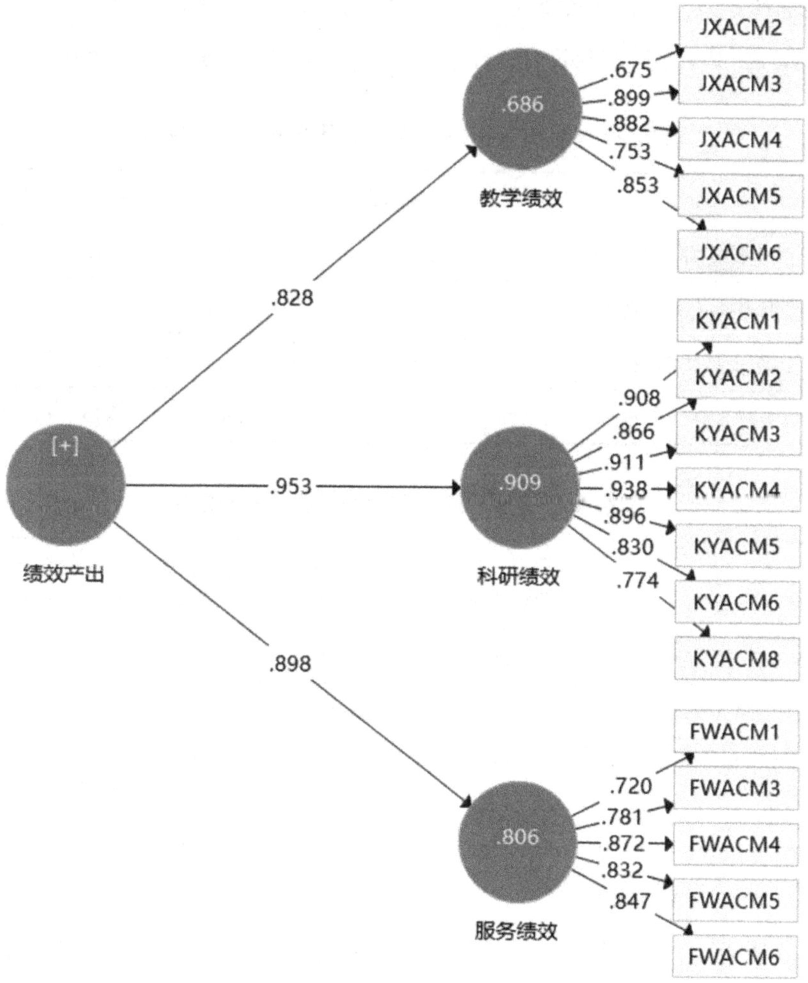

图 8　绩效测评修正量表验证性因子分析

6. 组织支持感知水平问卷的验证与修订

（1）信度与效度分析。

从表格 26 可以得出，4 个组织支持潜变量的科隆巴赫 α 值均大于 0.9，组合信度均大于 0.9，AVE 值均大于 0.65，R^2 值均大于 0.7，说明量表具有良好的信度和收敛效度。从表格 27 可以看出，胜任力提升组织支持和绩效组织支持 2 个潜变量的相关系数（0.890）大于 AVE 值平方根的最小值（0.835），量表的区分效度不理想。

表格 26　组织支持感知测量量表信度与收敛效度

	Cronbach's Alpha	组合信度	AVE	R^2
组织支持（师德提升）	.957	.972	.920	.702
组织支持（满意度）	.918	.939	.755	.775
组织支持（绩效）	.945	.954	.697	.945
组织支持（胜任力提升）	.954	.965	.845	.901

表格 27　组织支持感知测量量表区分效度

	组织支持（师德提升）	组织支持（满意度）	组织支持（绩效）	组织支持（胜任力提升）
组织支持（师德提升）	.959			
组织支持（满意度）	.597	.869		
组织支持（绩效）	.765	.834	.835	
组织支持（胜任力提升）	.807	.768	.890	.919

（2）验证性因子分析。

从表格 28 和图 9 可以得出，所有观察变量的因子负荷量均大于 0.7，然而由于量表区分效度有限，经过再次审核变量含义，绩效组织支持感知维度中教学管理制度、科研氛围和同事协作 3 个因子的负荷量较低，因此予以删除。

表格 28 组织支持感知测量量表验证性因子分析

题项	均值	标准差	因子负荷量			
			组织支持（师德提升）	组织支持（胜任力提升）	组织支持（绩效）	组织支持（满意度）
MRSUP1	4.400	.823	.959			
MRSUP2	4.324	.845	.968			
MRSUP3	4.190	.906	.951			
CPTSUP1	4.181	.859		.885		
CPTSUP2	4.019	.894		.919		
CPTSUP3	3.943	.954		.940		
CPTSUP4	3.914	.977		.940		
CPTSUP5	3.838	1.034		.911		
ACMSUP1	4.105	.872			.782	
ACMSUP2	3.905	1.083			.767	
ACMSUP3	3.952	.950			.926	
ACMSUP4	3.886	.939			.851	
ACMSUP5	4.029	.878			.838	
ACMSUP6	4.067	.854			.899	
ACMSUP7	4.105	.894			.897	
ACMSUP8	4.038	.883			.774	
ACMSUP9	3.867	.957			.758	
SATSUP1	3.724	1.019				.921
SATSUP2	3.895	.925				.888

续表

题项	均值	标准差	因子负荷量			
			组织支持（师德提升）	组织支持（胜任力提升）	组织支持（绩效）	组织支持（满意度）
SATSUP3	3.105	1.257				.784
SATSUP4	3.562	1.146				.896
SATSUP5	3.952	.950				.847

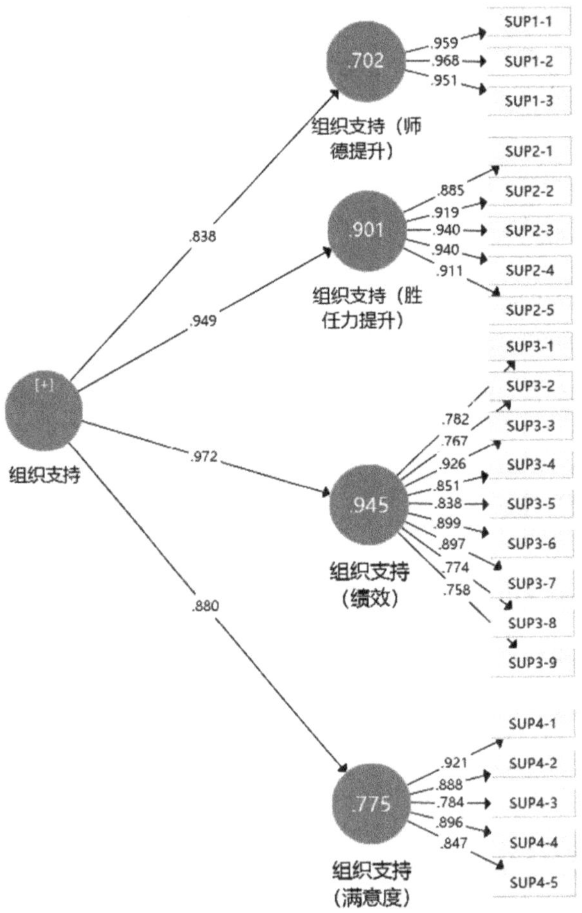

图 9　组织支持感知测量量表验证性因子分析

（3）量表修正与验证。

从表格 29 和图 10 可以看出，经过修正，4 个组织支持潜变量的科隆巴赫 α 值均大于 0.9，组合信度均大于 0.9，AVE 值均大于 0.75，R^2 值均大于 0.7，各因子负荷量均大于 0.7，说明修正量表具有良好的信度和收敛效度。从表格 30 可以看出，4 个潜变量的相关系数最大值（0.858）小于其 AVE 值平方根的最小值（0.869），修正量表具有良好的区分效度。

表格 29　组织支持感知测量修正量表信度与收敛效度

潜变量	观察变量	Cronbach's Alpha	组合信度	AVE	R^2	因子负荷量			
						组织支持（师德提升）	组织支持（胜任力提升）	组织支持（绩效）	组织支持（满意度）
组织支持（师德提升）	MRSUP1	.957	.972	.920	.703	.959			
	MRSUP2					.968			
	MRSUP3					.951			
组织支持（胜任力提升）	CPTSUP1	.954	.965	.845	.901		.885		
	CPTSUP2						.919		
	CPTSUP3						.940		
	CPTSUP4						.940		
	CPTSUP5						.911		
组织支持（绩效）	ACMSUP1	.941	.954	.775	.889			.807	
	ACMSUP3							.938	
	ACMSUP4							.862	
	ACMSUP5							.850	

续表

潜变量	观察变量	Cronbach's Alpha	组合信度	AVE	R^2	因子负荷量			
						组织支持（师德提升）	组织支持（胜任力提升）	组织支持（绩效）	组织支持（满意度）
组织支持（绩效）	ACMSUP6	.941	.954	.775	.889			.928	
	ACMSUP7							.891	
组织支持（满意度）	SATSUP1	.918	.939	.755	.773				.921
	SATSUP2								.888
	SATSUP3								.783
	SATSUP4								.896
	SATSUP5								.847

表格 30　组织支持感知测量修正量表区分效度

	组织支持（师德提升）	组织支持（满意度）	组织支持（绩效）	组织支持（胜任力提升）
组织支持（师德提升）	.959			
组织支持（满意度）	.597	.869		
组织支持（绩效）	.757	.774	.880	
组织支持（胜任力提升）	.807	.768	.858	.919

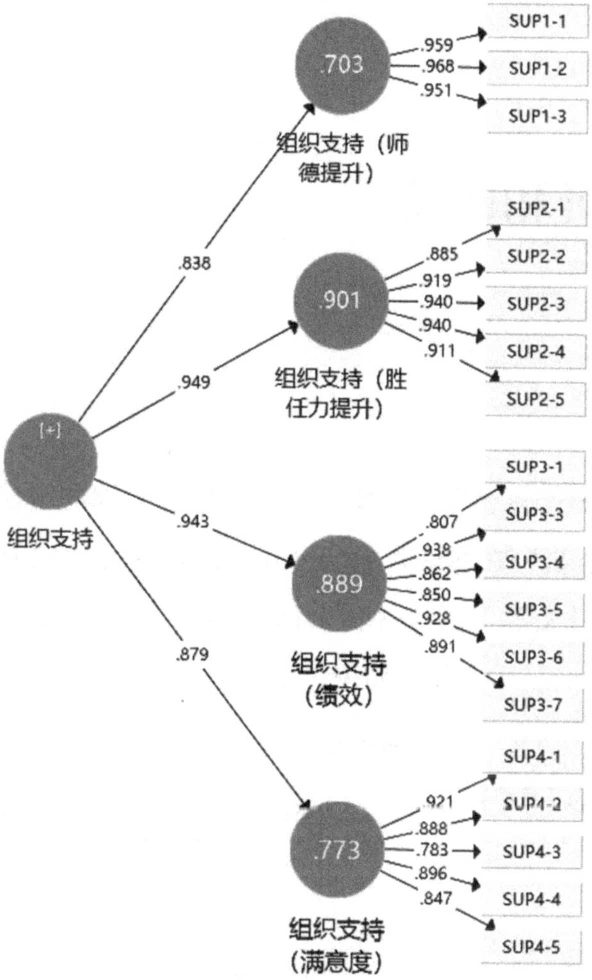

图 10　组织支持感知测量修正量表验证性因子分析

7. 正式问卷的确定

经过专家讨论及小样本信度与效度的试测，对各维度的量表进行了修订和验证。将修订后的量表汇总在一起，并加上标注，说明本问卷仅适用于研究项目使用，课题组会保护被测对象的隐私信息，不会泄露数据，形成了正式问卷，可以用于发放评测。

第七章 模型验证和修正

在形成正式问卷后，为便于发放和填写，课题组成员将正式问卷录入“问卷星”在线调查平台，并通过联系国内 14 所高校人事处协助发放，共发放问卷 383 份，回收问卷 383 份，均为有效问卷，回收率为 100%。样本分布如表格 31 所示。

表格 31　样本分布

类型	项目	数量
性别	男	141
	女	242
年龄分布	30 岁及以下	37
	31~40 岁	150
	41~50 岁	153
	50 岁以上	42
学历	大学本科	15
	硕士研究生	134
	博士研究生	234

续表

类型	项目	数量
职称	助教	20
	讲师	199
	副教授	123
	教授	41
所在学科	文学	192
	经管	84
	法政	15
	思政	58
	公共课	34

一、信度检验

从表格 32 可以看出，所有潜变量的科隆巴赫阿尔法值均大于 0.8，组合信度均大于 0.85，说明数据具有良好的信度，可以用于进一步模型估计。

表格 32 测评数据信度检验

潜变量	Cronbach's Alpha	组合信度
人格特征	.892	.912
职业动机	.946	.954
职业认同	.961	.965
师德素质	.990	.991
教学胜任力	.968	.972

续表

潜变量	Cronbach's Alpha	组合信度
科研胜任力	.964	.969
服务胜任力	.958	.964
教学绩效	.841	.887
科研绩效	.948	.957
服务绩效	.905	.927
工作满意度	.942	.949
组织支持（师德）	.944	.964
组织支持（胜任力）	.967	.974
组织支持（绩效）	.955	.964
组织支持（满意度）	.934	.950

二、正态性检验与估计工具选用

通过 SPSS23 软件对样本数据进行 S–W 检验后，可以得出所有潜变量的正态性分布假设均被拒绝，样本数据呈偏态分布，因而继续使用 PLS 算法，通过 SmarTPLS3.0 软件估计模型。如表格 33 所示。

表格 33　测评数据正态性检验

潜变量	Shapiro–Wilk		峰度		偏度	
	统计	显著性	统计	标准错误	统计	标准错误
职业认同	.700	.000	10.858	.249	–2.713	.125
人格特质	.971	.000	.114	.249	.017	.125
职业动机	.894	.000	1.069	.249	–1.005	.125

续表

潜变量	Shapiro-Wilk		峰度		偏度	
	统计	显著性	统计	标准错误	统计	标准错误
师德素质	.350	.000	29.158	.249	-4.765	.125
教学胜任力	.859	.000	4.937	.249	-1.389	.125
科研胜任力	.905	.000	1.029	.249	-.818	.125
服务胜任力	.849	.000	4.438	.249	-1.453	.125
教学绩效	.959	.000	.702	.249	-.504	.125
科研绩效	.973	.000	-.002	.249	-.187	.125
服务绩效	.975	.000	-.066	.249	-.141	.125
工作满意度	.959	.000	.434	.249	-.625	.125
师德组织支持感知	.789	.000	1.241	.249	-1.221	.125
胜任力组织支持感知	.878	.000	.788	.249	-.945	.125
绩效组织支持感知	.898	.000	.220	.249	-.784	.125
满意度组织支持感知	.944	.000	-.494	.249	-.432	.125

三、胜任力模型检验与修正

1. 效度检验

根据表格 34 可以得出，所有潜变量的 AVE 值均大于 0.6，R^2 均大于 0.4，除人格特征潜变量中有 2 个因子的负荷量低于 0.7 外，其他因子的负荷量均高于 0.7，证明数据的效度较好，可以用于结构方程模型估计。

表格 34 评测数据效度检验

潜变量	观察变量	AVE	R^2	因子负荷量								
				职业动机	职业认同	人格特征	师德素质	教学胜任力	科研胜任力	服务胜任力	组织支持（师德）	组织支持（胜任力）
职业动机	ZYDJ1	.699	–	.852								
	ZYDJ2			.823								
	ZYDJ3			.865								
	ZYDJ4			.903								
	ZYDJ5			.882								
	ZYDJ6			.858								
	ZYDJ7			.844								
	ZYDJ8			.762								
	ZYDJ9			.719								
职业认同	ZYRT1	.625	.445		.725							
	ZYRT2				.714							
	ZYRT3				.740							
	ZYRT4				.763							

续表

潜变量	观察变量	AVE	R^2	因子负荷量								
				职业动机	职业认同	人格特征	师德素质	教学胜任力	科研胜任力	服务胜任力	组织支持（师德）	组织支持（胜任力）
职业认同	ZYRT5	.625	.445		.636							
	ZYRT6				.835							
	ZYRT7				.713							
	ZYRT8				.560							
	ZYRT9				.779							
	ZYRT10				.846							
	ZYRT11				.869							
	ZYRT12				.788							
	ZYRT13				.872							
	ZYRT14				.881							
	ZYRT15				.882							
	ZYRT16				.894							
	ZYRT17				.851							

续表

潜变量	观察变量	AVE	R²	因子负荷量								
				职业动机	职业认同	人格特征	师德素质	教学胜任力	科研胜任力	服务胜任力	组织支持（师德）	组织支持（胜任力）
人格特征	XGTZ1	.625	.445			.720						
	XGTZ2					.722						
	XGTZ3					.562						
	XGTZ4					.716						
	XGTZ5					.590						
	XGTZ6					.712						
	XGTZ7					.742						
	XGTZ8					.829						
	XGTZ9					.749						
	XGTZ10					.771						
师德素质	SDSZ1	.915	.501				.925					
	SDSZ2						.964					
	SDSZ3						.959					
	SDSZ4						.960					

续表

潜变量	观察变量	AVE	R^2	因子负荷量								
				职业动机	职业认同	人格特征	师德素质	教学胜任力	科研胜任力	服务胜任力	组织支持（师德）	组织支持（胜任力）
师德素质	SDSZ5	.915	.501				.962					
	SDSZ6						.960					
	SDSZ7						.963					
	SDSZ8						.975					
	SDSZ9						.971					
	SDSZ10						.925					
教学胜任力	JXCPT1	.725	.844					.839				
	JXCPT2							.866				
	JXCPT3							.857				
	JXCPT4							.889				
	JXCPT5							.870				
	JXCPT6							.838				
	JXCPT7							.901				
	JXCPT8							.826				

续表

潜变量	观察变量	AVE	R^2	因子负荷量								
				职业动机	职业认同	人格特征	师德素质	教学胜任力	科研胜任力	服务胜任力	组织支持（师德）	组织支持（胜任力）
教学胜任力	JXCPT9	.725	.844					.882				
	JXCPT10							.853				
	JXCPT11							.771				
	JXCPT12							.854				
	JXCPT13							.815				
科研胜任力	KYCPT1	.742	.817						.845			
	KYCPT2								.888			
	KYCPT3								.914			
	KYCPT4								.900			
	KYCPT5								.909			
	KYCPT6								.913			
	KYCPT7								.879			
	KYCPT8								.856			
	KYCPT9								.768			

续表

潜变量	观察变量	AVE	R^2	因子负荷量								
				职业动机	职业认同	人格特征	师德素质	教学胜任力	科研胜任力	服务胜任力	组织支持（师德）	组织支持（胜任力）
科研胜任力	KYCPT10	.742	.817						.894			
	KYCPT11								.680			
服务胜任力	FWCPT1	.728	.883							.845		
	FWCPT10									.738		
	FWCPT2									.874		
	FWCPT3									.897		
	FWCPT4									.883		
	FWCPT5									.909		
	FWCPT6									.880		
	FWCPT7									.865		
	FWCPT8									.877		
	FWCPT9									.746		

续表

潜变量	观察变量	AVE	R^2	因子负荷量								
				职业动机	职业认同	人格特征	师德素质	教学胜任力	科研胜任力	服务胜任力	组织支持（师德）	组织支持（胜任力）
组织支持（师德）	MRSUP1	.898	–								.942	
	MRSUP2										.965	
	MRSUP3										.936	
组织支持（胜任力）	CPTSUP1	.882	–									.913
	CPTSUP2											.952
	CPTSUP3											.949
	CPTSUP4											.951
	CPTSUP5											.931

2. 模型评价

R^2 为模型中潜变量与其相应解释潜变量之间因子负荷和相关系数的乘积之和，表示解释潜变量对其潜变量的解释程度，若所有潜变量的 R^2 大于 0 则表示模型可接受。[①] 胜任力模型中各潜变量的 R^2 均大于 0，且总体满意度的 R^2 达到 0.488，说明高校教师胜任力被其内隐特征及组织支持感知的解释的比例达到 48.8%，符合要求。

使用 bootstrapping 可以验证路径系数的显著性，若 T 值高于 1.96，即可认为该条路径显著。从表格 35 可以看出，人格特征对师德素质的路径 T 值为 1.368<1.96，该路径不显著，职业认同对胜任力的路径 T 值为 0.251<1.96，该路径同样不显著。其他路径的 T 值均大于 1.96，证明潜变量之间的影响显著。胜任力模型检验如图 11 所示。

表格 35 胜任力模型检验

序号	路径	T 值	P 值	显著性
1	人格特征 -> 师德素质	1.368	.172	否
2	人格特征 -> 职业动机	4.921	.000	***
3	人格特征 -> 胜任力	3.968	.000	***
4	师德素质 -> 胜任力	3.591	.000	***
5	组织支持（师德）-> 师德素质	3.388	.001	***
6	组织支持（胜任力）-> 胜任力	3.185	.002	***
7	职业动机 -> 胜任力	2.592	.010	***
8	职业认同 -> 师德素质	4.847	.000	***

① 赵富强 . 基于 PLS 路径模型的顾客满意度测评研究［D］. 天津大学 .

续表

序号	路径	T值	P值	显著性
9	职业认同 -> 职业动机	7.612	.000	***
10	职业认同 -> 胜任力	.251	.802	否
11	胜任力 -> 教学胜任力	72.695	.000	***
12	胜任力 -> 服务胜任力	104.974	.000	***
13	胜任力 -> 科研胜任力	63.544	.000	***

注：** 代表在 5% 的水平上显著，*** 代表在 1% 的水平上显著。

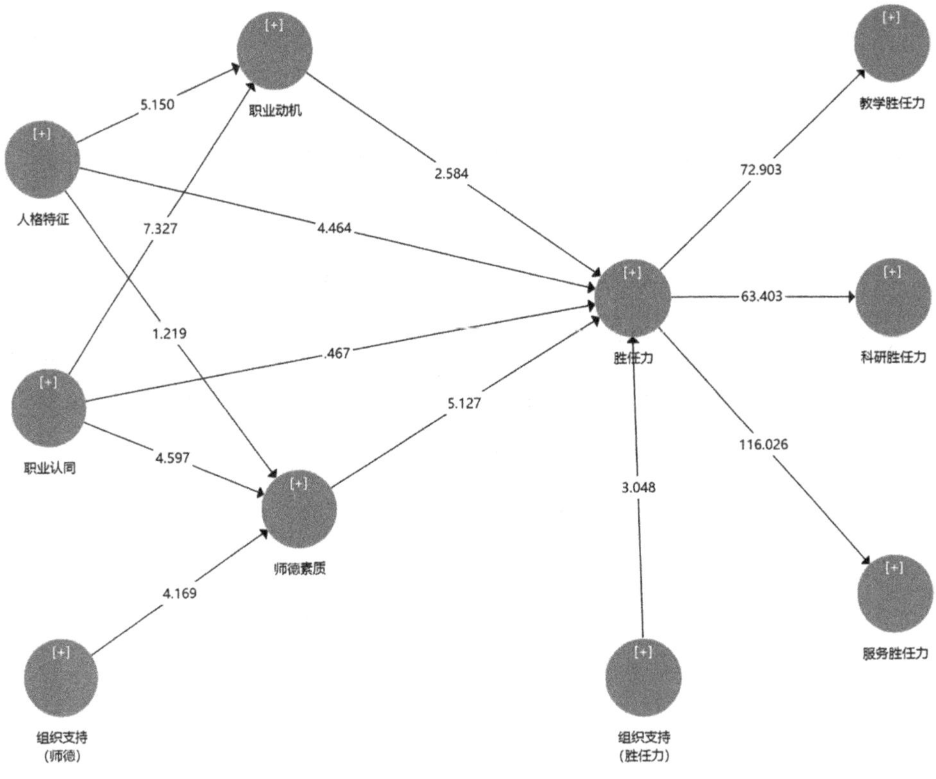

图 11　胜任力模型检验

3. 模型修正

根据模型路径系数 T 值检验结果，将不显著的路径删除后，建立修正后的胜任力模型如图 12 所示。观察修订后的模型的路径系数可以判断研究假设是否得到支持：

H_{11}：人格特征正向影响职业动机假设 支持

H_{12}：人格特征正向影响师德素质假设 不支持

H_{13}：职业认同正向影响职业动机假设 支持

H_{14}：职业认同正向影响师德素质假设 支持

H_{15}：师德组织支持感知正向影响师德素质假设 支持

H_{21}：人格特征正向影响胜任力水平假设 支持

H_{22}：职业认同正向影响胜任力水平假设 不支持

H_{23}：职业动机正向影响胜任力水平假设 支持

H_{24}：师德素质正向影响胜任力水平假设 支持

H_{25}：胜任力组织支持感知正向影响胜任力水平假设 支持

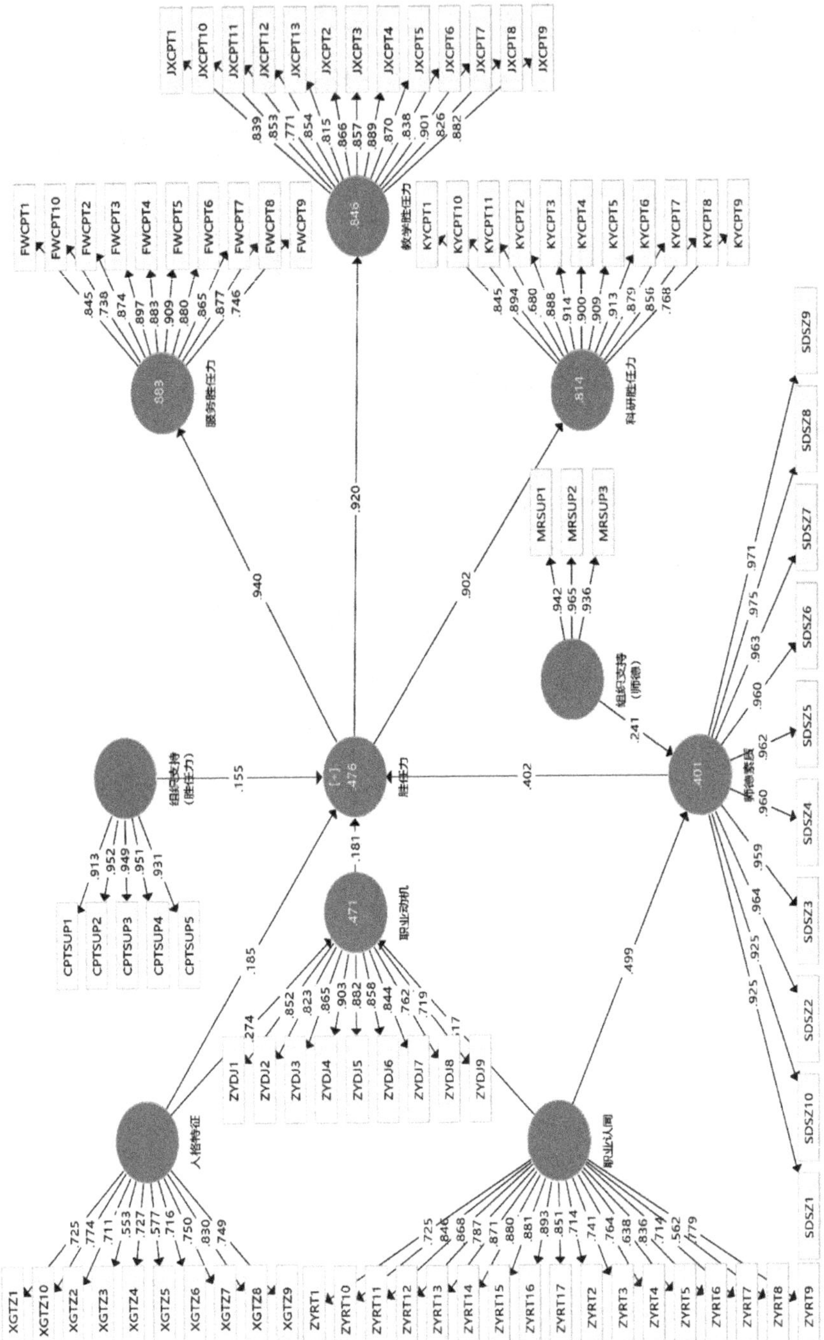

图 12　修订后的胜任力模型

四、胜任力、绩效及满意度模型检验与修正

1. 效度检验

根据表格 36 可以得出，各潜变量的 AVE 值均大于 0.5，R^2 均大于 0.6，除教学绩效中的评教成绩外，其他因子的因子负荷量均超过 0.68，说明模型的效度良好。

表格 36 胜任力、绩效及满意度模型检验

潜变量	观察变量	AVE	R^2	因子负荷量					
				教学绩效	科研绩效	服务绩效	工作满意度	组织支持（绩效）	组织支持（满意度）
教学绩效	JXACM1	.613	.714	.642					
	JXACM2			.872					
	JXACM3			.832					
	JXACM4			.720					
	JXACM5			.825					
科研绩效	KYACM1	.736	.849		.875				
	KYACM2				.783				
	KYACM3				.915				
	KYACM4				.921				
	KYACM5				.908				
	KYACM6				.814				
	KYACM7				.775				
	KYACM8				.859				
服务绩效	FWACM1	.679	.820			.750			
	FWACM2					.805			

续表

潜变量	观察变量	AVE	R^2	因子负荷量					
				教学绩效	科研绩效	服务绩效	工作满意度	组织支持（绩效）	组织支持（满意度）
服务绩效	FWACM3	.679	.820			.860			
	FWACM4					.866			
	FWACM5					.804			
	FWACM6					.854			
工作满意度	SATIS1	.554	.696				.761		
	SATIS2						.769		
	SATIS3						.617		
	SATIS4						.800		
	SATIS5						.789		
	SATIS6						.734		
	SATIS7						.782		
	SATIS8						.860		
	SATIS9						.693		
	SATIS10						.683		
	SATIS11						.673		
	SATIS12						.796		
	SATIS13						.758		
	SATIS14						.689		
	SATIS15						.715		

续表

潜变量	观察变量	AVE	R^2	因子负荷量					
				教学绩效	科研绩效	服务绩效	工作满意度	组织支持（绩效）	组织支持（满意度）
组织支持（绩效）	ACMSUP1	.819	–					.819	
	ACMSUP2							.913	
	ACMSUP3							.918	
	ACMSUP4							.925	
	ACMSUP5							.931	
	ACMSUP6							.919	
组织支持（满意度）	SATSUP1	.792	–						.915
	SATSUP2								.895
	SATSUP3								.843
	SATSUP4								.891
	SATSUP5								.904

2. 模型评价

根据表格 37 可以看出，绩效组织支持感知对绩效的路径 T 值为 1.830<1.96，该路径不显著。胜任力与绩效、绩效与工作满意度及满意度组织支持感知与工作满意度 3 条路径的 T 值均大于 1.96，存在显著的直接效应。组织支持对胜任力与绩效之间的路径系数有显著的调节作用，而对胜任力与工作满意度之间的路径系数调节作用不显著。

表格 37 胜任力、绩效及满意度模型路径检验

序号	类型	路径 / 调节	T 值	P 值	显著性
1	路径效应	胜任力 -> 绩效	14.401	.000	***
2		组织支持（绩效）-> 绩效	1.830	.068	否
3		胜任力 -> 工作满意度	3.801	.000	***
4		绩效 -> 工作满意度	3.443	.001	***
5		组织支持（满意度）-> 工作满意度	13.491	.000	***
6	调节效应	胜任力 * 组织支持 -> 绩效	2.583	.010	**
7		胜任力 * 组织支持 -> 工作满意度	1.159	.247	否

注：*** 代表在 1% 的标准上显著，** 代表在 5% 的标准上显著。

3. 模型修正

根据模型路径系数 T 值检验结果，将不显著的路径删除后，建立修正后的胜任力模型如图 13 所示。观察修正的模型的路径 T 值和系数可以判断研究假设是否得到支持：

H_{31}：胜任力正向影响绩效 支持

H_{32}：绩效组织支持感知正向影响绩效 不支持

H_{33}：绩效组织支持感知正向调节胜任力水平对绩效的影响 不支持

H_{41}：胜任力正向影响工作满意度支持

H_{42}：绩效正向影响工作满意度支持

H_{43}：满意度组织支持感知正向影响工作满意度 支持

H_{44}：绩效组织支持感知正向调节胜任力对绩效的影响 支持

H_{45}：满意度支持感受正向调节胜任力对工作满意度的影响 不支持

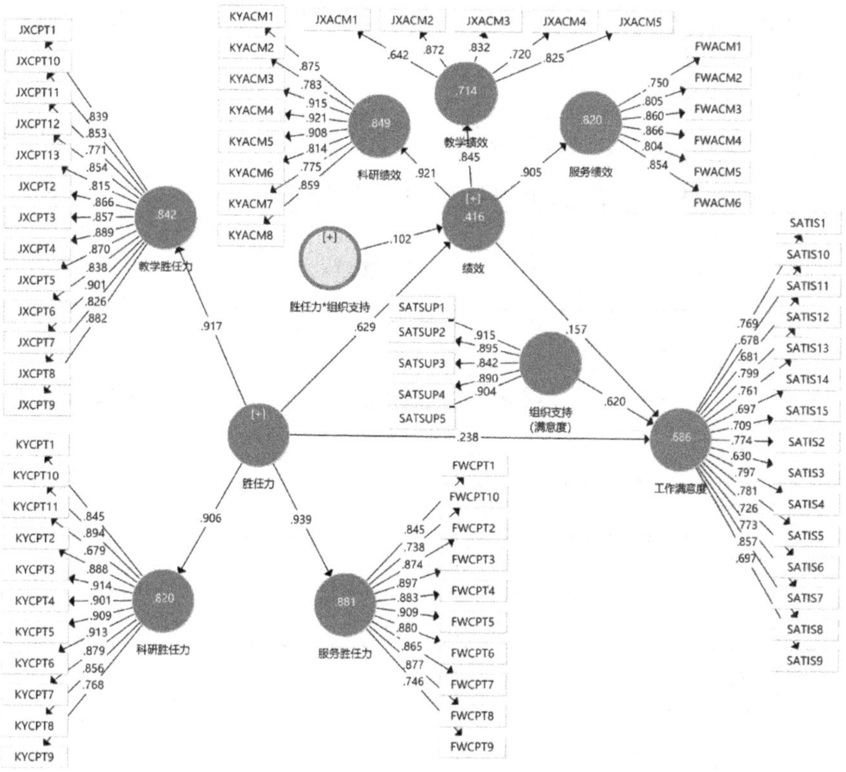

图 13 修正后的胜任力、绩效及满意度模型

五、完整模型

经过修正后，高校教师胜任力模型和胜任力、绩效及工作满意度模型均已得到验证，因此，可以将 2 个模型组合形成完整模型，并进一步验证模型准确性。根据郭庆科等人的研究，样本数据为偏态分布时，SRMR 值大于 0.11 时模型错误，本研究完整模型 SRMR 值为 0.072，模型匹配度较为理想。① 将样本分成 7 组通过

① 郭庆科，李芳，陈雪霞，等.Performance of Fit Indices in Different Conditions and the Selection of Cut - off Values 不同条件下拟合指数的表现及临界值的选择［J］. 心理学报，2008,（001）.

Blindfolding 计算，所有潜变量的 Q^2 均大于 0，如表格 38 所示。说明模型具备良好的预测性。①

根据图 14 所示，所有路径的 T 值均大于 1.96，且路径系数大于 0，说明模型路径显著性得到验证，模型有效。

表格 38　完整模型 Q^2

潜变量	Q^2	
	构面交叉验证的重叠性	构面交叉验证的共同性
人格特征		.392
职业认同		.580
职业动机	.326	.623
师德素质	.346	.879
教学胜任力	.601	.669
科研胜任力	.598	.691
服务胜任力	.635	.669
教学绩效	.425	.427
科研绩效	.620	.659
服务绩效	.550	.547
工作满意度	.370	.491
组织支持（师德）		.739
组织支持（胜任力）		.808
组织支持（绩效）		.739
组织支持（满意度）		.678

① Tenenhaus，M.，Vinzi，V. E.，Chatelin，Y. M.，and Lauro，C. “PLS path modeling”［J］. *Computational Statistics & Data Analysis*，2005，48（1）：159-205.

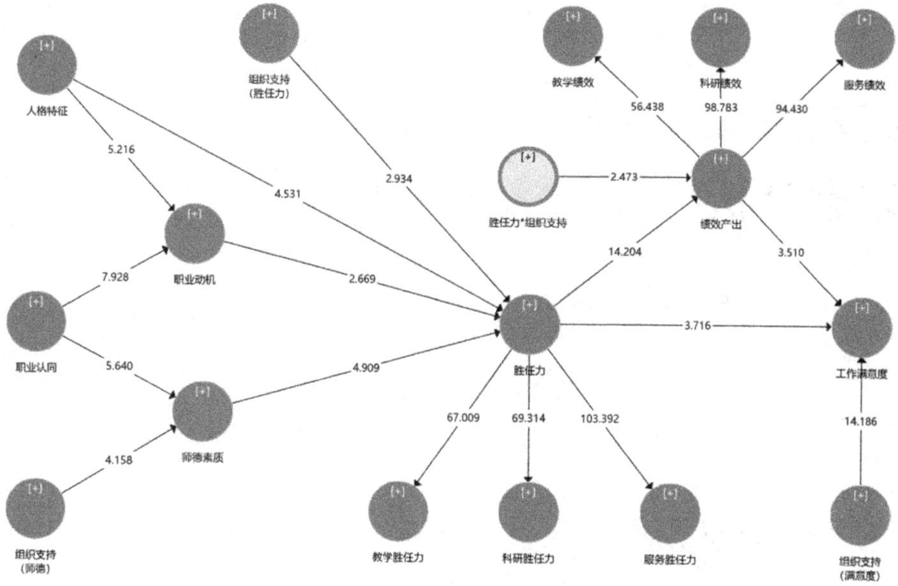

a. 完整模型显著性检验

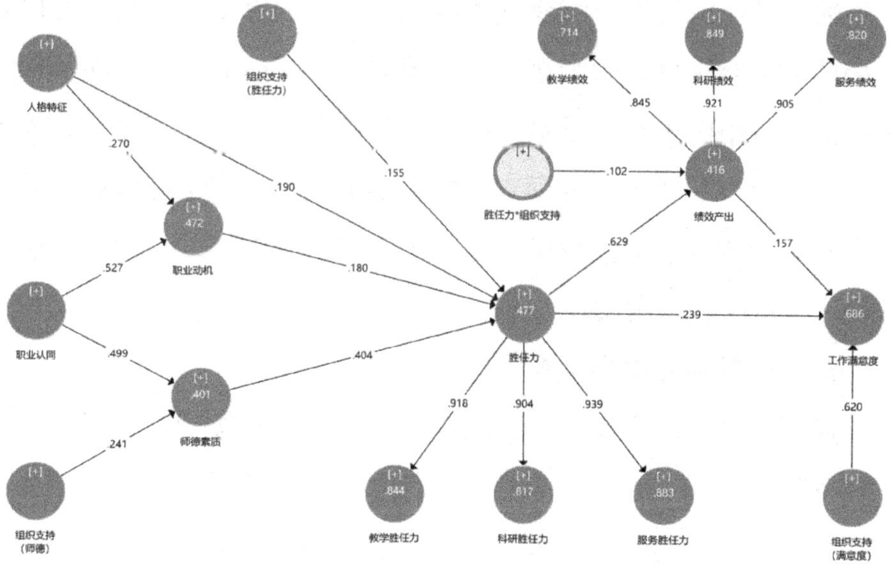

b. 完整模型路径 / 调节系数

图 14　完整模型

第八章 数据分析

一、师德素质

1. 师德素质因子

通过对比师德素质潜变量中各观察变量的因子负荷量，可以发现哪些因子对高校教师师德素质的影响最大。研究结果表明，师德素质潜变量中因子负荷量最大的分别是公平诚信、廉洁自律和爱国守法。其中公平诚信是教师工作的重要准则，其水平能够影响教师教书育人的成效；廉洁自律则是教师工作纪律的底线；爱国守法是公民应具备的基本素质。

2. 影响师德素质的因素

通过模型可以发现，高校教师的职业认同和组织支持感知都会对其师德素质产生直接影响。其中教师的职业认同对其师德素质影响较高，这可能是由于教师在物质需求得到满足的前提下，努力在工作中实现人生价值，因此对职业使命的认同能够使其主动的遵守师德规范。此外，组织支持也对高校教师的师德素质产生正向影响，说明高校可以通过制定师德发展规划、师德规范政策以及推出师德提升举措等方式，有效的提升教师队伍的师德水平。

二、胜任力水平

1. 胜任力因子

本研究中，根据教师的岗位职责，将胜任力因子细分为3个二级指标，分别是教学胜任力、科研胜任力和服务胜任力。验证性因子分析的结果表明，教师胜任力潜变量中3个二级变量按因子影响从高到低分别是服务胜任力、教学胜任力和科研胜任力，这可能是由于长期重科研轻教学的历史环境下，高校教师队伍一直注重发展科研水平，对社会服务和教学能力发展不足，队伍在这两方面的能力出现了比较大的差异。

其中教学胜任力中负荷量最高的因子分别是教学方法、教学内容和课堂组织；科研胜任力中负荷量最高的因子分别是研究能力、学术创新和学术交流；社会服务胜任力中负荷量最高的因子分别是沟通协助、交流表达和学习发展。高校在开展教师发展培训工作中应有针对性的制定培训内容，选择培训方式，从薄弱环节出发，查缺补漏的提升教师队伍的整体水平。

2. 影响胜任力的因素

从估计模型可以看出，如表格39所示。高校教师的人格特征、职业动机和师德素质及组织支持感知对其胜任力水平有正向直接效应。通过分析中介效应发现，高校教师人格特征对胜任力水平除有直接效应外，还可以通过职业动机中介影响胜任力；职业认同和师德组织支持感知均可以通过师德素质中介影响胜任力水平。对比各自变量对胜任力的综合效应可以得出，师德素质对胜任力的影响最大，其次是人格特征。

表格 39　胜任力影响效应

路径	直接效应	中介效应			综合效应	效应类型
		效应系数	T 值	P 值		
人格特征 -> 胜任力	.190	.049	2.501	.013**	.238	综合效应
胜任力组织支持感知 -> 胜任力	.155				.155	直接效应
职业动机 -> 胜任力	.180				.180	直接效应
师德素质 -> 胜任力	.404				.404	直接效应
师德组织支持感知 -> 胜任力		.098	3.075	.002***	.098	中介效应
职业认同 -> 胜任力		.297	4.545	.000***	.297	多重中介效应

注：*** 代表在 1% 的标准上显著，** 代表在 5% 的标准上显著。

三、绩效水平

1. 绩效因子

绩效潜变量包含教学绩效、科研绩效和社会服务绩效 3 个二阶潜变量，通过对比路径系数大小可以看出，对绩效的影响因素从大到小分别是科研绩效、社会服务绩效和教学绩效。说明影响绩效水平的最重要因素是科研绩效，这可能是因为科研成果比较容易量化，加上当下重科研风气犹存，因此高校教师普遍科研产出较多。教学绩效的影响因素最低，一方面是由于人才培养效果需要长时间检验，教学成果也不易量化评价，另一方面也能说明高校还应提升对教学的重视程度，加强对教学的重视和投入。

通过对比各观察变量的因子负荷量可以看出，教学绩效中评教成绩和教学研究影响最大，这可能是由于评教成绩与教学研究成果比较容易量化，对绩效的感知较为强烈；科研绩效中项目级别、项目数量和科研经费影响因素最大，说明教师普遍更加看重科研项目数量、级别及经费支持；服务绩效中资政成果、社会组织及成果转化最重要，说明教师更加关注其研究成果或学术地位直接转化的成果，而对利用其综合素质和知识能力直接参与服务工作的服务重视不足。

2. 影响绩效的因素

根据模型直接效应和中介效应的检验结果可以看出，除教师胜任力对绩效有直接效应外，师德素质、人格特征、职业动机等潜变量对绩效也有中介效应。通过对比综合效应大小可以辨别各潜变量之间交互作用的程度，从估计结果看出，胜任力对绩效的综合效应最高，说明胜任力是影响高校教师绩效的最重要因素，师德素质对绩效的综合效应较高，说明高校通过教师工作提升教师的师德水平同样有助于提升教师队伍的绩效，人格特征、职业动机和职业认同对绩效同样有正向的中介效应，说明教师个人的性格及价值观对其绩效也有正向的影响，组织支持感知对绩效有正向的中介效应，说明高校可以通过优化教师队伍建设提升教师队伍绩效。

表格 40　绩效影响效应

路径	直接效应	中介效应			综合效应	效应类型
		效应系数	T 值	P 值		
人格特征 -> 绩效	–	.150	5.704	.000***	.150	多重中介效应
师德素质 -> 绩效	–	.254	4.353	.000***	.254	中介效应
师德组织支持感知 -> 绩效	–	.061	2.868	.004***	.061	中介效应
胜任力组织支持感知 -> 绩效	–	.098	2.979	.003***	.098	中介效应
职业动机 -> 绩效	–	.113	2.630	.009***	.113	中介效应
职业认同 -> 绩效	–	.186	3.926	.000***	.186	多重中介效应
胜任力 -> 绩效	.629	–	–	–	.629	直接效应

注：*** 代表在 1% 的标准上显著。

四、工作满意度

1. 满意度因子

通过对比工作满意度潜变量中各观察变量的因子负荷量可以得出，高校教师工作满意度指标中职业成就感、福利保障和工作自豪感 3 个因子的影响最大，对应了奥尔德弗人本主义需要理论中的生存和相互关系的需要。各因子中人际关系、推荐工作和学校发展的负荷量最低，对教师满意度的影响程度最小。

2. 满意度影响因素

根据模型直接效应和中介效应的检验结果可以看出，如表 41 所示。除胜任力和绩效对高校教师工作满意度有直接效应外，内隐特征、组织支持等潜变量对绩效也产生中介效应。通过对比综合效应大小可以得出，满意度组织支持感知对高校教师满意度的影响最大，说明高校的政策和组织氛围是影响教师满意度的关键因素；胜任力对工作满意度的影响因素其次，这可能是由于胜任力较强的教师比较能够适应紧张的高校教师工作，对完成岗位职责的压力相对较轻；绩效对满意度的影响排第三，说明绩效水平良好的教师具备较高的工作成就感，满意度水平较高；其他方面的组织支持感知能够通过中介正向影响工作满意度，说明合理的政策和良好的组织氛围都能够有助于提升教师满意度；教师师德素质对工作满意度有正向的中介效应，说明师德良好的教师在从事教育工作中会得到良好的工作成就；人格特征、职业认同及职业动机等对工作满意度有正向中介效应，说明教师个人的性格和价值观也同样会影响其满意度。

表格 41 工作满意度影响效应

路径	直接效应	中介效应			综合效应	效应类型
		效应系数	T 值	P 值		
人格特征 –> 工作满意度	–	.080	4.014	.000***	.080	多重中介效应
职业认同 –> 工作满意度	–	.100	2.989	.003***	.100	多重中介效应
职业动机 –> 工作满意度	–	.061	2.349	.019**	.061	多重中介效应
师德素质 –> 工作满意度	–	.136	3.360	.001***	.136	多重中介效应
胜任力 –> 工作满意度	.239	.099	5.415	.000***	.337	综合效应
绩效 –> 工作满意度	.157	–	–	–	.157	直接效应
师德组织支持感知 –> 工作满意度	–	.033	2.399	.017**	.033	多重中介效应

续表

路径	直接效应	中介效应			综合效应	效应类型
		效应系数	T 值	P 值		
胜任力组织支持感知 -> 工作满意度	–	.052	2.679	.008***	.052	多重中介效应
满意度组织支持感知 -> 工作满意度	.620	–	–	–	.620	直接效应

注：*** 代表在 1% 的标准上显著，** 代表在 5% 的标准上显著。

五、非参数检验

在确定高校教师师德师能、绩效及工作满意度的模型基础上，通过验证队伍在各潜变量上的不同，可以深入了解教师队伍的结构差异，为高校有针对性的开展工作提供依据。

由于前文已经通过检验验证测评数据呈偏态分布，因此选用秩和检验工具，通过 SPSS23 软件中的非参数检验算法检验结构差异。

1. 性别结构

通过表格 42 可以得出，不同性别教师在师德素质、科研胜任力、科研绩效、社会服务绩效 4 个维度上存在显著差异，在其他维度上没有显著的差异。女性教师的师德素质高于男性教师，说明女性教师更加注重职业道德，对个人师德的认同普遍高于男性教师。男性教师的科研胜任力、科研绩效、社会服务绩效高于女性教师，说明男性教师更加注重科研能力和产出，对自身科研实力和成果的认可度更高，男性教师也更加看重社会服务，参与社会服务的积极性普遍更高。男性和女性教师在工作满意度和组织支持感知 2 个维度上没有显著差异，说明其对学校政策和组织氛围以及个人的满意度感受上较为一致。

表格 42　秩和检验性别结构

潜变量	中位数	四分位	Z 值	渐近显著性（双尾）	等级平均值	
					男	女
师德素质	5.000	0.0	–3.889	.000***	173.277	202.909
教学胜任力	4.3800	1.00	–1.434	.152	202.528	185.866
科研胜任力	4.1800	1.09	–3.393	.001***	216.929	177.475
服务胜任力	4.500	1.0	–1.260	.208	201.223	186.626
教学绩效	3.800	1.0	–1.153	.249	200.507	187.043
科研绩效	3.2500	1.12	–4.495	.000***	225.227	172.640
服务绩效	3.1700	1.16	–2.997	.003***	214.128	179.107
满意度	4.0000	1.06	–.038	.969	192.284	191.835
组织支持感知	4.0675	1.38	–.931	.352	198.883	187.990

注：*** 代表在 1% 的标准上显著。

2. 年龄段结构

通过表格 43 可以得出，不同年龄段的教师在组织支持感知和工作满意度上存在显著差异，其他维度上差异不显著。图 15 是不同年龄段教师的两两成对比较，可以看出 30 岁及以下教师的满意度显著高于 41~50 岁的教师，其他年龄段教师群体的满意度没有显著差异；41~50 岁及 50 岁以上教师的组织支持感知显著低于 30 岁及以下教师，说明随着年龄的提升，教师对组织支持的感知逐渐降低，这可能是由于各高校都更加注重对青年教师的培养和支持，对中老年教师群体的培训资源投入和政策支持较少。

表格 43　秩和检验年龄段结构

潜变量	卡方值	渐近显著性	等级平均值			
			30 岁及以下	31~40 岁	41~50 岁	50 岁以上
师德素质	0.688	.876	191.311	194.040	192.467	183.814
教学胜任力	5.056	.168	176.797	180.447	206.490	193.826
科研胜任力	5.287	.152	203.122	205.610	180.438	176.093
服务胜任力	1.182	.757	199.108	195.580	191.105	176.581
教学绩效	3.862	.277	164.730	191.263	202.016	182.395
科研绩效	5.173	.160	201.027	204.673	176.722	194.384
服务绩效	4.772	.189	215.189	201.160	180.167	182.198
满意度	8.977	.030**	232.973	196.570	175.425	199.779
组织支持	32.916	.000***	252.676	214.507	156.935	186.047

注：*** 代表在 1% 的标准上显著，** 代表在 5% 的标准上显著。

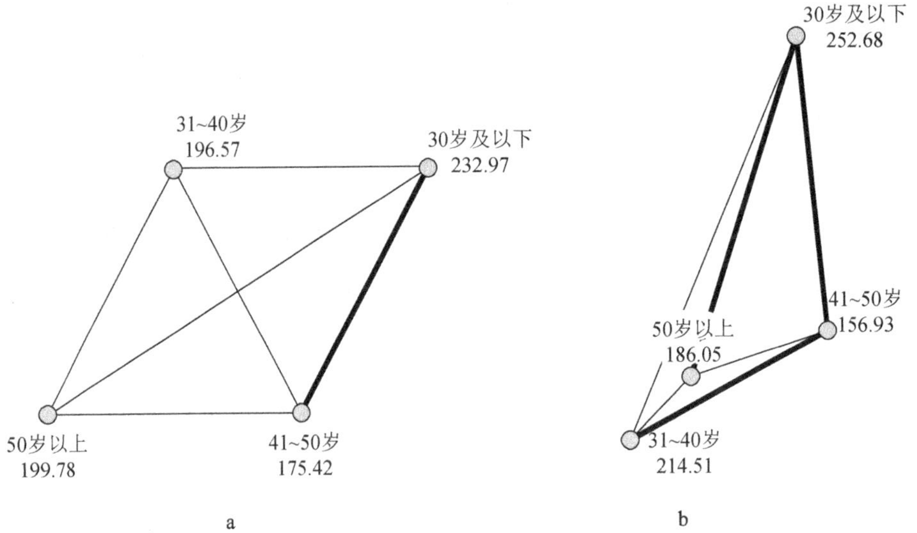

（a）满意度；（b）组织支持感知

图 15　不同年龄段教师对组织支持感知和工作满意度的差异

注：粗线条代表差异显著

3. 学历结构

通过表格44可以得出，不同学历教师在科研和服务胜任力、绩效、满意度及组织支持感知上均存在显著差异。通过图16可以看出，博士的科研胜任力和绩效均显著高于本科和硕士，而硕士和本科的差别不显著，这可能是由于博士毕业生经历了体系化的科研训练，科研胜任力有较大的提升，可以产出较高的科研成果。硕士和本科阶段还是以传授知识为主要途径，科研训练较少且不成体系，科研成果的数量和质量有较大的提升空间。博士的社会服务胜任力显著高于硕士，社会服务绩效也显著高于硕士和学士，说明随着学历的提升，教师参与社会活动、成果转化的水平得到进一步提升。博士的组织支持感知显著高于硕士，其他群体之间没有显著差异，这可能是由于高校更加重视博士研究生，在政策制定、资源提供和组织氛围上都会倾向博士，本科学士由于学历偏低且年龄较大，可能对组织支持的需求较低，因此没有显著的感知。

表格44 秩和检验学历结构

潜变量	卡方值	渐近显著性	等级平均值		
			大学本科	硕士研究生	博士研究生
师德素质	0.762	.683	189.955	196.246	189.955
教学胜任力	3.921	.141	200.694	179.481	200.694
科研胜任力	51.193	.000***	223.656	145.534	223.656
服务胜任力	10.144	.006***	205.947	171.903	205.947
教学绩效	11.220	.004***	206.571	171.660	206.571
科研绩效	58.471	.000***	226.073	141.795	226.073

续表

潜变量	卡方值	渐近显著性	等级平均值		
			大学本科	硕士研究生	博士研究生
服务绩效	32.237	.000***	216.968	156.373	216.968
满意度	11.586	.003***	207.303	168.810	207.303
组织支持感知	15.970	.000***	210.002	163.881	210.002

注：*** 代表在 1% 的标准上显著。

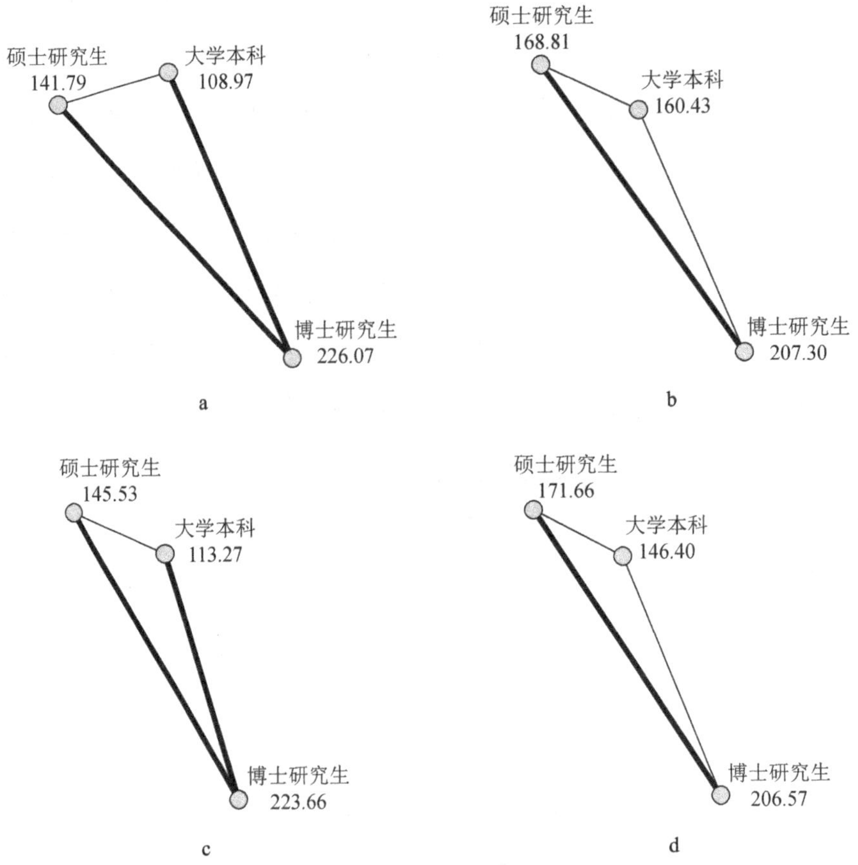

图 16　学历结构差异

注：粗线条代表差异显著

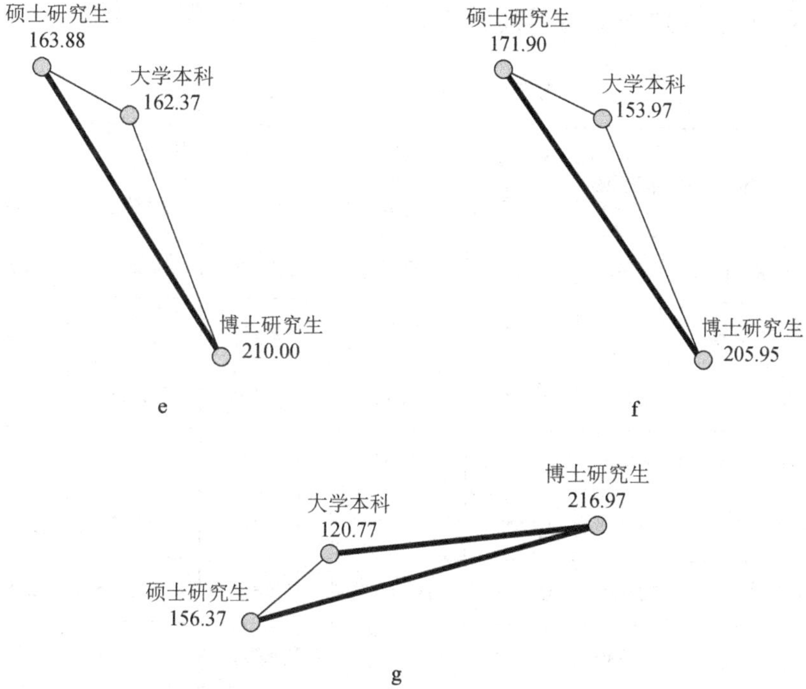

（a）科研绩效；（b）满意度；（c）科研胜任力；（d）教学绩效；
（e）组织支持；（f）服务胜任力；（g）服务绩效

图 16 学历结构差异（续）

注：粗线条代表差异显著

4. 职称结构

根据表格 45 可以得出，不同职称教师的教学和科研胜任力、绩效及组织支持感知存在显著差异。从图 17 可以看出，教授的教学胜任力显著高于讲师，科研胜任力显著高于副教授，教学和科研绩效普遍高于助教、讲师和副教授，服务绩效普遍高于讲师和副教授，说明教授的师能及绩效普遍较高，这也与职称晋升的要求相匹配。讲师的组织支持感知显著高于副教授，这可能是因为高校普遍对青年教师的政策支持和资源投入较多，而副教授的晋升和考核压力均较大，且由于年龄关系得到的支持可能较少，因而组织支持感知较低。

表格 45　秩和检验职称结构

潜变量	卡方值	渐近显著性	等级平均值			
			助教	讲师	副教授	教授
师德素质	0.340	.952	192.825	192.809	192.618	185.817
教学胜任力	9.156	.027**	171.750	184.146	192.411	238.768
科研胜任力	8.363	.039**	176.300	190.405	182.110	237.073
服务胜任力	3.844	.279	173.950	197.719	179.549	210.402
教学绩效	13.935	.003***	156.000	183.281	193.333	247.878
科研绩效	35.263	.000***	190.075	177.364	183.935	288.171
服务绩效	23.939	.000***	197.950	184.726	176.711	270.268
满意度	5.521	.137	201.575	195.585	175.606	219.110
组织支持感知	11.856	.008***	224.550	203.490	164.561	202.671

注：*** 代表在 1% 的标准上显著，** 代表在 5% 的标准上显著。

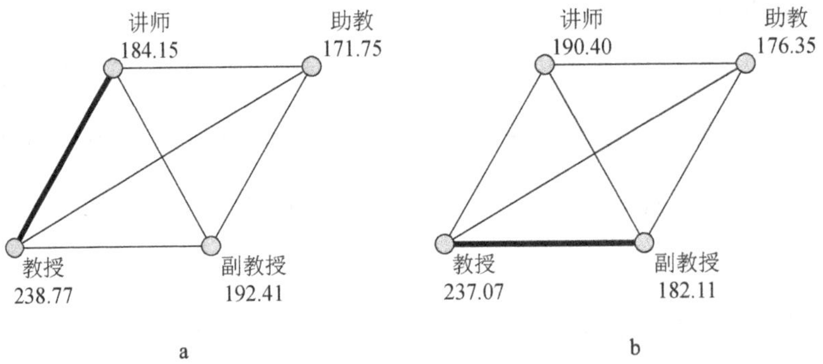

图 17　职称结构差异

注：粗线条代表差异显著

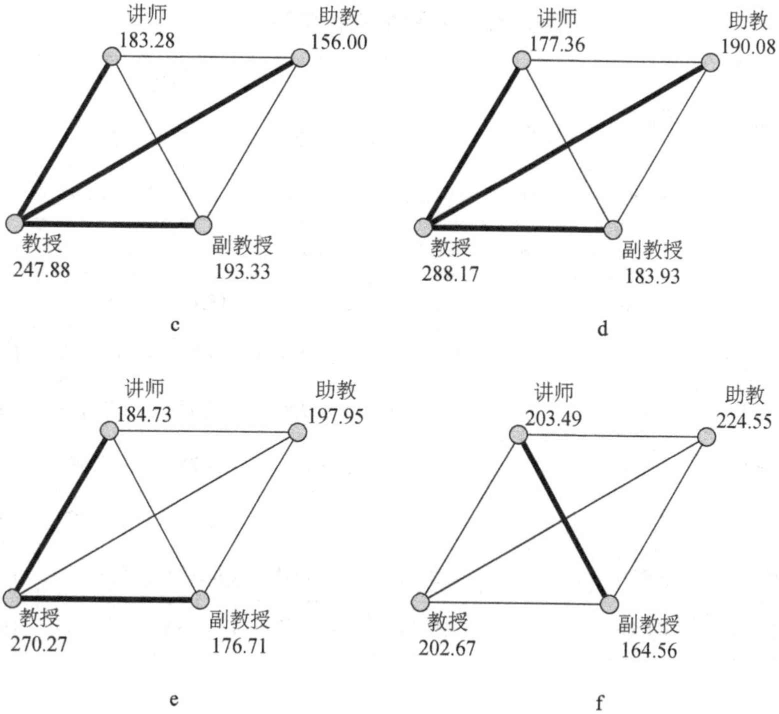

（a）教学胜任力；（b）科研胜任力；（c）教学绩效；
（d）科研绩效；（e）服务绩效；（f）组织支持

图 17 职称结构差异（续）

注：粗线条代表差异显著

5. 学科结构

从表格 46 可以得出，各学科教师群体在各维度上的差异均不显著，说明高校在制定政策和投入资源时，对各学科可以采取一致的决策，无需单独制定政策。

表格 46 秩和检验：学科分布

潜变量	卡方值	渐近显著性	等级平均值				
			文学	经管	法政	思政	公共课
师德素质	6.260	.181	193.320	180.476	152.933	181.241	186.717
教学胜任力	1.321	.858	190.552	184.393	197.133	173.526	186.152
科研胜任力	8.500	.075	176.859	202.179	237.100	193.397	159.326
服务胜任力	0.871	.929	186.646	186.321	184.933	193.552	169.174
教学绩效	2.901	.575	192.732	185.720	171.933	167.483	194.783
科研绩效	7.388	.117	175.958	208.631	219.767	187.095	170.478
服务绩效	6.695	.153	186.844	202.185	216.933	162.293	167.543
满意度	5.920	.205	183.633	208.804	156.233	172.690	183.543
组织支持	6.089	.193	179.992	210.875	177.933	173.069	191.261

第九章 教师胜任力提升路径与机制创新

2018年12月17日，教育部部长陈宝生在《人民日报》刊发的文章《中国教育：波澜壮阔四十年》中指出："中国教育40年，发展是跨越性的、成就是全方位的、影响是世界性的"。

教育强国，人才兴邦；百舸争流，万校竞先。这是中国以及世界各国高等教育和高校教师的使命。

世界范围内的高等教育机构均致力于实现教育在覆盖领域、受益人群、理念方法、教学内容、育才标准、教学质量、社会效益等各方面产生积极且显著的变化，而中国则以时不我待、奋勇拼搏的精神用40年时间取得了他国百年积累的成就。中国高校教师作为先进知识的生产者与传播者，作为国家教育改革的实践者与推动者，其群体"胜任力"实现了我国近100个学科进入世界前列，承担了全国60%以上的基础研究和重大科研任务，建设了60%以上的国家重点实验室，获得了60%以上的国家科技三大奖励，发表科技论文数量和获得自然科学基金资助项目均占全国80%以上。高校哲学社会科学的队伍和研究成果均占全国总数80%以上；教书育人的成果是，新增劳动力中接受过高等教育的比例超过 45%，平均受教育年限达到 13.5 年，高于世界平均水平。①

陈宝生部长提到的“40 年来”，是改革开放以来的 40 年，也是 1980 年以来信息技术充分对人类文明产生重要影响的 40 年。这个过程，人类社会的生活方式、思维方式、经济发展方式的巨变程度前所未有，但其本质上反映的依然是马克思主义理论中一个重要的朴素命题：生产力与劳动者的关系问题。虽然两者在发展速度与高度上均是以往千年文明史的几何倍数，但两者内在互相增益这一客观关系没有改变。个体的人，即是知识的传递者，也是知识的受益对象。人才，始终是这个链条关系上的关键点。全球范围内的高等教育机构作为人才培养的重要承载者，被生产力发展需求的洪流巨浪推动产生着一轮又一轮的教育改革、培养模式改革、高校教师评价方式与发展方式的改革。

40 年来，世界范围内的高等教育发展恰恰伴随媒体传播方式的巨变，从未静谧无声。这个过程激荡着民众的诉求、学者的振臂、国家的博力、社会的热议。从德国的博洛尼亚计划和精英计划，英国引领全球“评估”热潮的大学教学与科研评估工程，美国以立法保障并规范教育行为的《高等教育法案》出台，韩国历时 20 年、跨越 3 个阶段的 21BK 计划等。历数中国改革开放近 40 年来高等教育的数次重大工程，虽有微瑕而硕果实丰的“985”“211”工程、“双一流”建设，卓有成效地推动中国高等教育从规模、数量、质量、世界排名影响力、中长期发展潜力上都实现了历史性

① 陈宝生. 中国教育：波澜壮阔四十年 [J]. 人民日报，2018，12.17.

变革。40年来的多项重要教育规划，尤其是习近平总书记“四有好老师”“四个引路人”理论提出以来的多部规章制度、实施办法，明晰了我国高校教师队伍建设的重要标尺与准绳，形成了具有我国特色的社会主义教育方针，取得了以高校教师为研究对象的硕果。

本书绪论与第一章详细梳理了学界关于高校教师发展及胜任力研究的代表性观点、师能师德双要素研究的进展等研究背景，开宗明义界定了“师德”“师能”“胜任力”等主要概念的定义，总结出相关研究与实践水平中存在“三个不足”与“四个难点”，三个不足一是关于师德、师能一体化提升探索的研究较为缺乏，二是研究对象集中于青年教师群体，对中年、退休前教师研究以及不同年龄跨度教师之间传帮带实践研究的不足，三是立足于理论研究丰富而着眼于工作实际的机制构建与实践改革不足。四个难点包括一难在工作机制不成熟，二难在校系两级上下发力不协调，三难在主动提升意识不浓厚，四难在教师发展不平衡。

本书计划攻克相关研究的“三个不足”和“四个难点”，写作过程中尤感以师德师能双要素融合研究为目标的研究是需要一定学术勇气、颇具挑战性的。第二、三、四章通过观点论述、案例分析、深度访谈、问卷调查、数据模型分析，得出了理论分析与数据测评互相印证的结论，科学分析证明了对现行高等教育制度改革的直观判断——教师的道德素质、职业动机、职业认同正向影响胜任力发挥，师德是师能的深层发展动力，师能是以师德为精神基础的发展结果；胜任力组织支持感知正向影响胜任力提升，满意度支持感知正向调节胜任力对工作满意度的影响，高校通过组织支持、政策关怀等方式促进教师师德师能的提升。因此，一所高校应转变观念，勇于改革，从青年教师群体研究与组织支持，拓展为将全体高校教师的发展作为研究对象、支持对象，从理论研究拓展到一所高校的制度建设与工作机制改革，通过建立科学适度的价值观塑造、政治理论学习、专业能力培训等体系化培训机制，进行评价机制改革、组织支持氛围等管理制度更新，切实提高高校教师的道德修养、职业动机与专业水平，充分发挥主观能动性对胜任力提升的促成作用，实现师德师能双提升、互促进的高校人才建设总目标。

这一结论符合高校人事制度“选人、育人、用人”的传统概念结构，在这一研究过程中得出“师德水平与师德提升培训对胜任力提高有直接影响”的数据结论，帮助本研究建立起更加明晰、有力的测定要素和工作方法，在高校教师胜任力培育体系化工程中可以大胆明确地建立以下工作规程：选择有为有德者组建教师队伍、设计以德促能的师资培育培训方案、落实师能发挥过程中的制度保障和服务保障，实现组织制度不缺位、组织文化不空洞、能力发挥不滞留。

围绕这一目标，本章的研究重点从师德与师能同步提升、学校与院系管理同声相和、绩效管理与组织关怀双管齐下的协调理念下，研究以下四个问题：高校教师胜任力内涵概念及标准如何选择、如何评价、如何建设、如何持续。

第一节　高校教师胜任力的定义与观念选择

本书前四章通过理论分析、深度访谈与数据模型证明了师德素质对胜任力的影响最大，其次是人格特征，即教师“自主有为”的师德水平与职业动机是胜任力水平的直接影响因素，而评价激励机制是通过调节可以发挥重要杠杆作用的外在影响因素，保障教师能力发挥的顺畅的组织支持与文化构建是实现教师工作满意度与奉献力良性循环的促成因素。

呼应本章导言所述，高校教师胜任力是高等教育学研究范畴内的一个命题，也是高等教育发展改革过程中始终聚焦于“知识传播者群体”的一个研究对象。高等教育改革过程中，“实现内涵式发展”这一理念的到来，引发了最新一轮对高校教师胜任力的研究热点。十九大报告明确指出“加快一流大学和一流学科建设，实现高等教育内涵式发展。”因此，进行双一流建设和实现内涵式发展将是今后一段时间内高等学校的重要任务。创建世界一流大学的重要“支点”之一就是要拥有一支具备世界一流大学平均水平的师资队伍。本著作的逻辑基础正是基于高等教育内涵式发展对教师胜任力的需求及评价标准。

高等教育内涵式发展是指通过内部的深入结构与关系的改革、激发教育功能的活力、增强育人的实力、提高知识创新的竞争力，强调的是结构优化、质量提高、实力增强，最终实现实质性的跨越式发展，扩大受益人群、优化教学内容、提高教育标准、增益社会效益。由此可见，高校教师需要能够适应并促进高等学校实现内涵式发展，才能具备并达标"胜任力"评价要求，本节详细阐述这一概念的提出、发展。

一、胜任力的最初内涵与当前外延

1. 道德、知识、创新能力构成胜任力的测评视角

如文献综述提到的，被学界较为普遍接受的高校教师"胜任"定义是"绩优者所具备的知识、技能、能力和特质"，亦可概述为"显著区分优秀绩效和一般绩效的个体特征"，[①] 即高校教师中职能绩效表现优异者在某一工作任务（或组织、文化）中与表现平平者相区别开来的内在深层次特征，包括动机、特质、自我形象、态度或价值、某领域的知识、认知或行为技能——任何可以被可靠测量或计算的素质。美国心理学家戴维·麦克利兰（McClelland）于1973年提出这一观点是他认为传统的智力测验及学术测验、等级分数等手段，不能有效预测其从事复杂工作和高层次职位工作的绩效或在生活中是否能取得成功。[②] 后期他对"胜任力"的描述确定为："绩优者所具备的知识、技能、能力和特质"（1993），概述出胜任力的最初内涵。

① 仲理峰，石勘．胜任特征研究的新进展［J］．南开管理评论，2003，(3)：428.

② Mcclelland D C.Testing for competence rather than for Intelligence［J］.American Psychologist，1973，28（1）．转引自何齐宗．我国高校教师胜任力研究：进展与思考［J］．高等教育研究，2014，(10)．

相关研究历时已近50年，伴随高校教师岗位及任务要求的分类日益多元化，以职业胜任结构特征为分析对象的胜任力要求，首先要对教师进行角色定位、岗位分类研究。国家与社会的发展需求直接导致了“高校教师”这一原本单一固化的角色设定，出现了以教学为主、以学术理论研究为主、以科技发明与专利为主、以应用性咨政成果、法律法规制定及可行性方案等实践性科技文化产品为主等不同岗位身份、不同组织群体的教师。因此，与现行高校教师分岗位、分职级的师资评价体系相匹配的方式是——区别不同的职位并且通过观察、访谈、问卷等一系列科学的方法，清楚地确定不同学科、不同岗位、不同专业技术职务等级教师的工作内容、职位对任职者的各方面要求。

2010年前后的10年时间，大多数学者是沿着潘懋元先生的理论“接着说”，胜任力的三个面向包括具备宽广、扎实的基础理论，系统、精深的学科专业知识，熟练、灵活的教育教学能力，独立、创新的科学研究能力，高尚的职业道德及价值观、健康的人格特质。①

本书第四章采用胜任特征模型（Competen-Cy Model），即根据工作性质和内容的差别对高校教师进行职位分析，在力求细分角色任务的基础上获取该角色需达到的胜任特征总和。通过数据，本书得出的结论是人格特质、职业动机及师德水平等教师主观能动性直接影响着高校教师胜任力的提升发展，切实有效的师能与师德塑造体系化培训工作对胜任力提高及教师工作绩效发挥有显著正相关，

① 郑洁．胜任力视角中的高校教师资格认定［J］．教育评论，2013，（05）．

国家政策及高校内部的职务晋升及岗位聘用等评价体系、教学科研资源支持机制、薪酬奖励分配制度、组织文化建设等外在评价激励制度本身不能直接帮助教师获得胜任力的水平提升，但如果机制体系设定科学恰当，则能发挥出提高胜任力水平的杠杆作用。

2. 师德与师能双要素在“胜任力”研究视域下的合一

作为学养深厚、数次引领教育理论创新、厦门大学教师发展中心和教师研究院的奠基人，潘懋元先生真乃名副其实的教育学家，他的系统理论为“师德师能融合研究”准备了基础，他认为大学教师是一种学术职业，首先应当受过良好的人文素质教育，具有良好的学术道德素养和高尚师德，具有服务精神，循循善诱、诲人不倦、敬业乐业、爱护学生、热爱教师职业；具有自律精神，以身作则、“行为世范”；最后，要具有创新精神，以自己的创新精神和创造能力来引领大学生成为创新型人才，以大学的文化科学创新引领社会的文化科学发展。[①] 他认为师德意蕴中应内涵“创新精神”，将学科发展、敬业乐业、创新精神纳入教师主体自觉性、自我发展动机中考察。

以学者李国安的观点为代表的一批研究者将大学培育社会主义建设者的办学目标融入高校教师目标任务的考察视角，将社会主义价值观、爱国主义教育的理念与知识教育进行融合，言语更为朴实、考察要素更为具体，他提出新时期人民教师的师德既应有一般社会道德的共有特征，如扬善抑恶、诚信友爱等，又应该有一般职业道德所共有

① 潘懋元.大学教师发展论纲——理念、内涵、方式、组织、动力［J］.高等教育研究，2017,（01）.

的特征，如爱岗敬业、忠于职守等。但除了上述共同特征外，人民教师的师德还有自己的特殊性，主要包括三个爱：爱教、爱校、爱生；三个勤：勤学、勤教、勤研；三个育人：教书育人、管理育人、服务育人和三个贡献：为人才强国、科教兴国和人民满意的教育做贡献。① 这一观点在一所高校具体选拔教师、培养教师、评价教师的管理实践中更具有操作性，师德与师能考察互相融合，不可割裂。

我国于1978年恢复高考、大学建制逐步规范，历经40年达到了蓬勃发展，关于高校教师的研究观念逐步成熟、全面，2019年习近平总书记在学校思政课教师座谈会上提出的观点达到了相关理论发展的高峰。他指出，思政课教师要给学生心灵埋下真善美的种子，引导学生扣下第一粒扣子，他关于思政课教师的教育引导，也是对各学科领域高校教师的要求，简要概况就是：第一，政治要强，让有信仰的人讲信仰；第二，情怀要深，保持家国情怀，关注社会，汲取养分、丰富思想；第三，思维要新，学会辩证唯物主义和历史唯物主义，创新课堂教学，引导学生树立正确的理想信念、学会正确的思维方法；第四，视野要广，有知识视野、国际视野、历史视野，能深入浅出；第五，自律要严，自觉弘扬主旋律，积极传递正能量。第六，人格要正，有人格，才有吸引力。② 这一观念是对潘懋元先生以来多位学者"教师德能合一"考察的总结，更是对"高校教师胜任力"考察要素的一次升华，敬业创新的能力发展是教师

① 李国安.新时期人民教师师德的内涵和特质［J］.西南大学学报（社会科学版），2010，（05）.

② 习近平主持召开学校思想政治理论课教师座谈会.人民网，2019年3月18日，人民网,http：//cpc.people.com.cn/n1/2019/0318/c64094-30981554.html，2019，3.

师德高尚、具有担当精神的表现，师德中的“自律要严，自觉弘扬主旋律”。必然要求教师要勤于进行自我知识更新与视野拓展，方能在社会发展与国际环境中保持清醒坚定与人格端正、辩证唯物。沿着这一思路，全国高校应在国家倡导下构建“三全育人”的模式，以建立“大思政”体系的标准来培育教师具有正确的政治立场、高尚的师德水平、专业的学术研究与育人水平、综合的社会服务能力。

二、胜任力的需求指向与标准

1. 谁需要高校教师提高胜任力

在研究高校教师胜任力的内涵意义、提升过程、绩效体现之前，遵循以问题为导向、以需求为动力的逻辑，“谁需要高校教师提高胜任力”是个值得同时研究或前置研究的问题，这决定了胜任力定义及评价标准的视角与指向。高校教师胜任力需求，一般分外在需求、内在需求两类视角，大多数研究成果多以外在需求的指向来开展研究，作者希望在本书中较为全面地来分析需求结构、评价指向。

胜任力最直接的外在需求者之一是科技文化产品的需求者即大学生及研究生，以及学生背后的学生家长及家庭的社会性渴望：求职的顺利、职业生涯的开展、稳定的收入，成为优秀的建设者、领导者；另一直接外在需求者是社会与国家、人类群体，即生产力发展的需求者。

胜任力实现的内在需求者是高校教师自身。本书第一章研究综述中开宗明义指出教育学家潘懋元先生自2007年提出“教师发展”与“教师培训”的差别，他认为教师培训着重从外部的社会组织的需要出发，要求高校教师接受某种规定的教育、培训；教师发展则着重从教师主体性出发，强调教师自我要求达到某种目标。[①] 历经10年，潘先生将高校教师发展的内涵细化为三个组成部分：学科专业水平、教师职业知识与技能、师德修养。[②] 胜任力提升及教师发展的过程，历经三个阶段，经过自我价值的追求即马斯洛“需求层次理论”的最高层次，经过发展性的自我评估与反省，进入“敬业、乐业”的职业幸福感。

2. 三全育人与“大思政”体系的师资标准

伴随高校教师发展中心成立的党委教师工作部拓宽了高校思想政治工作路径和渠道，形成了“大思政”格局，教师发展中心与党委教师工作部的密切配合能够实现三全育人的教育目标。党委教师工作部通过统筹、优化、整合原有的思想政治教育模式、主体、内容、方式等，强化理想信念和价值引领，突出师德考核、监督和奖惩，引导教师把“三全育人”的理念落到实处，牢固树立成为“先进思想文化的传播者、党执政的坚定支持者、学生健康成长指导者和引路人的责任”的育人理念，促进教师思想政治工作与学生思想政治工作同频共振、相互依存、相互影响，实现教师与学生这两个“大思政”间的良性互动。

第四章通过模型发现，职业认同和师德组织支持感知均可以通过师德素质中介影响胜任力水平。对比各自变量对胜任力的综合效

① 潘懋元，罗丹．高校教师发展简论［J］．中国大学教学，2007，（01）．

② 潘懋元．大学教师发展论纲——理念、内涵、方式、组织、动力［J］．高等教育研究，2017，（01）．

应可以得出，师德素质对胜任力的影响最大，其次是人格特征。教师需要获得教师身份带来的职业认同感、职业安全感、价值实现感、经济收益满足感，即获得全面而良好的自我实现。

本书将高校教师的胜任力达成要素标准分为三方面，即教学胜任力、科研胜任力、社会服务胜任力。教学胜任力测评以教学方法、教学内容和课堂组织能力为重点；科研胜任力测评以研究能力、学术创新和学术交流能力为重点；社会服务胜任力测评以沟通协助、交流表达和学习发展能力为重点。

第四章的调研结论印证了第一章研究综述中提到的“组织支持不宜用力过猛”，潘懋元认为外部动力包括物质与非物质的奖与罚，行政上所制定的业绩考核与评估，职称的晋升，工资及其他待遇的提高，优秀教师的评奖，社会声誉的提高等。[①] 外部动力对教师的发展会起到推动作用，但是，如果使用不当或用力过猛，也会引起消极影响，例如重科研轻教学等有偏差的业绩考核，极易引发不良导向和内部矛盾，过于繁杂琐碎的量化考评，以及只覆盖极少数高水平教师的评奖评优，不能从根本上起到激励作用。

三、高校教师身份与胜任力相应标准的变迁

1. 从“管”到“管服结合”，再到“发展共赢”的三阶段

大多数关于高校教师研究的学术成果多从高校作为管理者的视角出发，教师胜任力的外在需求者之一的教育机构管理者思维常常

① 潘懋元，夏颖，胡金木．教师发展与教师教育——访潘懋元先生［J］．当代教师教育，2018，（01）．

进入的误区是重管理、轻服务，重要求、轻支持，重绩效、轻发展。近10年来的知识创新方式带动高等教育模式发生了革命，管理者思维经历了从“管”到“管服结合”，再到“发展共赢”的三阶段。

教育部人事司前司长、教师问题研究专家管培俊先生在2014年发表了一系列研究成果，核心观点是从“教师身份”的分析提出“高校人事制度必须进行从行政命令式管理到人力资源管理的观念转变”，这一论点鞭辟入里。高校教师的身份伴随着知识创新的增速与高校教育的开放而发生改变，他们不再是“国家工作人员”或“国家干部”，不再是受高校全面呵护的“单位人”，而是具有某一学术专业领域系统知识和技能的“职业群体”，履行着高等教育教学及科研职责，同时也是能够在学术劳动力市场中自由择业的“社会人”。他认为高校人事制度改革总是与教育改革同向而行，教育质量与内涵式发展需求逐步让“教师”这一单位学术群体逐渐成为职业群体，因此传统意义上的大学人事管理必须从行政管理、事务性管理跨越到“管理与服务”相结合，进而转向强调绩效与创新度的“人力资源管理与开发”，重点是“开发”，体现尊重、理解、信任、宽容、赏识、激励的大学组织文化特点的体制机制，做到事业留人、感情留人、待遇留人，[①] 实现教师个人发展与高校组织发展的合作共赢。这一鲜明观点突破了改革过程中理论认识上的困扰与藩篱，直接影响了“胜任力”的标准、达成方式、评价方式也发生了转变。

---

① 管培俊．关于新时期高校人事制度改革的思考［J］．教育研究，2014，35（12）．

2. 师德与师能的内在促生关系成为胜任力分析模型中的重要要素

结合教师胜任力模型，从传统的师德高尚、课堂教学、本学科领域内的科学研究这类胜任力，拓展为课程思政、价值引领与知识引领结合的师德要求，教学能力增加了在线课程、视频课程、MOOC，学术创新转化为教学内容的能力，服务社会的能力，等等。

3. 胜任力评价体系与职称评价体系的重合与差异

新中国成立后直至今日，大学里“评职称”默认成判断教师胜任力“行不行”的重要尺度之一，甚至在某种意义上是唯一尺度。毋庸置疑的是，职称评审制度与评价体系的标准是“择优”，一名高校教师在教学水平、科研能力、育人理念等各方面评价良好且超过其他竞争者的绩优者，才应当获评高一级职称。以教师专业技术职务评聘及聘期考核制度为主要构成内容的高校师资评价体系，发挥着学术鉴定分级、资源配置、绩效管理、激励约束、价值导向等五类功能，引导教师队伍不断以高水平的工作业绩来履职奉献、教书育人，在产生丰硕知识成果与科技文化产品的同时，产出求真务实、追求创新这一精神文明导向，可以说以职称评价为重点的高校师资评价体系是促使高校发挥社会服务、推动文明发展的制度型驱动力。

职称评价考察的是从一个专业水平（增加）层级的岗位向高一层级岗位能力提高过程中的能力测定，以发挥激励的作用；胜任力评价，考察的是“某一个岗位内履职时的能力评价”，以均衡、综合为考察重点。传统职称评价体系侧重对现有绩效的评价，而不着眼于教师以往达成胜任的职业动机、基础性投入、工作热情、奉献精神，也不注重教师今后职业生涯开展中进一步在专业能力、师德水平上的提高潜力与意愿。因此，胜任力评价，不同于职称评价体系的"竞争性选拔"目的，而是以长期、可持续发展为目标，因此引出接下来的问题：如何促使高校教师胜任力从"有限效益"到实现"溢出效应"。

四、组织支持与胜任力发挥

前文提到高校对教师从"管"到"管服结合"，再到"发展共赢"，高校需要为教师提供组织支持，在政策导向、工作氛围、领导关怀等方面给予教师支持与发展。分析模型数据同样显示，组织支持正向影响师德素质、正向影响胜任力发挥、正向影响教师工作满意度。建议高校从政策导向与组织情感方面提高对教师的组织支持力度。

学者刘万海认为"教师专业发展"的内涵是以教师专业自觉意识为动力，以教师教育为主要辅助途径，教师的专业技能素质和信念系统不断完善、提升的动态发展过程。[①]突出动态性和整体性，既强调教师专业发展"习得"的过程，也着重教师专业化成长在"德"和"能"方面的成果。

1. 从"教师管理"进入"教师发展"理念阶段

高校一般采用绩效考评结果与分配制度相挂钩，工具理性价值取向凸显，而人本与共赢的价值取向不足，没有设置职业发展长期目标的引导，未将教师对学生的专业竞技及学术能力指导、指导学生参与实践实习、读书指导等育人工作纳入量化考核，在客观上造

① 刘万海．教师专业发展：内涵、问题与趋向［J］．教育探索，2003，（12）．

成了对教师衍生性劳动付出的忽视，长期积累则抑制教师的奉献精神与胜任力稳定发挥，实现的是“有限效益”。

高校教师发展亦称为“教师专业发展”，是指高校教师在教育制度、文化社会环境等外部环境与学校组织环境等内部环境下，通过个体努力及学校的组织支持，不断促进教师思想道德、知识学识、教学能力、科研能力及社会服务等由不成熟转向成熟的过程。教师的发展促进高校发展，高校应增加对教师职业成长的人文关怀，将“对教师的培养、引导与教育”作为组织责任，将实现学校事业发展与教师发展双赢作为目标。

2. 以组织情感有效缓解教师的职业倦怠

助人行业是产生职业倦怠的高发行业，教师又是主要的助人行业之一，担负着教书育人、学术研究与社会服务的重担，多数教师在教书育人生涯的不同阶段都产生出不同程度的职业倦怠。职业倦怠不仅会影响教学质量、教育目标和整体的学习成就，而且也会影响教师的生理和心理健康，因此对其职业倦怠的研究受到了教育学及心理学界学者的广泛关注，职业倦怠是胜任力研究范畴中的重要概念。

社会学家哈里森（Harrison）首次在1980年的社会胜任模式理论（Social Competence Model）中提出职业倦怠与个人对工作的胜任能力的感知相关，社会胜任能力是个体如何与社会环境互动且影响社会环境的能力。当个体认为所做的是有意义的事情且可改变服务对象的生活境遇时，便引发个体对工作产生一种积极的情绪反应。职业倦怠主要有情绪衰竭、去个性化及低个人成就感三种表现。

职业倦怠问题并非从事某种职业的必然结果，而与个体的胜任能力息息相关。如果个体在工作中明确由于自身能力使服务对象的问题得以改善，则胜任感增强，进而提高其助人的动机；相反，如果未能达到预期的助人目标，则可能产生消极情绪，出现职业倦怠，并降低助人的动机。

工作资源、组织公平感和组织支持感与职业倦怠总分以及职业倦怠各因子呈显著相关；除个人成就感降低因子以外，工作要求与职业倦怠总分及各因子呈显著相关；组织公平感与个人成就感降低和职业倦怠呈显著负相关。工作资源越丰富，组织公平感越高，支持感越高，高校教师的职业倦怠总分越低；工作要求越高，越容易产生职业倦怠。如表格 47 所示。

表格 47 不同年龄的教师职业倦怠及组织支持感知[①]

项目名称	30 岁以下（33 人）Ⅰ		31–40 岁（119 人）Ⅱ		41–50 岁（75 人）Ⅲ		50 岁以上（18 人）Ⅳ		F
	平均数	标准差	平均数	标准差	平均数	标准差	平均数	标准差	
情感衰竭	7.33	2.73	9.17	2.38	9.05	1.99	9.44	3.35	5.43*** Ⅱ．Ⅲ．Ⅳ＞Ⅰ
职业倦怠	34.94	8.73	39.43	8.01	39.06	7.71	36.94	10.48	2.68* Ⅱ．Ⅲ＞Ⅰ
支持感	54.09	12.46	47.39	11.43	43.87	12.12	47.13	15.24	4.96** Ⅰ＞Ⅱ．Ⅲ

在对教师职业倦怠的研究中，社会学家提出“积极心理资本”

① 石海梅，杨文博，于海琴．高校教师工作特征、组织公平感与支持感对职业倦怠的影响研究［J］．心理研究 Psychological Research 2013，6（6）：66–70.

这一概念，研究结果证明了积极心理资本与高校教师职业倦怠呈显著负相关，其中乐观维度对高校教师职业倦怠的相关作用最为显著。

Luthans（2004）以积极心理学和积极组织行为学的观点为基础，在分析了经济资本、人力资本和社会资本的内涵和特点后，提出了以强调人的积极心理力量为核心的“积极心理资本”概念，具体表现为符合积极组织行为标准的心理状态，它超出了人力资本和社会资本，并能够通过有针对性的投入和开发而使个体获得竞争优势（Luthans Jensen，2005）。Luthans · Avolio 和 Youssef（2007）对心理资本的定义又进行了修订与完善，指出心理资本是指个体的积极心理发展状态，包括自我效能感、希望、乐观、坚韧性四个维度。职业倦怠与心理资本为负相关关系，而与心理健康呈正相关关系。

本书在此节提出以组织情感融入教师队伍建设、评价与培训中，帮助教师以积极心理资本对抗职业倦怠、保障教师胜任力发挥的逻辑关系，将在第四节通过讲述教师发展中心功能的发挥来介绍如何通过系统培训、团队建设、工作氛围、领导关怀等组织支持的形式，提高教师的积极心理资本。

第二节　高校教师评价激励体系改革对胜任力的促进

取乎其上，得乎其中；取乎其中，得乎其下。实现高校教师的

"胜任力"，则应以"胜任"之上的标准对教师队伍进行选拔、培育、评价、发展，从而实现教师队伍中的绩优者占比稳增，绩劣者占比下降，并在此基础上涌现出师德榜样与师能领军人物。本节将从评价激励体系整体设计的指导思想、评价指标的设定原则来展开论述。

目前关于教师发展的理论研究基本态势良好，研究成果丰富，研究主题集中，研究力量较大，"教师专业发展""青年教师发展"等宏观理念已成共识，"教学中心""教学能力"等微观层面也渐受关注，教师分类发展研究、教师发展模式研究、教师发展理念研究、教师发展因素研究是学界研究的热点领域的高频关键词，多元化成为特色与热点。①

一、进行师德师能评价激励机制的整体设计

高校教师评价的目的之一是促进教师的可持续发展，应避免量化、趋同、失衡、物化等常见误区，避免忽视知识产品与教育效果的客观规律，以刻板的量化评价指标使教师评价演变成单纯的达标游戏；避免无视教师个体差异，不进行分岗位、分类型、分年龄地评价；避免过于突出科研，忽视学术道德、教学作风、师德素养、育人情感、发展潜力等本质要素；避免评价管理行政化，漠视教师的主体性；避免将教师的绩效连同教师本身进行"物化"，失去对其可持续成长的关切。② 进行师德师能评价激励机制的全面整体设

① 张笑予，冯东，杨科正.我国高校教师发展研究现状与热点的知识图谱可视化透—基于2001-2015年CSSCI期刊论文的科学计量分析［J］.高等理科教育，2016（06）：44-51.

② 于家杰.可持续发展视角下的高校教师评价逻辑［J］.当代教育科学，2019.07：61-65.

计成为亟待突破的首要任务。

胜任力模型分析提出“教学科研评价、职称评价、岗位胜任评价”不能直接提高胜任力但可以通过调节实现杠杆作用这一结论，激发教师在下一轮评价过程中实现胜任力提高，评价机制需要在一个完善、科学、关注潜力发挥的顶层设计框架内，实现教师胜任力研究的理论与实践有机结合，建立起激励教师爱岗奉献、促进知识创新的评价激励体系。

现阶段的高等教育，高校竞争与高层次人才市场的彼此促进、国家政策与前沿理论研究形成的合力、教师群体的自我发展需求与社会公众对教师专业能力输出的双向诉求，都呼唤着以“发展性师资评价体系”替代以往的“奖惩性师资评价体系”，以引导好高校教师这一职业群体在达到“胜任力”基准线的基础上，进一步发挥出最大的育人贡献力、学术贡献力、社会发展贡献力。所以，教育部《关于深化高校教师考核评价制度改革的指导意见》（教师〔2016〕7号）提出“师资评价以师德为先，教学为要、科研为基、发展为本的基本要求，开展全面考核、分类评价，分类分层次分学科设置考核内容和考核方式，充分发挥发展性评价对教师专业发展的导向引领作用”这一倡议，得到了广大教师群体的欢迎与认同，得到了高校组织者管理者的积极支持及落地实施。教师发展中心这一实体机构成为近几年各高校争相设立的新机构。各高校开始尝试进行以师资评价激励体系为核心的人事制度改革，以“分型管理、分类评价、全面发展”为评价体系的整体理念，帮助教师群体产生更多自我认同，得到精神归属上的安顿，使职业安全感、职业竞争危机感与进步动力之间达到合理的张力，在“分类”与“全面”的有机协调中实现胜任力的达成。

二、建立发展与奖惩兼具的复合型评价体系

发展性评价与奖惩性评价是两种较有代表性的师资能力评价方式。

出现较早且目前较为通行的是与绩效管理配套设施的奖惩性评价方式，以学校战略目标和社会通常认可的一定评价标准对教师在教学科研工作量、知识产品质量上进行考核定级，进而做出相应的晋级、加薪、降级或解聘等决定，实施奖励或惩处。如上一节“教师身份”部分的分析中所言，在一定历史时期内，奖惩性评价在高校对教师从“身份管理”到“岗位管理”的转变中发挥了有力保障作用，以岗位职责条款明晰了“胜任力”的基本标准和要素，切实有效地实现激励创新、鼓励贡献的作用。

发展性师资评价是一种以教师为核心，以发展教师个体为理念，依据目标，重视过程，及时反馈，以促进教师的专业发展为最终目的的形成性评价。其特点是重视培养教师的主体意识和创新精神，强调评价者在针对现有胜任结果的基础上，进一步要对教师的过去、现在做全面了解，根据教师过去的基础和现实表现，规划其未来的发展目标；评价者和教师共同协商制定达成高一级专业技术职务或发展阶段的“胜任”水平需要的发展目标，并创设条件，通过为教师搭建对口培训、参考咨询、学术交流的平台，协助教师制定个人未来的专业发展努力方向，促进教师努力达到这个发展目标。

1. “奖惩性师资评价”及“绩效管理”的时代特点与利弊

本书第四章对绩效进行了要素分析与测算，绩效管理是通过对高校战略的建立、目标分解，对教师进行业绩评价，并将绩效成绩用于教师日常管理活动中，以激励教师持续改进业绩从而最终实现学校战略及目标的一种管理方法（林苍松，2010）。绩效管理及与此配套实施的奖惩性师资评价方式是高校通过激励教师群体提高贡献力从而提升办学竞争力的有效途径，以适当的外部激励机制，激发大学教师自我价值追求的内部动力。在聘任制改革及“高校—教师”的契约式关系中，能切实提升高校教师队伍的效能。

但是，奖惩性评价注重对教师现有胜任力取得业绩的评价，评价主体以组织为唯一的评价者，在一定程度上导致视角有局限，容易出现晕轮效应、宽厚效应、近因效应等认知偏差，从而影响考核的全面性。绩效考评结果与分配制度相挂钩，工具理性价值取向凸显，而人本与共赢的价值取向不足，没有设置职业发展长期目标的引导，未将教师对学生的专业竞技及学术能力指导、指导学生参与实践实习、读书指导等育人工作纳入量化考核，在客观上造成了对教师衍生性奉献的忽视；缺乏对教师职业成长的人文关怀，没有将“对教师的培养、引导与教育”作为组织责任，没有明确将实现学校事业发展与教师个人发展双赢作为目标，从而实现的是“有限效益”。

奖惩性评价的不足还体现在对青年教师的影响方面。青年教师初入职时，薪酬待遇尚未提高，更愿意获得物质激励，为了达到奖惩性评价要求，会忽视中长期职业发展规划和学术方向上的深思熟虑，减少备课时间，降低课堂教学质量，削弱育人投入，在时间管理上向短期效益倾斜，不利于教学能力的提升，偏离教学的育人本职，造成教学与科研的两类胜任力之间的失衡。

2. 复合型评价机制利于实现高校中长期竞争优势

发展性评价与奖惩性评价并不是完全对立的，而是可以相辅相成的，多元的评价主体，不同的评价角度和指标可以充分将教师的显性贡献与隐性贡献体现出来，如表格 48 所示。

表格 48 评价机制

考核角度	奖惩性师资评价	发展性师资评价
假设前提	经济人	自我实现的人
评价方向	总结过去	面向未来
评价目的	通过对教师进行直接的奖惩以激励教师提高贡献力	促进教师专业发展的最大自我激励与诉求，实现学生、教师、学校三者的综合发展
评价类型	终结性评价制度	形成性、过程性评价制度
参与主体	单元评价主体	多元、开发的评价主体
结果运用	晋升、加薪、提高奖金 解聘、降级	评价结果作为未来发展的新起点
评价模式	学校主导管理，教师被测评	教师作为评价主体参与建设评价体系、评价主体多元

发展性教学评价通过诊断和分析其教学科研实践以促进教师的成长和发展，评价主体多维，采用自我评价、同行评价、上级评价、学生评价等多种形式的综合运用，定量评价与定性评价的结合。发展性评价能较为具体地判断出教师在教学实践过程中的优势与不足，

分析教师发展目标的实现程度、团队选择的匹配程度等，能够充分调动广大教师尤其是青年教师的积极性和创造力，对奖惩性评价和绩效考核结果进行归本溯源，集诊断性评价指标、过程性评价指标、导向性评价指标为一体，指标考评结果能成为教师培养、职业规划的依据，有利于改变教师在绩效管理中被动、缺乏参与热情等弊端，通过共商目标、激发潜力、修正不足，在帮助教师改进绩效、促进发展、激励教师在实现专业成长的同时，达成高校战略目标，实现高校事业发展与教师个人发展、人才培养质量与学术竞争力“效益最大化”的双赢。

具体到一所高校开展人事制度改革，一般会兼顾新旧体制的衔接、老体制人与新体制人的标准区分，采用以绩效管理与奖惩性评价为显性评价手段，以发展性评价为辅助性评价手段，形成互相补充的复合型评价体系，将在未来较长的时间段内发挥积极作用。

三、开发可持续发展的全面评价实施方案

相比于高校进行自下而上的人事制度改革尝试，政府行为与导引在一定历史阶段对教育改革的推导是最有效率的。

伴随中共中央《关于深化人才发展体制机制改革的意见》（中发〔2018〕4号）等一系列文件的颁布实施，高校在选人用人、师资评价方面获得了更多的自主权，国内众多高校结合办学特点、发展规划及人才梯队建设方案进行着全面深入的人事制度改革，进入了力度最大的改革阶段，标志性新规则层出不穷。高校应借此东风，从管理机构主导、教师发展中心建设、二级单位及高校智库实施、综

合教师专业发展平台搭建等多个角度形成合力，建立起较为完善的复合型师资评价体系及运行机制。

1. 做好激励教师长期专业发展的组织文化建设

一是合理激励，二是提前预警，从实际工作的角度来看，致力为解决部分教师师德师能发展不协调等问题提供有效预警和解决途径。

前文提到，组织支持对提升高校教师满意度与胜任力发挥的影响因子高于教师胜任力绩效结果对满意度的影响，简单说就是组织支持、团队文化、情感支持比结果本身带来的教师满意度、幸福指数要高。

与数据理论研究相匹配的现实趋势，也恰好是我国多数高校作为教师这一人力资源的管理机构开始进入更新观念最具主动性和主导性的积极状态，超越了“重管理、轻服务”“重奖惩、轻发展”的绩效思维导向，在选人用人、考核评价、管理服务等各个环节，都充分考虑了高校作为学术机构知识分子集中、民主意识较强的特点，变“管”为“助”，变“管”为“引”，融管理于服务之中，融要求于支持之中，建立起适度紧张、竞争合理的激励性评价标准，开始营造尊重、信任、激励的大学组织文化，激励教师群体主动贡献、干事创业、人尽其才、人才辈出的环境，调动教师敬业爱岗的积极性与热情。

2. 做好复合型评价体系规划，完善评价主体与评价要素

（1）将教师个人纳入评价主体。

在与高校教师进行了深度访谈、座谈、问卷基础上，发现从职业认同、职业动机能较为客观真实地考察出高校教师的主观能动性和自我评价主导性，能较大程度上影响胜任力的发挥、自我提升与激励，因此将教师个人纳入评价主体，形成完善的"发展性评价主体"结构。如表格 49 所示。

表格 49　个人评价指标

职业认同	二级指标	我适合做教师工作
	二级指标	从事教师职业能够实现我的人生价值
	二级指标	我为自己是一名教师而自豪
	二级指标	在做自我介绍的时候，我乐意提到我是一名教师
	二级指标	作为一名教师，我时常觉得受人尊重
	二级指标	我会注意自己的言行，不损害教师形象
	二级指标	我关心社会如何看待教师群体
	二级指标	有人指责教师群体时，我感受到侮辱
	二级指标	我会积极主动地与其他教师联系，创造和谐的同事关系
	二级指标	对于规定的教师职责，我会认真对待，及时完成
	二级指标	对于未规定或未明确的教师职责，如果有利于学生发展，我会积极参与并认真对待
	二级指标	对于未规定或未明确的教师职责，如果有利于个人发展，我会积极参与并认真对待
	二级指标	我会积极思考如何更大限度地发挥我作为教师的价值
	二级指标	我认为教师职业对促进人类个体发展十分重要
	二级指标	我认为教师的工作对促进学生的成长与发展很重要
	二级指标	我认为教师的工作对人类社会发展有重要作用
	二级指标	我认为教师职业是社会中最重要的职业之一

续表

职业动机	二级指标	我有被教师职业召唤的使命感
	二级指标	没有人逼迫我从事教师职业
	二级指标	有人生偶像吸引我从事教师职业
	二级指标	我之所以从事教育工作，是因为教育使命感的召唤
	二级指标	教育工作让我实现了人生目标
	二级指标	我认为教师职业是实现人生价值的途径
	二级指标	教师职业是我人生意义的重要部分
	二级指标	当我从教时，我努力实现我的人生价值
	二级指标	教师职业最重要的意义是让我可以帮助别人
	二级指标	我最重要的职业目标就是改变学生的人生
	二级指标	我的工作会改善这个世界
	二级指标	我经常评估我的工作对别人有多大的作用

发展性评价应包括4类主体评价，即教师自评、用人单位测评、同行评价、学生评价。通过教师自评，引导教师必须进行反思既有成绩与不足，进行自我规划与前瞻，增加对评价体系的参与感、对组织文化的认同感和向心力。

教师的自我评价过程是一个连续不断的自我反思、自我更新、激发内在动机的过程。教师的自我评价“在于改进，而不在于证明”，[①] 高校青年教师依托自我评价不断反思“我有什么本领，我要学什么本领，我如何学习本领”，最终通过勤于学习“练就过硬本领”。首先，依托自我评价客观认识自我。高校青年教师应该依托

① 谢永朋 . 高校青年教师持续专业发展动机的激发策略研究［J］，2019，4：100-103.

自我评价反观自我需要和自我价值，理解个人的需要、审视个人的不足、知晓个人的特长，这种自知之明是学习具有自主性和持续性的前提条件。学记中言：“知不足，然后能自反也；知困，然后能自强也”。高校青年教师通过自我评价知己不足，知己之困，然后拥有“自反”“自强”的发展意向。这也是自我评价在高校青年教师持续专业发展过程中发挥激励作用的过程。其次，依托自我评价定位自身角色。最后，依托自我评价认识自身变化。教师必须能够感受到自身能力的积极变化，或者觉得自己能胜任教师这个职业，也就是具有较高的自我效能感。取得让自己满意的成果是自身变化最为直接的表现，“任务的成功作为动机的成果，将成为动机的又一个来源。这是经典的反哺现象”。

（2）进一步细化如何对教师队伍进行“分型分类分学科”①

政府对人才发展改革的决心、方法与策略是师资评价与激励的有力指挥棒。

中共中央、教育部近两年内相继颁布教师队伍建设改革意见文件之后，各省市分别结合各自高等教育发展程度、高层次人才发展状况进行了文件解读与方案制定。以北京市为例，中共北京市委办公厅与北京市人民政府办公厅联合颁布的《关于深化职称制度改革的实施意见》（2018 年 9 月）将“分学科”进行了更为透彻的解读：对基础研究人才，重点评价其原始创新能力、成果科学价值、学术水平和影响力；对技术开发和应用推广人才，重点评价其技术创新和集成能力、解决技术应用问题的能力、取得自主知识产权和核心

① 教育部 . 关于深化高校教师考核评价制度改革的指导意见 .（教师［2016］7 号）.

技术突破、成果转化和对产业发展的实际贡献等；对科技管理服务人才，重点评价其技术支持能力、服务对象满意度、行业评价认可度等；对哲学社会科学人才，重点评价其在推动理论创新、传承文明、咨政育人、学科建设等方面的能力和贡献。中共中央、国务院于2020年10月13日印发的《深化新时代教育评价改革总体方案》再次强调“根据不同学科、不同岗位特点，坚持分类评价”方针。

从实际调查研究中发现，科学合理的分层分类，以恰当的岗位类型、岗位职责、职称等级、学科群特性来评价教师，才能使教师对自身的教学胜任力、科研胜任力的测评指标给出恰当的自我评价，保持信心，避免受挫，保持胜任力的可持续提高。

表格50　胜任力评价指标

教学胜任力	二级指标	我廉洁自律
		我积极奉献社会
		我有丰富的学科知识
		我有合理的教学目标设定
		我有足够的沟通能力
		我的教学内容安排科学合理
		我的语言表达准确到位
		我有丰富的教学实践性知识
		我有合适的教学方法
		我有足够的教育技术
		我的课堂组织严谨
		我的师生互动活跃有效

续表

科研胜任力	二级指标	我有足够的幽默感
		我对教学对象分析到位
		我的教学研究充足
		我有充分的获取知识的能力
		我有足够的学术鉴别能力
		我有足够的科学研究能力
		我有足够的学术交流能力
		我有足够的学术创新意识
		我有足够的学术创新能力
		我有足够的学科交叉能力

具体到一所高校，在对学科进行大类划分的同时，一方面应考虑学校怎样组建“学科群”及发展规划、各学科群发展需要什么样的团队与个人去建设，进而细化具有学科特色的评价标准。另一方面，从“学科”内部，应细化到区分“专业”进行评价。例如，同样是“外国语言文学”学科，大语种与小语种、亚非语言与欧美语言在专业特点、讲授方法、与语言相关的国别文化等方面都有较大差异，由此产生的课堂质量评价标准、学术成果形式与评价标准都应体现特色。有的高校已经成功尝试将国别研究内容、思政课程与专业课融合作为小语种课程的教学评价标准，将咨政报告、对策性国别研究报告作为论文成果的补充形式，作为小语种专业教师的学术成果和“代表作”，从教学评价、科研评价两个维度体现了“分层分类分学科”尝试。

3. 理顺四方关系，建立合理的评价逻辑

发展性的自我评估不是与他人做比较的横向评比，而是对自身成长进步的自我反省。“大学教师评价的目的是促进教师个人、学科、大学的发展，其中教师个人的发展是第一位的”（沈红，《论大学教师评价的目的》《高等教育研究》2012 年第 11 期）。笔者认为，应加上一方即学生的发展，形成评价逻辑中的四方关系。高校教师评价是为了帮助教师找到自己的薄弱之处，发现自己的发展路径和努力方向，因此，应该坚持评价的发展性，以高校教师的可持续发展为出发点和落脚点，以努力实现高校教师的可持续发展和自我提升为最终目的。不可将教师视为一类可规训和塑造的客体，从而忽视了教师作为人的主体性存在这一事实。高校教师的职责不仅是研究学问、自我提高、实现自我发展，更重要的是教书育人，而且，“高校教师应该深刻地认识到，教育的价值不仅仅是传授给学生知识，更重要的是让他们具备自我发展、创新的能力。

四、实现理论建设与校本研究有机结合

1. 破除五唯评价桎梏，完善适合本校教师的“代表作制”评价体系

2018 年习近平总书记在全国教育大会上指出，要深化教育体制改革，健全立德树人落实机制，扭转不科学的教育评价导向，坚决克服唯分数、唯升学、唯文凭、唯论文、唯帽子的顽瘴痼疾，从根本上解决教育评价指挥棒问题。《深化新时代教育评价改革总体方案》（中共中央、国务院 2020 年 10 月 13 日印发）强调，“淡化论文

收录数、引用率、奖项数等数量指标，突出学科特色、质量和贡献，纠正以片面学术头衔评价学术水平的做法”，并且指出“要突出质量导向，重点评价学术贡献、社会贡献以及支撑人才培养的情况，不得将论文数、项目数、课题经费等科研量化指标与绩效工资分配、奖励挂钩。”

“代表作制”正是破除五唯评价桎梏、实现质量导向、帮助教师突破胜任力天花板的有效途径，其前提是前文提到的对教师按照学科、岗位分型（教学为主型、科研为主型、教学科研型、社会服务型等）、专业类别等进行科学分类，难点是依据分类后不同群体的特色，列出评价师资水平的阶梯式评价标准。

（1）代表作的形式要具有多元化与可行性。

除论文、专著、译著、教材外，各高校应依据本校具有的学科群、教师分类类型、师资队伍中长期发展目标、学校中长期竞争力目标来建立多元化的“代表作”清单，将精品课程、教学课例、疑难病案、专利技术、文学作品、戏剧影视作品、工艺作品、咨政成果、专题性研究报告、被业界采纳的高质量实施方案、法律法规、行业标准等纳入胜任力评价要素和指标体系中。

（2）代表作的评审要进一步优化“同行评议”制度。

在职务晋升、优秀教师及精品课程评比、优秀科研成果奖项评选、高水平项目评审中，都涉及对教师的代表作成果进行评定级别，只有在评审中认真贯彻同行评议制度，且保障校外专家、校内专家的合理比例，设计好评审环节、评审打分要素、做好保密及程序执行的科学严谨，才能保障同行评议结果的公平公正，实现代表作成果对师资水平的真实反映。

2. 实现校系两级联动的党建引领、因材施评、倡导协同

（1）落实“双线”晋升强化党建引领作用。

高校教师立德树人的任务内涵中明确包含对大学生的价值观的塑造与引领职责，胜任力要素中明确包含实现思想政治的先进性、合法性，并且有能力通过课程思政与知识传授落实“培养能担当民族复兴大任的社会主义建设者和接班人的根本任务”。在实际工作中落实“双线”晋升激励机制对保障高校教师队伍的思想政治工作确有成效。按照“双带头人”标准选优配强教学一线党支部书记，按照守信念、重品行、有本领、敢担当、讲奉献的要求，配强支部委员和专兼职组织员。将教师党建工作队伍教育培训纳入学校人才队伍建设总体规划，定期开展专题培训，特别是根据支部换届情况加强党支部书记、支委的党务知识培训。推动教师党建工作队伍专业化、职业化建设，推动落实职务职级“双线”晋升办法和保障激励机制，实行职务（职称）评审单列计划、单设标准、单独评审。

（2）依据职称级别层级高低，因材施评。

区分不同职级教师的考核重点，细化、优化对正高级职称专业教师的职级晋升与聘期考核标准，以考察其重大科研项目、公关项目、社会咨政服务的孵化组建作用、培养青年优秀教师、组建高水平专题团队为主，以考核其个人成果为辅；细化对副高级职称及讲师的晋升及聘期考核，在考察其个人教学能力、学术能力的同时，还能量化其对学科建设、团队建设、院系建设的贡献力，强化教师的团队建设意识和奉献精神，为实现高质量集体备课、提升人才培养的飞跃打好基础，为获取重大集体攻关项目、创新度高的国家任务及社会服务项目做好人才资源的结构性准备。因此，需要搭建一个以学科带头人的组织能力、学科组成员的贡献度、学术平台及学科综合实力测评为三要素进行统筹管理评价的体系。

（3）将协同创新能力作为教师晋升及长期发展的考评标准。

高校核心管理及决策机构应将协同创新能力的考量纳入考评要素，依靠晋升及聘期考核体系的指挥棒作用，有效拉动师资的整体水平与梯队培养，从培养优秀的教师，到培养优秀的教学团队负责人；从培养优秀学者，到培养优秀的“学术领袖”；从激励学科规划，到激励出卓越的学科构建大师即领军人物，通过对“协同创新能力”的考察，实现师资队伍整体的飞跃式发展。

3. 实现全视角评价结构

（1）建立组织结构、教师个人、同行评议、学生评价四位一体的评价主体模型，将组织引导、尊重个体相结合，提高评价的完整全面性。

教师的不断自我持续发展才是“道德的”。教师必须在德才两方面都堪为表率，教师自身不发展无以育人立人。师德传承是教师发展的内在逻辑，是一种职业素养、职业精神，指引着教师追求师德的最高境界。

如果不注意维护教师的自我评价意识、提高自我评价比重，就会导致教师为了迎合外界评价而急于著书立说、实现数量竞争，在研究还不成熟，相关成果还没有形成体系时就匆匆出版。出现只要有课题就盲目申报，申报的课题仅仅以能立项为出发点，很少考虑自身研究领域的一惯性、连续性，无法形成致力于一生的研究领域。如果教师丧失了评价的主体地位，也就失去了自我评价、自我提高、自我反省、自我发展的机会。更为关键的是，如果评价管理行政化将教师作为管理的对象，简单地以奖惩为目的考核教师，会严重挫伤高校教师科研和教学的积极性，侵占教师的自由发展空间，减弱教师教学积极性，压制教师反思意识和创新意识。毋庸赘言，教师评价是对人的评价，并且最终目的是为了促进人的可持续发展，而不是促使教师成为按照一定工序完成任务的“工具人”。

4. 对师德评价合理运用

将师德表现作为教师年度考核、岗位聘任、职称评审、导师遴选、课题申报、评优奖励、公派出国等工作的首要标准和依据，院（系）党组织要建立健全教师师德考核档案，完善师德评价内容和方法，实行师德“一票否决制”。对师德表现突出的教师，予以重点培养、表彰奖励；对师德表现不良的，及时劝诫、督促整改；对师德失范的，依法依规严肃处理。

实施教师党支部书记“双带头人”培育工程，定期开展教师党支部书记轮训工作，提高政治能力和政治本领。配齐建强思想政治工作队伍和党务工作队伍，完善选拔、培养、激励机制，形成一支专职为主、专兼结合、数量充足、素质优良的工作力量。坚持党的组织生活各项制度，创新方式方法，增强党的组织生活活力。

5. 形成评价理念和工作机制框架

（1）合理、均衡评价引导教师均衡发展。

教师评价是调节教师专业成长的杠杆和导向，既要避免不顾教师专业成长规律，也要避免评价标准过高或在评价中实行"一刀切"的情形，防止造成部分教师放弃自身专业发展，或出现急功近利甚至有违学术道德的心态，引导教师成为学术研究上的"创作人"，教书育人上的"引路人"，道德上的"领路人"，服务社会的"实践者"，使教师的持续发展具有源头活水、根深叶茂。

表格 51　学生对高校教师师德建设体系指标评价①

	很好		较好		一般		差		均值	标准差
	人数	百分比（%）	人数	百分比（%）	人数	百分比（%）	人数	百分比（%）		
总体素质	1386	49.9	1170	42.1	169	6.1	55	2.0	1.6	0.693
职业道德素质	1468	52.8	1012	36.4	270	9.7	30	1.1	1.59	0.708
教学效果	1308	47.1	1078	38.8	358	12.9	36	1.3	1.68	0.741
教学态度	2385	85.8	256	9.2	106	3.8	33	1.2	1.2	0.557
关爱学生	2464	88.7	164	5.9	120	4.3	32	1.2	1.18	0.548
教师自律	1986	71.4	554	19.9	212	7.6	28	1.0	1.38	0.670

（2）建立"全过程教学"评价体系。

将课前准备、备课过程、授课现场、课下互动、指导实习实践、毕业论文指导作为教育教学能力评价的范围，将教师在组织课堂教

① 郑钮，闫明，于长海.高校教师师德建设调查与分析——以沈阳市高校为例.兰州教育学院学报，2016，10.

学、开展课外活动、管理班集体和引导学生自我教育、自我管理、职业生涯规划等方面表现出来的组织管理能力作为综合教学能力考核要素，将教案、课例、实践实习教学报告、讲义、教材作为教学成果并纳入“代表作制”，形成“全过程教学”评价体系。

（3）形成“科研融合”考察角度的科研能力评价标准。

科学研究是高校的重要职能之一。为了提高人才培养质量，学界及政府提出引导教师发展“科教融合”能力，打破了通常意义上认为“研究能力”只有科学研究和教学研究两个方面的局限，新增了教师将前沿学科最新理论成果、研究方法、自身学术成果的研究过程与经验充实到教案、课堂教学、带领学生共同进行学术攻关等评价标准，这一评价标准将作为新型指挥棒引导教师将开拓学生的理论视野、提升学生的思维能力、培养符合现代教育目标的合格人才作为己任，形成更为卓越的育人能力。

（4）从学科特色出发，注重溢出效益评价。

高校通过教师发挥学科优势推动社会某一领域的发展来发挥高校“社会服务”这一使命。教师的社会服务能力主要包括：在校内承担的社会工作及其效率，校外承担社会兼职的社会效益和经济效益。主要评价指标可以结合指导学生社团活动、主讲的学术或拓展学生素质的相关讲座、主持或参与服务地方经济社会发展的横向项目研究、承担社会兼职履行情况等方面。社会服务能力评价将促进教师将学术研究用于相关社会领域及国家建设中，通过可以量化且可以体现在薪酬待遇上的评价体系，鼓励教师通过课堂、指导学生实习、毕业设计等方式，积极引导学生关注社会、促进社会发展的能力，帮助学生树立公德意识、服务意识、爱国意识、职业发展意识及全方位积极正向的能力素养，从而发挥出高校培养四有青年和优秀社会建设者的功能。

本节详细介绍了评价激励体系整体设计的指导思想、复合型师资胜任力评价体系的建构、教学科研胜任力要素更新的全面评价实施方案开发，结合校本情况落实校系两级联动的党建引领、因材施评，构建了较为完整、清晰的评价杠杆，接下来的一节将结合杠杆作用发挥的预期目标，详细论证如何通过学校管理层与教学科研单位等二级单位的两级联动，从选人、育人、用人等多方面的有力措施实现教师师德与师能全方面胜任力的提高。

第三节　校系（院所）两级联动提升教师胜任力的发展路径

潘懋元先生在接受《社会科学家》杂志采访时说：宏观是政策制度方面的研究。微观是教学方面的研究，主要指课程、教材、教学方法这些方面，还要研究教师的发展。教育管理部门所关心的主要是宏观的政策制度，但是真正提高教育质量是要落实到微观方面。

本书以高校教师胜任力为研究对象，以提出具有创新性的发展路径与实现方案为研究目标，必然不能按照“头疼医头，脚疼医脚”式的思维方式去分散讨论如何提高教师的育人水平、教学能力、科研能力、社会服务能力，而是从落实科教兴国、人才强国战略的高度，通过对教师直接归属的“二级教学科研单位”的权力、职责、绩效进行重新梳理，由此实现纲举目张、以点带面的人力资源两级管理改革，由二级单位依据学校的整体发展目标与政策制度要求，依托相应学科的发展规划、专业的发展目标、育人的长期计划对教师队伍的梯队层次与胜任力水平进行有理有力的组建、培育与发展。

一、从传统的“二级教学科研单位”转向“智库”视角

高校通过教师群体胜任其职责，达到以知识产品来培育人才、人才强国的目标，以知识生产转化为决策能力的方式来提高所属学科在推动国家建设、文明发展领域的绩效，实现出思想、出决策、出人才的综合发展之路，亦使高校在提出战略决策的同时将有效的决策研究成果回馈并补充到学科研究的内容、观点与体系中，回归到助力学科建设、推进科学研究、提高教学学术水平等高校自身的发展任务，实现“专业提高与育人结合，学术研究与学科结合，决策实践与社会服务结合，从实践再次回归理论研究上的专业与学科发展”发展圆环。从理论和现实层面，半数以上高校的二级教学科研单位已然转变并发挥着智库的五大功能，因为没有一个学科不参与国家建设与文明发展。

高校不再是传统意义上仅以培育大学生为目标的教育机构，而是实现国家战略的智库堡垒。同样，传统意义上的二级院系及科研院所，也不应是任务单一的“教学科研单位”，而应向校级智库转变乃至独立发展为国家级研究重镇、国家级智库，以整体战略发展的视

角，在专业与学科发展的视域下进行人才培养，在人才培养过程中提炼升华知识创新能力，以“智库”建设的视角来定义二级机构的责任，以智库人才的标准来更新高校教师的胜任力要素（见图 18）。

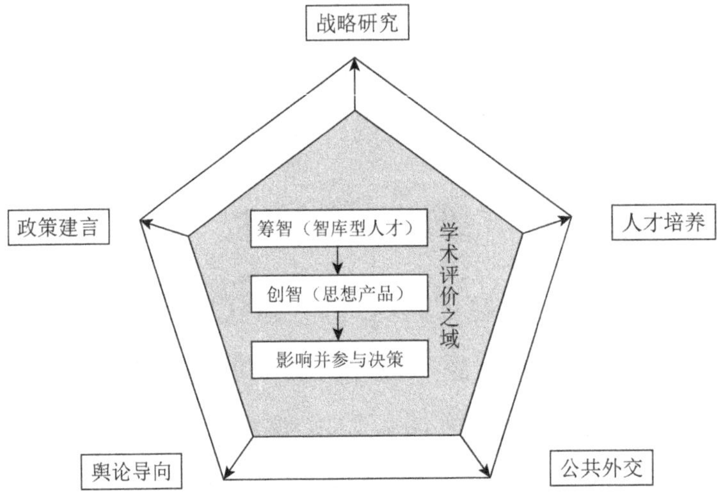

图 18　示意图

二、从“教书育人”单一身份转向“智库型复合人才”

中国传统的知识教育与学术传承主流观点，从来不是倡导“为了学术而学术”“为了育人而育人”，而是提倡“仕而优则学，学而优则仕”（《论语·子张》），鼓励“经世致用”，追求“成圣成贤”，学者以能够获得“治世”的贤德与贤能为荣。中国及世界范围内的高校教师、高层次知识分子通过参与教育法律法规、学历学制研究、人才培养规律及实施方案、学科发展规划纲要对教育发展的顶层设计体现出高屋建瓴之功，科技创新、行业革命、社会制度文明建设、政治经济政策微宏观调控等关系国家命运的重大举措亦是诸多高校教师的扛鼎之作。因此，相当比例的高校教师已经成为或正在成为着智库型复合人才，这一新的使命身份转变可以更快速、更明确、更主动一点！

1. 中国式的“治学”与“入仕”

近 10 年来，高校教师的身份与能力，均出现了多元化趋势，虽依然有以讲课教学为专长的“教学型”教师，但是越来越多的高校教师成了即能站好讲台、教书育人，也能著书立说、咨政建言，还能胜任行业协会职务等社会兼职，在人事关系上属于某个二级院系，在学科群关系上堪当该高校甚至该地区的翘楚，在合作关系上属于某一领域或某几个领域的专家，在地域关系上可以知名于国内乃至全球。这使得现代大学也呈现了中国式的“治学”与“入仕”模式，相当比重的高校教师发展成为能胜任“知识—决策—国家治理”的智库型复合人才、国际化人才①。

中国对“治学”与“入仕”密切关联的研究与社会实践，早在春秋时期即已开始，绵延数千年，有许多可借鉴之处。无论是以教学、育人为侧重点的二级院系，还是以科研、咨政为重点二级科研院所，当代高校教师均应重新审视自己的身份与角色定位，有充分的民族自信与文化自信，从管仲（《管子》）、王安石（《临川先生文集》）、王阳明（《王文成公全书》）及至梁启超等近代多位著名的学者型政治家、政治家型学者汲取治学智慧、入仕勇气，利用信息科技与决策平台、发布与传播评价、人才培养平台，将知识与学术研究的对策研究功能发挥到最大功效。

---

① 王静．高校智库建设对学术评价体系改革的影响［J］．北京教育，2015（10）．

2. 中国式的师德标准与价值观自律

正如现在对“生态文明”的研究借鉴中国传统文明中“人与自然”的和谐相处智慧一样，中国式的“治学”与“入仕”，始终体现着“德治”与“仁治”的政治智慧，彰显“内圣外王（自身达成高尚的道德与智慧，实现社会理想与治理）”的政治主张，即实现人格理想、社会理想的统一，达成经世致用、教育兴邦的国家战略。因此，高校选人、用人也应当始终坚持对“正义”的价值理性与追问，坚持社会主义核心价值观和政策主张，坚持正确的文化立场、政治立场、价值理念，是高于学术评价之上、构成学术评价基础和重要内容的基本原则，应始终坚守牢固的政治立场、民族立场、文化自信立场，同时以开放的学术心胸、广阔的学术视野、践行扎根于国家需求的学术知行观。接下来的一节将详细分析并建立选人育人指标体系。

三、选人育人“胜任”标准要素的上下两级贯通

1. 选人即“筹智”阶段：师德师能从严从紧，不以短期效应与应急心态选人

（1）师德评价标准从高，意识形态把关从严。

从无数背离师德要义、背离国家与人民、给社会造成严重危害的负面案例教训中，国家与高校开始更为有力的落实高校教师思政政治工作，明明白白抓党建，坦坦荡荡谈方向。在2016年12月召开的全国高校思想政治工作会议上，习近平指出加强高校师德师风建设要坚持“四个统一”，即“坚持教书和育人相统一，坚持言传

和身教相统一，坚持潜心问道和关注社会相统一，坚持学术自由和学术规范相统一”。教学和科研是高校教师教育实践的两大重点领域，“前两个统一”是在教学方面的要求，“后两个统一”是在科研方面的要求。“四个统一”是教师的思想、道德、学识、作风在这两大领域的具体体现。

学校及院系党组织应不断提高政治站位，从推动党建全面进步、全面过硬的高度，准确把握选人、用人的师德师风考核工作定位，从制度建设、日常教育监督、舆论宣传等方面切入，强化师德师风正向激励，严格师德师风考核，有效凝聚师德建设合力，扛起师德师风建设的主体责任，将发挥院系党组织政治核心作用落到实处，坚持党对高校师德建设工作的全面领导，始终坚持正确方向，充分发挥党建引领师德建设的能效。加强党对教育工作的全面领导，坚持社会主义办学方向，确保教师在落实立德树人根本任务中的主体作用得到全面发挥。

（2）借鉴“旋转门制度”，杜绝“走马灯现象”。

如前文提及，日常多谈及“学而优则仕”，因为这是“士之常”，即学者成为参政议政、参与社会实践建设，最常见的路。完整出典是“仕而优则学，学而优则仕”中，还提到在政府、企业、行业历练获得提高之后，也可以进入教育机构成为教师，即“仕而优则学”。“优”并不是“优秀”之意，朱熹与钱穆先生的注解均指“有余力”。治学与从政发挥良性互动的前提必须是“有余力”，才能做到“仕而学，所以资其仕者益深。学而仕，所以验其学者益广”。

常见于美国高校的“旋转门”制度指因政府换届等原因而实现

官员与智库建设人员在独立智库或高校智库与政府之间进行交流、轮转，在研究者与执政者之间进行角色转换。“旋转门”机制使得智库的舆论影响力渗透到政策制定的方方面面，智库作为政府人才供应场的作用在很大程度上是行政精英渗透的结果，保持着知识生产与社会权力、学术与政策之间的一致性、传承性。

因此，在“筹智”即高校内某一院系、学科、科研院所在遴选教师或研究人员时，应将“有余力”“有充足的时间保障”投入教书育人与学校科研任务当作首要的评价标准，杜绝选人用人出现“走马灯”现象，禁止为了获得更多资金支持与政策支持、实现高校发展的短期效益，从政府官员、业界精英、国内外学界领军人物中“拉人头”“建山头”“挂名头”。

（3）以善于进行合作研究、具备开放的合作心态为胜任标准。

较为直观的描述是，有良好的合作意识与合作能力应是选拔教师的标准之一，具备良好学术合作口碑并按期结项的省部级及国家级项目的建设经验、具备组建并保持良好合作与创新态势学术团队的经验应是实践层面中选拔高校教师、学科带头人、专业带头人的评价标准。

（4）以“接地气”“出成效”为胜任与绩效考核标准。

接地气，一是指能深入浅出传授知识，帮助大学生、研究生掌握前沿知识并形成能力，不能只固守于个人的教学习惯而不能实现以学习者为中心，不能只专注于个人研究兴趣而不能将学科知识转化成育人实效。二是指，没有哪一个学科可以脱离国家需求与社会文明发展需求，教师开展学术研究应以国家及所在城市的综合治理与建设来开展，尤其是首都、直辖市和省会城市等大城市，是高质量人才和高品质智库汇聚之所，多元化、多层次的人才结构，更呼吁科学的成果评价制度出台，强化决策人才的实践精神、激励对于城市建设做出突出贡献，“接地气、出成效”，才能产出重大决策性成果。因此，选人环节应注重考查教师的前期研究习惯、研究导向，将投入国家及城市建设、实现学科的社会服务功能作为选人标准与胜任标准。

（5）建立师德舆情反应机制，建立师德重大问题报告制度。

对于师德建设中出现的热点难点问题，要及时应对并有效引导。组建校、院（系）两级师德舆情监控信息员队伍，通过各种渠道全面收集学校师德舆情信息，及时了解和掌握学校师德舆情动向。对于舆情反映的突发性师德重大问题，校院（系）两级上下联动，迅速启动应急预案，认真调查核实。如情况属实，按照规定程序严格查处，尽快消除负面影响；如与事实不符或者出入较大，要及时予以澄清说明。基层单位发现师德重大问题，要在第一时间调查核实并按权限做出处理或提出处理建议，并及时向党委教师工作部和相关部门如实报告，不得迟报、漏报、瞒报、谎报。

3. 用人即“创智”阶段：将知识产品转化能力作为用人考察的胜任标准

高校及二级单位应对“成果转化”进行广义理解，不断丰富其评价指标，将学术及战略性对策产品在发挥“决策影响力”“人才培养功能”“传播与普及功能”“舆论引导”“公共外交”等方面的贡献，作为教师胜任力可量化的评价指标。

（1）保持用户导向为主，立足知识评价为辅。

与科技知识的实践应用不同，人文社会科学知识加工为战略性决策后的社会推动力，可以体现为以下三种形式：一是工具性运用，即实质性地服务于特定问题的决策；二是符号性运用，即用研究结论为某种政策立场提供注解；三是概念性运用，即运用理论或假设，为重新界定问题提供新的思路。

因此，对于人文社科学科群为主的高校，以政府、大型企事业单位等决策性思想产品的用户评价体系为主，在选拔高校教师时，应注重考察其是否关注自身知识产品的合理性、恰当性、改善力度、改善时效等指标，是否具有主动关注学校整体发展战略、学科建设的前瞻性、预测性。

（2）评价导向上下一致，做到人才合理流动与补充。

学校组织管理层面与二级单位应该做到在评价标准、评价理念、评价口径上的上下一致、同心同德，以人才分类发展、分类管理、分类评价制度建设为重点，完善岗位管理和聘用制度改革，形成人尽其才、人岗相适、人事相宜的良好用人氛围。优化流动岗位设置，吸引国内外优秀人才到学校兼职，支持孔子学院教师和援外教师成长发展。以聘期考核为导向，探索准聘与长聘相结合的聘任制度，做到能上能下、能进能出，实现教师队伍的有效更新、密切合作、绩效发挥最大化。

（3）将具备积极正向的公众形象、注重成果传播与公众引导作为胜任标准。

无论是个人，还是作为机构的高校，公众形象的树立都需要长期的努力并依循传播科学的策略，而一旦有损也需要非常多的公关努力、持久的时间才能消除不良影响。

当前中国高校较为普遍存在的问题是与媒体、公众的距离较远，对开展知识产品的传播、舆论引导的意识不足、力度不大。走上媒体、走进公众、扩大传播，打造高端发布平台，是未来高校建设的重要方向之一，因此对高校教师的胜任力要素评价中，应充分考虑选拔招聘的教师是否具备积极正向的公众形象，具有良好的沟通、表达、影响发挥等媒体公关能力。同时，发表科研论文、提出对策性思想产品，不应该成为教师与科研人员开展研究的终点，而应该是实现多种成果转化、将之通过媒体传播、引导公众舆论、融入人才培养过程、经过社会实践验证又回归到学术研究、学科建设这一新的循环过程的起点。因此，对包括学术研究成果、对策性思想产品，在上述体系中的贡献均给予不同侧重的量化考核、激励评价，建议根据传播效果、影响力、媒体规模等量化标准，

（4）把多层次、多形式地输出成果，提升国内、国际的影响力纳入评价标准。

学校与二级单位应形成并完善在全球媒体上的成果发布机制，为参与行为与贡献给以量化评价提供基础，注重高校智库与媒体的互动，构建政策效果和社会影响反馈机制。要根据研究成果的不同属性，以内部决策专报、公共学术报告、报纸、电视、电台、网络与自媒体等不同形式扩大成果的影响力。

（5）强化青年教师后备培养。

学校着眼师德建设与能力提升相结合，教师成长与学校发展相

结合，骨干培养与整体提升相结合，着手制定《关于加强青年教师队伍建设的实施意见》，制定配套文件《新教工入校教育管理办法》《青年骨干教师培育计划实施办法》等，着力完善体制机制，为教师全方位发展提供制度遵循。以社会主义核心价值观为引领，推动青年教师开展多种形式的学习考察、调查研究、志愿服务等，选拔选派优秀青年教师校内外多渠道挂职锻炼，搭建平台、建立基地，着力强化青年教师服务社会尤其是服务首都"四个中心"建设的使命感、责任感，探索建立跟踪培养机制，发现培养一批骨干教师干部后备人才，构建后备人才库。

四、实现薪酬体系与支持体系的合理杠杆效益

薪酬体系的搭建与改革是人事制度改革的难点，也是最终发挥激励作用、实现改革效果的环节。一般高校都会采取增量改革，以知识价值为导向，减少改革阻力，学校做大"蛋糕"的同时又分好"蛋糕"，让教师在改革过程中收益上升，间接激励教师发挥主观能动性进行自我职业发展提升与胜任力水平。建立起与复合型师资评价体系相匹配的薪酬设计方案，能实现教师发展与学校发展的双赢。

推进高校教师薪酬制改革也是《关于全面深化新时代教师队伍建设改革的意见》提到的关键问题，建立体现以增加知识价值为导向的收入分配机制，扩大高校收入分配自主权，在核定绩效工资总量内自主确定收入分配办法，科技成果转化为奖励收入，不纳入单位工资总额基数，且不断完善适应高校教学岗位特点的内部激

励机制。

发展性评价体系关注教师当前的利益、未来的薪酬奖励利益，更容易得到青年教师的接受与支持。结合本文第二部分提到的将建立“全过程教学”评价体系、“代表作制”、体现科教融合创新力的评价要素等评价标准，应将以下两方面进行量化体现在薪酬评价中：

1. 量体裁衣、阶梯定价，将发展性教学质量评价的结果引入绩效工资的分配

高校教师职业是建立在高校教师的教学能力、学术能力、合作能力之上的，由教师教学能力所衍生出的课程成果、教学奖励、优秀教材，由学术能力发展出的学术竞争力、自主发展进程、重要研究成果、社会服务是具有个性化特点、岗位特点、学科特点的，其所产生的个人学术职业价值和学术产出价值是因人而异的。高校要为不同岗位级别、岗位分型、学科大类的教师建立梯度合理、评价科学、激励适度的薪酬制度。

发展性师资评价将教案质量、课后指导、指导学生实习实践、指导毕业论文及设计，作为课堂质量评价的补充，纳入教学质量评价体系后，体现在教学质量评价结果与排名中，部分高校已经开始尝试进一步量化到薪酬梯级的设定中，采用课时费阶梯定价的方式，对于教学质量评价排名前 10%、前 20%、前 30% 的教师，采用按相应比例提高的课时费标准，对教学质量排名后 10% 的教师，适当减少每课时的课时费，以促进教师从数量和质量上完善教学工作，实现薪酬和教学的“质”挂钩，而不是和“量”挂钩，从而起到从根本上提升教学质量的目的。

2. 科学评价，关注后期，将科研成果、社会服务的后期效果与影响力，通过同行评议产生评价结果

为学校和教师带来持久声誉的是科研成果与社会服务的创新性、有效性、引领性。因此，将科研成果在一定期限内的被引用次数、社会服务产品的后期效应与社会反响、对国家重大问题进行对策性研究的咨政成果作为教师胜任力评价的标准，形成以评价体系改革落实“组织支持”，这一组织支持可以提高教师满意度，从而持续激发教师提高社会服务绩效。

第四节　教师发展中心的任务与定向服务

全国高校范围的教师发展中心自2014年之后陆续建立、发展，成规模、上层次。一方面，高校教师发展中心的主要工作职责是为在校教师专业发展提供服务，帮助教师进行教学理念、教学技能、教育技术的提高，使教师的教学和科研水平都有所提升；另一方面要注重教师自身的成长，如职业生涯规划、职业素养提升、心理资本增量、职业幸福感增强等，成为促进教师发展的协调者、促进者。

一、“教师发展”的内容与目标

教师是一个始终在路上、在发展的职业，是一个需要个体持续保持专业能力与职业道德发展提高的职业。教师在不断实现自我完善的过程中，才能实现对人才培养使命的完成，在胜任教师使命的过程中成为“教师”。

中国本土文化中对教师的职业特征与使命要求描述非常详尽，具有代表性的评价是在《史记·孔子世家》引《诗经·小雅·车辖》名句“高山仰止，景行行止”赞颂孔子的高尚品德与渊博学问。“仰之弥高，钻之弥坚”① 描述的正是不断努力提升人格境界与学识水平的师者特质。

1991 年美国教育联合会（NEA）对教师发展做出了全面界定：教师发展包括四个方面的发展，即个人发展、专业发展、教学发展和组织发展。中国学者叶澜归纳出教师专业发展的三维度：一是指教师的专业发展过程（教师生涯）；二是指促进教师专业发展的过程（教师教育）；三是上述两种观点兼而有之。可以概括得出：教师发展是个体的、与其专业背景契合的、与育人使命伴随的、与组织支持互为表里的。本节计划通过在已有“教师发展”相关研究的基础上，阐述其主旨要义，厘清研究过程中的常见误区、局限，探索教师发展研究的新意蕴、新领域。

1.“教师发展”不仅仅是什么？

（1）发展不仅仅是学历提升、职称晋升。

教师是一个发展着的主体，“发展”是教师生存的价值所在。学历与职称的提升必然需要教师从一个阶段的教学、科研、社会服务水平提高到高一阶段的水平才能实现，但是“发展”的内涵与外延

---

① 参考《论语·子罕》.

大于“学历及职称晋升”。

学历的提升可以提升青年教师的理论水平，但是却不一定能做到理论与实践的统一。因此，高校在支持专任教师提升学历的同时，应引导、培育教师尤其是青年教师进一步实现科研与教学的融合，通过评价导向、学术共同体引导等团队氛围帮助教师尝试将前沿学科研究融入教案与学生学业指导中，实现伴随学历提高而达到的更高水平的教学能力、综合育人能力。

（2）发展不仅仅是奖项获得、项目获立。

近年来各高校都在完善“教学及科研成果认定体系”，以此作为师资水平评价体系的基础，教学科研项目、论著及咨政成果作为教师晋升职称的重要指标之一，例如主持了多少个国家级、省部级的科研项目，发表了多少篇核心期刊论文，获取了多少项科研成果奖，争取了多少科研经费等。一方面，这些标准与目标，成为锻炼教师尤其是青年教师的平台，激励教师完成一项又一项新任务，拓展学术研究的新领域，但是也容易导致教学与科研的失衡，导致育人水平的下降、专业发展不平衡且持续性不强。

学历水平与职称职级的提高、优秀教学科研成果的产出，是教师获得发展的呈现结果，但不完全等同于发展，需要依赖科学合理的师资评价体系实现教师的可持续良性发展。正如绝大多数高校都在推进着人事制度改革，岗位聘任、职务晋升都应是一种具有合理梯度的评价体系，对高一级职称职级的教师有着更高的教学及科研水平评价的要求，例如承担更具有实践意义的教学改革项目、完成更高水平与标准的教材编写、出版更具学术影响力的著作等。因此，学历及职称晋升之后的岗位聘任考核、年度考核、师德考核等综合评价工作，以及评价制度、机制的创新，是继续引导教师进行专业发展与师德水平发展的有效外在保障。

2.“教师发展”是什么？

（1）高校教师的发展是保证师德与师能互相促进提高的过程。

本书前四章通过理论论述与调查实证分析，得出的结论是高校教师的人格特征、职业动机和师德素质对其胜任力水平有正向直接效应，其中师德素质对胜任力水平影响最大，人格特征可以通过职业动机中介影响胜任力；职业认同和师德组织支持感知均可以通过师德素质中介影响胜任力水平。

没有价值观引领与高尚师德职称的教学科研，是一份“工作”；具备了对教育事业、对学生、对学科建设的奉献精神，教师工作才是一项“事业”。因此，教师的发展是通过在变化的外在环境中不断地内省、反思来“守护初心”，合理疏解外在环境的压力与动力，恰当寄托并实现合理的职业情感意志，获得螺旋上升式的职业认同与自我能力认同。通过提升理想信念与职业道德的境界，将教师个人发展的需求融入教育生态链中，以教育思维和教育方法引导教师个人价值取向的发展，并且实现教师个人价值取向与教育需求价值相一致，教师以个人价值促进教育价值和高校的发展，通过师德与师能双向提高，获得专业发展、人格提升、综合职业发展。

（2）高校教师发展是与学科、前沿教育技术互相促进的过程。

一名合格的高校教师，能将学科与专业领域的前沿知识内化为个人的专业能力，与行业、学科、专业的发展保持同步，能将在线课程、MOOC、多媒体教学软件等教育技术应用到课堂教学中，将学术研究成果转化为教案、指导学生进行论文写作、开展大学生科研项目、参加学科竞赛、进行行业规划设计等。一名优秀的高校教师，能进一步通过个人的学术研究与教育教学研究，实现本学科领域的知识创新，例如潘懋元、施一公、钟南山、陈微等专家型教师，能在跟上知识进步、教育技术进步的同时，实现对学科的引领、实现对育人水平的突破，为学界和业界输送优秀的毕业生和新一批学科领域的专家。

（3）高校教师发展是与他者发展互为促进的过程。

如本章第一节中提到的，选人用人过程中当“以善于进行合作研究、举办开放的合作心态为教师胜任标准”，合作能力是教师评价的要素之一，也是教师应持续提高的能力。蓬生麻中，不扶而直。无论是直观的社会经验，还是群体动力学的研究结果，社会环境对群体行为、群体中的个体行为具有很大推动力量。群体动力学创始人勒温认为，“改变一个个体最好从改变他生活的群体入手”。同样，具有影响力、感染力、带动力的个体对群体也具有很大作用。高校青年教师在持续专业发展的过程中受到社会环境、群体、组织的影响，通过敬业乐群、服务社会、融入组织发展而获得协同进步，实现自我与他者、个体与群体的互相促进，在个人发展的过程中实现组织的发展。

二、教师发展中心的任务界定

从接下来的三个（表 52~ 表 54）对比分析表格中可以看出，美国高校教师发展中心的任务以“教师专业发展”“教师成长”“教师收获”为重点，注重教师的“学习”“合作”“文化”“技术”，以教师能力素质的构成要素颇为关注。

中国高校教师发展中心常用词汇频率依次为“教师培训”“教师发展”“专业发展”“潜能激发”等，中美教师发展中心的共同点是均突出“理念更新”和“教学技能”，差异则是中国教师发展中心注重教师“规划”“科研”“评估”等外在评价导致的能力需求。

通过比较可以发现，美国教师发展中心强调引导教师提高学习能力，培养教师形成终身学习的习惯；能在有效引导教师开展职业生涯的过程中实现“合作”“创造性”“高效”等预期目标，越过“评估”“职称”“考核”等外在评价指挥棒，而是注重从问题导向出发，从自我发展实际能力需求与发展愿望出发，同时注意从外部的社会、组织的要求出发，形成社会使命完成与个人发展实现有机结合起来的内在发展圆环，最终实现达标甚至超越教学评估、职称晋升的评审水平线，从而实现教师发展中心实现教师发展预期的最终目的（见表格 52~53）。

表格 52　中美高校教师发展中心理念比较①

美国高校教师发展中心理念			中国高校教师发展中心理念		
序号	理念	百分比	序号	理念	百分比
1	专业发展	76.67%	1	教师培训	45.00%
2	教师发展	13.33%	2	教师发展	25.00%
3	教师培养	3.33%	3	专业发展	15.00%
4	教师成长	1.67%	4	教师培养	10.00%
5	教师适应	1.67%	5	潜能激发	5.00%
6	教师收获	1.67%			
7	教师培训	1.67%			

表格 53　中美“教师整体期望”对比

美国高校教师发展整体期望			中国高校教师发展中心教师整体期望		
序号	理念	百分比	序号	理念	百分比
1	学习与教学	14.46%	1	教学	50.46%
2	教学	11.96%	2	服务与支持	12.84%
3	学习	6.79%	3	职业生涯规划	8.26%
4	指导	6.43%	4	科研	5.50%
5	研究	5.71%	5	队伍建设	4.59%
6	资源	5.54%	6	教育质量	3.67%
7	文化	5.36%	7	学术	3.67%
8	合作	5.18%	8	评估	2.75%
9	技术	4.64%			
10	服务与支持	4.11%			

① 庞颖昊，锦程．中美高校主要教师发展中心使命文本的比较．继续教育研究，2015，(10)．

表格 54　中美高校“教师个体期望”对比

美国高校教师发展教师个体期望			中国高校教师发展中心教师个体期望		
序号	个体期望	百分比	序号	个体期望	百分比
1	创造性	14.46%	1	业务素质	35.00%
2	效率	11.96%	2	专业能力	15.00%
3	卓越	6.79%	3	教师素质	25.00%
4	实践	6.43%	4	身心健康	5.00%
5	潜力	5.71%	5	师德	5.00%
6	技能	5.54%	6	实践能力	5.00%
7	生活	5.36%	7	理论能力	5.00%
8	个性化	5.18%	8	教师需求	5.00%
9	工作 / 生活平衡	4.64%			

三、教师发展与评价全过程工作联动机制

我国高校教师发展中心建设工作由起步探索到逐渐较为成熟完善，工作职能的定位、组织机构的设立、活动方式的选择总体上开始向专业化、制度化、规模化的方向发展。然而，多数高校的教师发展中心的现状是实践多于理论研究，培训活动繁多而缺乏整体规划。因此，从顶层设计出发，有步骤、有节奏、有深度地开展培育实践与理论研究，才能实现教师全过程、可持续发展。

1. 全程关注，构建教师终身发展体系

教师的发展周期，大体上可以将其分为预备期、适应期、发展期、创造期，教师发展中心应针对不同阶段的教师进行相应的职业

能力培养和提升（见表格 55）。针对新教师而言，主要是提高教学胜任力，站稳讲台、立德树人；针对发展期教师而言，丰富其理论知识，升级其教学技能，实现学术研究专深并具有创新能力、教学技法娴熟且能教学效果优异；对于老教师而言，提高其现代教育技术运用能力、教学与育人经验的传授；将新手教师带领成为骨干教师，将骨干教师培养成为专家型教师。

表格 55　思迪非教师生涯发展五阶段论图表①

阶段名称	主要特征
预备生涯阶段（Anticipatory career stage）	该阶段的教师处于教师职业的初始阶段，具有理想主义、创新意识、充满活力、接纳新观念和成长取向等特征。
专家生涯阶段（Expert/master career stage）	该阶段的教师具有较为丰富的教学能力和技巧，能够有效地管理班级，对学生具有高度期望，同时也可以在工作中激发自身潜能，完成自我实现。
退缩生涯阶段（Withdrawal career stage）	初期的退缩：教师很少致力于教学革新，从众心理出现，教学热情减退，出现消极心态。
	持续的退缩：出现职业倦怠，经常批评学生，控诉学校，抗拒革新，对于学校管理出现心理上和行为上的抵触。
	深度的退缩：表现出教学无力，甚至伤害学生，产生强烈的防卫心理。
更新生涯阶段（Renewal career stage）	该阶段的教师主动采取措施应对职业倦怠，同时致力于追求专业发展，学习新知识。
退出生涯阶段（Exit career stage）	该阶段的教师一部分离开教学岗位安度晚年，另一部分继续追求专业发展，继续开展终身教育。[42]

高校教师职业是建立在高校教师的教学能力、学术能力、合作能力之上的，由教师教学能力所衍生出的课程成果、教学奖励、优

① 周景坤．高校教师专业成长阶段研究［J］．教育评论，2015，（03）．

秀教材，由学术能力发展出的学术竞争力、自主发展进程、重要研究成果、社会服务是具有个性化特点、岗位特点、学科特点的，其所产生的个人学术职业价值和学术产出价值是因人而异的。高校要为不同岗位级别、岗位分型、学科大类的教师建立梯度合理、评价科学、激励适度的薪酬制度。

2. 做好培训课程模块设计与培养目标设计

一个完善的教师发展培育方案应该分模块、分任务、分阶段进行规划，一般应包括高等教育学理论基础、学科前沿知识、教学方法与技术、个人发展管理与心理建设等。具体如下：

A 模块（认识在社会、环境发展和教育之间的联系）。

B 模块（教育哲学、教育发展状况、教育体系和教育学）。

C 模块（资源认识和知识生产）旨在帮助教师能够自我成长，并不断更新和掌握新知识、技术、流程、方式和知识的来源。

D 模块（管理和个人发展）。教师应熟悉高校的组织和管理，知道他们发展自己个性的方式。尤其是在大学中工作的教师，常常被学校要求参与大学的管理，关于大学系统的管理知识的了解对教师参与大学的管理和改革非常关键。在这个模块中，课程主要围绕着大学治理的理论和实践进行讨论。此外，还围绕着教师和学生、教师和管理人员、专任教师和教辅人员之间的关系进行讨论。此外，该模块还关心教师如何增强沟通技能、个性和动机。

除了体系化培训，教师发展中心还以做好以下 5 个方面的工作：（1）向教师提供涉及教师发展相关内容的其他学校的讲义和网页链接，推荐适合新老教师提高教学水平的书籍；（2）发放有关课程设计、讲课、在线辅导等方面的学习材料;(3)展示最新的关于教师的新闻以及介绍研究所新推出的课程与活动;(4)提供学校有关教师分配、薪酬安排等方面的信息;(5)提供国际的、同行的有关高等教育的电子期刊等，可以进行公开、共享的信息资源，能够增强教师对学校、对组织支持的信赖。

3. 搭建平台，构建多元化、多领域的教师学习共同体

英国物理学家和哲学家迈克尔·波兰尼（MichaePolanyi）在1958年出版的《个人知识》和1966年出版的《隐形方面》两部专著中首先提出了隐形知识的概念，他认为，隐形知识就是存在于个人头脑中的、存在于某个特定环境下、难以正规化、难以沟通的知识，是知识创新的关键部分。高校教师隐形知识共享是指通过教师间的不断互动交流及教师个人的反思等教学实践，教师通过学历学习与学术钻研等个人努力获得专业知识基础，通过可持续专业培训、学术会议、业界交流获得专业知识的迭代，同时也进行专业隐性知识的内在转化、外在互动转化。与常见的“队伍建设”这样一个颇具中国特色的名词相对应的，是曾热度非常的“学习共同体”理论，它的逻辑基础是团队合作可以实现隐性专业知识的外显及效益最大化。个体的隐性知识经常是模糊和情景化的，需要知识共享各方积极进行交流并获取不断实验与反馈。学习共同体可以基于教研室、学科组、项目组形成组织内部的共同体，也可以由来自不同学科专业背景、不同学校的教师组成，常常是在一场学术会议或沙龙、一场笔谈中即可围绕共同的关注点、致力于解决一组问题、一个具有研究价值的主题而形成，形式多样、方式多元。国家级示范教师发展中心以及很多具有工作实效的教师发展中心常常不遗余力地调动校内外资源，通过主题座谈、沙龙、拓展训练、学术会议、院校互访、期刊专栏笔谈等多种形式，为教师们搭建国内外、学科内外的交流平台，既能走出去，也能引进来，在高效的知识火花碰撞中磨炼思辨能力、提高创新水平，进入“协同者时代（The Year of Network）”。

4. 授人以渔，引导教师学会构建多样化的人际互动机制

国内高校教师的常见职业人际互动主要表现在学术沟通、课程协调、项目内的相互支持以及青年教师导师制等，注重老中青三代梯队建设与“传帮带”，传统的高校及院系可以为新教师提供更多指导。从美国高校教师发展中心建设中可以借鉴的另一个经验是通过多种形式培养教师终身学习的习惯、善于合作的能力。多数国内教师发展中心在成长发展过程中，正在从“搭台子”走向“送鱼竿”，引导教师在面对面的学习情境中，通过互相观察、模仿与练习分享他人的专业隐性知识，达到修正和重构自身专业隐性知识的目的，实现个人与他人的进步。

5. 形成合力，为教师找到“引路人”与“合伙人”

教师发展中心在为教师搭台子、教合作的同时，也通过“青年教师导师制”“拜师会”、教学团队、专业团队、校级科研基地团队等多种方式，为新入职教师、海归教师找到专业引路人与事业合作人，不断完善教师学术支持体系，为海归教师提供资深教师“传帮带”，帮助海归教师尽快熟悉国内的学术文化环境和专业领域的话语体系等。同时，高校和院系也应该致力于搭建学科内和跨学科的学术交流平台，通过工作坊、午餐会或者讲座等形式，为海归教师能尽快融入所在高校的学术共同体、加强与同行之间的交流与合作创造契机。海归教师应继续与海外导师保持沟通，维持并拓展国际学术关系网络。不管是国际还是国内学术市场，都日益呈现出社会资本分割学术劳动力市场的趋势，社会资本为劳动力市场中的回报提供教育之外的附加价值。关系是社会资本的重要组成部分，行动者只有始终保持在学术关系网络中的活跃度，才能获得分享稀缺学术资源的机会。

6. 鼓励实践，引导教师实现学术研究、育人能力与社会服务的融合转化

高校要有效地提升教师学术发展力，必须将高校教师的学术发展力有效地融入具体的学科教学之中，以教学实践促进高校教师学术能力的提升与发展。对于高校教育教学而言，教师将学术发展力融入具体的专业教育实践之中，是教学管理有效开展的重要基础。高校教师的学术发展虽然强调的是广义上的教师的专业学科能力发展和学术职业发展，但是就教师的学术发展力评价和高校的教学管理而言，它最终还是应当以专业学科教学作为基本实现方式。这既是高校教师学术发展的起点和基础，也是高校教师自身教师职业属性和教育教学的基本要求。高校教师在具体的专业学科教学中，能够进一步实现学术的发现、整合和应用价值，并且可以将这些学术价值运用到专业学科教学中，促进教学的不断创新与发展。①

① 顾荣．高校教师学术发展力提升研究［J］．中国成人教育，2019，17：81-83.

7. 注重特色，开展常规培训与定向培训

高校教师的专业属性、学科归属导致在教学模式、岗位类别、学科研究方法上的差异性，高校要分步骤、分层次、分学科为教师开展适合其岗位职责、学科背景的培训和深造机会。

同时，注意结合各高校或院系特点特色，有针对性地开展教育培训，如外语类高校可以强化对海归教师、外教等重点群体的教育培训，民族类高校可以强化对教师民族政策、民族问题等内容的教育培训，通过更加贴近学校实际增强工作实效。

8. 创新形式，建立品牌培训活动与较为固定的培训周期

每所高校都具有自身特色，高校的学生、教师也都具有各自的特点，教师发展中心应依据学校特点、教师发展需求在保持培训形式（见表格 56）多元化的同时，建立起自己的品牌培训活动，成为较为固定的培训周期与培训效果监测机制。例如，某所大学建立教师发展系列工作坊、短期工作坊和特殊定制工作坊的培训学习方式，每年会根据需要来拟定和开设与教学相关的系列主题，让教师学到可以充分运用到今后教学实践中的实用策略；针对特定主题举办协助教师申请校长奖励计划（Principal's Teaching Award Scheme，PTAS）；对导师个人、学生团队、教辅人员等进行定制化指导，在网站的具体模块均有专门的信息和资源。工作坊在举行大型研讨会前提供各种主题的相关信息供大家讨论，同时也可以获得校外教学研讨会的相关信息。教师发展中心制度规范的培训管理制度，可以规定所有培训活动都需要提前预约和取消，也可以根据需要定制，但教师不得无故缺席培训，否则会失去再次参加的机会。①

表格 56 教师培训形式②

形式	新入职教师		青年教师		骨干教师		在职教师		合计	
	数量	百分比	数量	百分比	数量	百分比	数量	百分比	数量	百分比
讲座	43	81.1	23	46.0	6	54.5	45	80.4	65	94.2
沙龙	4	7.5	10	20.0	1	9.1	28	50.0	35	50.7
午餐会	1	1.9	0	0	0	0	7	12.5	8	11.6
工作坊	5	9.4	6	12.0	2	18.2	25	44.6	31	44.9
研讨会 / 座谈会	11	20.8	13	26.0	1	9.1	23	41.1	39	56.5
网络培训	3	5.7	5	10.0	0	0	24	42.9	30	43.5
教学观摩	13	24.5	15	30.0	0	0	12	21.4	32	46.4
校外研修	0	0	12	24.0	2	18.2	26	46.4	38	55.1
教学竞赛	3	5.7	25	50.0	0	0	13	23.2	39	56.5
成长记录档案建设	3	5.7	4	8.0	0	0	0	0	7	10.1
读书会	2	3.8	0	0	1	9.1	0	0	3	4.3
教师导师制	7	13.2	7	14.0	0	0	0	0	14	20.3
合计	53	100.0	50	100.0	11	100.0	56	100.0	69	100.0

① 陈橄榄.英国大学教师发展中心的建设与启示——以爱丁堡大学学术发展研究所为例［J］.重庆高教研究，2016，（4）.

② 魏红.我国高校教师发展中心的现状分析与未来展望——基于69所高校教师发展中心工作报告文本的研究［J］.中国高教研究，2017，（7）.

四、教师的可持续发展动力与心理资本建设

围绕前文提到的教师发展四个方面，本节阐述如何帮助教师进行职业规划、培训、个性化定向服务，实现其建立在幸福感体验基础上的教师的自我价值认识和职业信念，实现教师的胜任力发挥，均衡地提高教学水平与育人理念、学术研究与学术合作能力、社会服务与学科贡献力，从微观到宏观研究教师职业能力提升的发展路径，提升教师能力在高等教育及专业领域的复合平衡。[①]

1. 心理资本理论的主要内容

1980 年，社会胜任模式理论（Social Competence Model）由哈里森（Harrison）首次提出。他强调职业倦怠与个人对工作的胜任能力的感知相关，社会胜任能力是个体如何与社会环境互动且影响社会环境的能力。当个体认为所做的是有意义的事情且可改变服务对象的生活境遇时，便引发个体对工作产生一种积极的情绪反应。斯宾塞（Spencer）指出，社会胜任模式理论是指能将工作优异者与工作平庸者区别的深层次特征，具体包括特质、动机、情感、价值观、形象、知识和行为技能等，这种特征可以科学测量和精准计数。职业倦怠问题并非从事某种职业的必然结果，而与个体的胜任能力息息相关。如果个体在工作中明确由于自身能力使服务对象的问题得以改善，则胜任感增强，进而提高其助人的动机；相反，如果未能达到预期的助人目标，则可能产生消极情绪，出现职业倦怠，并降

① 李婷婷. 美国大学教师教学发展的启示综述 [J]. 集美大学学报，2010，(10).

低助人的动机。

伴随信息技术带来的社会巨变，人类惊讶于自身的智慧与创造力，也困惑于巨变之下的种种社会问题、个体的自我认同问题，20世纪末是社会心理学迅猛发展的时期。1989年，霍尔富尔（Hohlfuhl）提出资源保存理论（Conservation of Resource Theory，也称资源守恒理论）。该理论认为，个体具有努力保护与获取资源的倾向，有价值的资源损失会引发个体心理上的不安，造成心理压力的重要影响因素就是资源损失。产生职业倦怠的来源就是资源消耗率比补充率大。具体而言，个体需要维持工作时消耗的资源与所取得的回报之间的平衡，才能有效规避职业倦怠，反之，如果个体长时间的处于付出与回报的失衡状态，则会引发职业倦怠。这些资源可以是物质资源，如住房、汽车；可以是条件资源，如权利、婚姻；也可以是个人资源，如自尊、自我效能；还可以是能源，如时间、金钱与知识等。

随后，研究个体与组织行为内在关系的学者Luthans（2004）以积极心理学和积极组织行为学的观点为基础，在分析了经济资本、人力资本和社会资本的内涵和特点后，提出了以强调人的积极心理力量为核心的“积极心理资本”。Luthans等人（2005）又进一步明确了心理资本的定义个体一般积极性的核心心理要素，具体表现为符合积极组织行为标准的心理状态，它超出了人力资本和社会资本之上，并能够通过有针对性的投入和开发而使个体获得竞争优势”（Luthans Jensen，2005）。Luthans · Avolio 和 Youssef（2007）对心理资本的定义又进行了修订与完善，指出心理资本是指个体的积极心理发展状态，包括自我效能感、希望、乐观、坚韧性四个维度。本书第四章正是基于心理能量对胜任力发挥的逻辑基础，通过反馈意见收集与分析认为，个性特性、职业动机、师德素质的测评要素对胜任力的直接正向相关关系。

心理资本变量对心理健康变量与职业倦怠变量不仅起着部分中介作用还起着调节作用，调节自变量职业倦怠与因变量心理健康的关系。高校教师心理资本在职业倦怠和心理健康状态中起到部分中介作用，这说明高校教师职业倦怠一方面直接对其心理健康状况起影响作用，另一方面又会通过心理资本起间接影响作用。高校教师的心理资本在一定程度上影响了他们的心理健康状况，这一结果同时也验证了心理资本与心理健康状况的显著相关关系。

高校教师心理资本在职业倦怠和心理健康状况中还起着调节作用，这表明高校教师职业倦怠和心理健康状况关系的强弱，受到他们的心理资本水平的影响。

因此，教师发展中心应承担起关注高校教师心理发展的总体状况与个性化追踪的任务，帮助教师增进心理资本积累，提高其水平，克服职业倦怠的负面影响，降低职业倦怠对心理健康状况的影响。[①]职业倦怠的内涵参考表格 57。

① 刘建平，付丹.高校教师的职业倦怠与心理健康关系：心理资本的中介与调节作用、心理与行为研究，2013，（6）.

表格 57　职业倦怠的内涵[①]

研究视角	代表人物	观点
临床学	费登伯格（Freuden Berger）	他指出职业倦怠是强调工作强度过高，且无视个人需要而产生的疲惫不堪的状态。因此，职业倦怠被认为是过分努力去达到某些个人或社会不切实际的期望的结果。
社会心理学	玛勒诗（Maslash）和佩斯(Pines)	他们利用调查问卷及调查方法明确倦怠的三大主要特征：一、情绪衰竭（Emotional Exhaustion），即感到耗尽、用完；二、人格解体（Depersonalization），即表现为冷酷、麻木、非人性地对待来访对象；三、低个人成就感（Low Personal Accomplishment），即自我评价过低和缺乏适应性，利用这三大特征来评估职业倦怠的产生与否。
组织学	奎内恩(C.Cherniss)	职业倦怠的产生主要是因为工作者的付出与回报不成正比，这种不一致分为两类：一类是个体处于过多刺激的情境（如：教师教太多学生）；另一类是个体面对固定刺激的情境，且缺少挑战（如：教师教同一个班级或同一门学科）。职业倦怠开始于“工作者在应激与紧张时，不能通过积极地问题解决来化解痛苦”。
社会历史学	萨诺森(Sarason)	他认为倦怠不仅是个人的特征，也是社会面貌在个体心理上的一种表征。当社会条件无法提供有助于与人联络的情境时，要保证服务行业的投入非常困难。

2. 形成以心理契约为理念基础的管理服务方式

心理契约是存在于组织和成员之间的一系列无形、内隐、不能书面化的期望，是在组织中各层级间、各成员间任何时候都广泛存在的没有正式书面规定的心理期望，研究起源于美国著名管理心理学家施恩（E.H.Schein），主旨是员工以自己与组织的关系为前提，

① 刘建平，付丹.高校教师的职业倦怠与心理健康关系：心理资本的中介与调节作用［J］.心理与行为研究，2013，（6）.

以承诺和感知为基础，自己和组织间彼此形成责任和义务的各种信念，在组织中各层级间、各成员之间任何时候都广泛存在的、内隐而没有正式书面规定的心理期望，即“个人将有所奉献与组织欲望有所获取之间，以及组织将针对个人期望收获而有所提供的一种配合。”（《职业的有效管理》①）。高校管理机构有意识地主动在人力资源管理中运用心理契约理论，能有效地调整和控制组织行为，使学校业务运行效率好、教师满意度高、忠诚度高，构建和谐、稳定、持久的劳动关系，可以有效避免教师职业倦怠、利益冲突带来的管理损耗，实现高校教师这一典型的知识型员工个人发展与高校核心竞争力提高之间的契合，畅通学校与教师的心理情感契约通道。

3. 做好校系两级互动的教师心理建设

学校与院系适应时代的新形势与教师群体的新变化，提高教师心理资本、克服职业倦怠、避免教师出现情绪衰竭、去个性化及低个人成就感这三类职业倦怠表现。通过科学培训、共同体搭建、基层党支部建设、青年教师导师制等方式，提高教师职业素养、自我发展意识、师德自律意识与习惯，帮助教师通过自我学习，自我改进，将师德规范转化为稳定的内在信念和行为品质。

4. 正确引导——帮助教师顺利度过职业危险期、生涯挫折阶段

教师的职业发展是一个漫长的、动态发展的过程。费斯勒的教师生涯循环理论指出，当教师处于引导阶段与生涯挫折阶段时最易产生职业倦怠。如果在这两个关键时期高校教师获得关怀与援助

① 心理契约视角下的员工培训问题研究，劳动力保障研究，2019 年第 1 辑

则会很快走出情绪低谷，摆脱职业倦怠的困扰。反之则容易自暴自弃，严重者甚至放弃教师职业。学校需要特别关注职业生涯发展中期的教师，应通过外界支持和内在调整顺利度过专业发展的危险期，帮助教师迎来专业发展的“新春天”，实现理论层面和职称层面的提升。

第十章 新时代高素质教师队伍建设的实践与思考

2017年10月，党的十九大把“建设教育强国”作为中华民族伟大复兴的基础工程，并提出“必须把教育事业放在优先位置”“加强师德师风建设，培养高素质教师队伍”的目标和要求。2018年1月，中共中央、国务院出台《关于全面深化新时代教师队伍建设改革的意见》（中发【2018】4号），对十九大报告提出的有关教育强国的目标和要求进行了全面部署，提出了“着力提升思想政治素质，全面加强师德师风建设；大力振兴教师教育，不断提升教师专业素质能力”的要求；2018年5月，习近平总书记在北京大学师生座谈会上指出，要“建设高素质的师资队伍”“人才培养，关键在教师”“建设政治素质过硬、业务能力精湛、育人水平高超的高素质教师队伍是大学建设的基础性工作”。2020年9月，习近平总书记在第36个教师节寄语中提出：“希望广大教师不忘立德树人初心，牢记为党育人、为国育才使命，积极探索新时代教育教学方法，不断提升教书育人本领，为培养德智体美劳全面发展的社会主义建设者和接班人做出新的更大贡献”。高校要建设一支高素质的教师队伍，关键是全面深化人事制度改革，把中央全面深化新时代教师队伍建设改革的精神落实、落细、落地，从加强组织领导、健全工作制度、完善教师发展机制、强化绩效考核等方面同向发力，建立和完善师德师风长效机制和教师专业发展机制，打造建设政治素质过硬、业务能力精湛、育人水平高超的高素质教师队伍。

第一节　新时代高校以党的政治建设统领教师思想政治工作现实意义

中国共产党是中国特色社会主义事业的最高政治领导力量，党的领导是中国特色社会主义最本质的特征，是中国特色社会主义事业取得胜利的根本保证。党的十九大提出，党的政治建设是党的根本性建设，决定党的建设方向和效果。高校教师思想政治工作由党领导、对党负责，必须以政治建设为统领，把准政治方向，夯实政治根基，涵养政治生态，实现政治使命。以党的政治建设统领教师思想政治工作是新时代加强党的政治建设的应有之义，是推进党的教育事业的必然之举，是破解教师队伍现实问题的必然选择。

一、以党的政治建设统领教师思想政治工作的必要性与重要性

1. 加强党的政治建设的应有之义

党的政治建设是党为确保自身性质宗旨和领导权威、实现自身的政治目标和历史使命而在政治方向、政治纲领、政治路线等方面所进行的一系列理论工作和实践活动，它是根本性建设，决定着党的建设方向和效果。[①] 2019 年 2 月，中共中央发布《关于加强党的政治建设的意见》，明确新时代加强党的政治建设的目的，是坚定政治信仰，强化政治领导，提高政治能力，净化政治生态，实现全党团结统一、行动一致。我国高校是党领导下的高校，是中国特色社会主义高校，高校教师承担着为党育人、为国育才，培育中国特色社会主义事业接班人的政治使命。高校教师如果政治信仰、政治能力不过关，高等教育事业及其培养的人才就不可能过关，放之长远，党的“团结统一、行动一致”就可能遭遇挑战，党的事业就可能遭遇政治风险，伟大斗争、伟大工程、伟大事业、伟大梦想就会缺乏坚强政治保障和有力人才支撑，难以统揽推进。因此，高校教师思想政治工作，由党领导，对党负责，必须旗帜鲜明讲政治，必须以党的政治建设为统领，从政治性出发、按政治性部署、作政治性考量。

① 蔡文成，永青草. 论新时代中国共产党政治建设的辩证逻辑［N］. 思想教育研究，2019，（1）：4.

2. 推进新时代党的教育事业的必然之举

政治属性是政党的根本属性。列宁指出，“一个阶级如果不从政治上正确地处理问题，就不能维持它的统治，因而也就不能解决它的生产任务。”[①] 深化新时代党的教育事业改革，推进高校“双一流”建设和内涵式发展，把准政治方向是前提。作为教育事业发展的第一资源，教师具有怎样的思想政治素质显得尤为重要。习近平总书记在北京大学师生座谈会上指出，“建设政治素质过硬、业务能力精湛、育人水平高超的高素质教师队伍是大学建设的基础性工作”。[②] 总书记的讲话指明，立教、兴教必须把“政治素质过硬”作为教师队伍建设的首要和根本。因此，推动高等教育事业发展，就必须把党的政治建设放在根本性、统领性位置，发挥好“围绕中心抓党建、抓好党建促发展”的党建引领作用。

3. 破解教师队伍现实问题的必然选择

近年来，高校教师维护意识形态安全意识不强、本领不够，师德失范行为频频见诸报端等问题更加凸显，与新时代对高校教师队伍的更高要求形成冲突。中共中央、国务院在《关于全面深化新时代教师队伍建设改革的意见》中，总结指出当前教师队伍建设中存在着“思想政治素质和师德水平需要提升”等问题。上述问题的出现，存在一定客观影响因素和个体原因，但从根本上看，正如习近平总书记指出的，当前高校教师“思想政治工作针对性和吸引力还

① 列宁．列宁全集：第 40 卷［M］．北京：人民出版社，1986：280.

② 习近平．在北京大学师生座谈会上的讲话［N］．人民日报，2018-05-03（2）.

不强”，[①] 有待进一步深化改进提升。面向新时代新形势新任务和教师队伍建设中的现实问题，发挥党的政治建设统领作用，全面加强和改进教师思想政治工作与师德师风建设，是必由之路，也是必然选择。

二、以党的政治建设统领教师思想政治工作的原则

1. 以坚持和加强党的领导为根本

党的十九大把“坚持党对一切工作的领导”放在新时代坚持和发展中国特色社会主义十四项基本方略首位。新修订的党章总纲明确“党是领导一切的”。在全国高校思想政治工作会议上，习近平总书记指出，办好我国高等教育，必须坚持党的领导，牢牢掌握党对高校工作的领导权，使高校成为坚持党的领导的坚强阵地。[②] 加强党的政治建设，必须坚持和加强党的全面领导。以党的政治建设统领教师思想政治工作，必须把党的全面领导，党管干部、党管人才作为根本原则，贯彻始终。

2. 以坚定教师理想信念为核心

以党的政治建设统领教师思想政治工作，核心就是要树牢教师的理想信念。习近平总书记指出，“坚定理想信念，坚守共产党人精神追求，始终是共产党人安身立命的根本”。[③] 社会主义大学的性质

① 习近平.把思想政治工作贯穿于教育教学全过程 开创我国高等教育事业发展新局面［N］.人民日报，2016-12-09（1）.

② 习近平.把思想政治工作贯穿于教育教学全过程 开创我国高等教育事业发展新局面［N］.人民日报，2016-12-09（1）.

③ 习近平.习近平谈治国理政：第1卷［M］.北京：外文出版社，2014：15.

决定了高校教师必须是党执政的坚定支持者，必须有坚定正确的理想信念。以党的政治建设统领教师思想政治工作，意味着开展教师思想政治工作要追溯到源头上，必须把理想信念、育人意识等贯穿于教师教育教学全过程，必须引领全体教师牢固树立共产主义远大理想和中国特色社会主义共同理想，以习近平新时代中国特色社会主义思想武装头脑，研究解决现实问题，实现广大教师思想意识的自觉自立，筑牢政治信仰，补足精神之钙，把稳思想之舵，锻造师德之魂。

3. 以增强教师政治能力为重点

高校是意识形态斗争的前沿阵地，高校教师政治能力强不强，关系着育人成效，关系着高校稳定与发展，关系着国家意识形态安全，关系着祖国命运、民族未来。"思想本身不能实现什么东西。思想要得到实现，就要有使用实践力量的人"①。以党的政治建设统领教师思想政治工作，要着力增强教师政治鉴别能力、政治斗争能力、政治引导能力，使广大教师以强烈的政治担当和政治敏锐性，对各类错误思潮、模糊认识、不良现象不仅敢亮剑更要能斗争、斗得赢；在教育教学活动中，不仅精于"授业""解惑"，更能以"传道"为责任和使命，做到知信行统一，守好一段渠、种好责任田，以身示范、引导学生把个人命运和国家命运紧紧连在一起。

4. 以促进教师成长发展为基础

以人民为中心是共产党人政治价值观的内核，是建党之初心、立党之根本、执政之基础、力量之源泉。加强党的政治建设，要求

① 马克思恩格斯文集：第1卷［M］. 北京：人民出版社，2009：320.

必须坚守人民主体、人民立场、人民位置、人民利益的价值取向，走好党的群众路线。学生思想政治工作要紧紧围绕学生，教师思想政治工作也要紧紧围绕教师。以党的政治建设统领教师思想政治工作，要在深入了解教师需求基础上，强化工作实效，着力将解决教师的思想问题与解决实际问题结合起来，规划和推进教师专业发展，将政治使命强化、政治意识培育融入推进教师成长发展的全过程各方面，避免教师职业发展与思想水平提升“两层皮”，实现立场、站位、价值和现实需求的高度统一，确保高校教师安心从教、精心从教，使党的政治建设实践落细落小落实，融入教师群体意识深处，夯基固本，取得实效。

第二节　完善“大思政”格局，建好建强党委教师工作部

2015 年北京大学成立全国首个党委教师工作部，2017 年以来党委教师工作部逐渐成了高校的“标配”，这是一个全新的党委职能部门，这一举措进一步完善了高校党的政治建设、领导体制与工作机制，为构建高校“大思政”格局迈出坚定的一步。

一、设置党委教师工作部的价值所在

1. 加强党的领导，健全领导机制和工作机制

习近平总书记指出，办好我国高等教育，必须坚持党的领导，牢牢掌握党对高校工作的领导权，使高校成为坚持党的领导的坚强阵地。加强党的建设是高校思想政治工作逻辑认知的起点，也是高校开展思想政治工作的根基与灵魂。高校思政工作是党建工作的重要抓手，也是党领导高校的具体体现。党委教师工作部成立以后，进一步完善了高校党的领导机制和工作机制，确保党的全面领导贯穿高校办学全过程。党委教师工作部肩负起高校教师思想政治教育和教师管理服务的使命，是完善高校党的领导体制和工作机制建设的重要创举。

2. 完善育人机制，构建"大思政"育人新格局

党委教师工作部设置之前，在高校党委部门系统中，通常设置党委组织部、党委学生工作部与研究生工作部，分别负责党员干部、学生的思想政治教育工作，而专门负责教师思想政治教育的职能部门并不明确，教师思想政治工作一定程度上存在淡化、弱化现象。党委教师工作部的成立拓宽了高校思想政治工作路径和渠道，形成了"大思政"格局。党委教师工作部通过统筹、优化、整合原有的思想政治教育模式、主体、内容、方式等，强化理想信念和价值引领，突出师德考核、监督和奖惩，引导教师把"三全育人"的理念落到实处，牢固树立"先进思想文化的传播者、党执政的坚定支持者、更好担起学生健康成长指导者和引路人的责任"的育人理念，

促进教师思想政治工作与学生思想政治工作同频共振、相互依存、相互影响，实现教师与学生这两个“大思政”间的良性互动。

3. 强化政治引领，确保队伍建设的正确方向

据2020年教育部发布的《2019年全国教育事业发展统计公报》统计，我国普通高等学校教职工256.67万人，其中专任教师174.01万人[①]，这支队伍的建设问题更是一项复杂系统的工程，涉及高校用人机制、考核评价机制、激励机制、教师发展机制等一系列人事制度改革内容。党委教师工作部成立后，可以充分发挥其在推进教师队伍建设中的政治引领作用，通过负责或深度参与有关师资队伍建设的顶层设计，进一步强化在教师引进、培养、使用、晋升、奖惩等环节中的“政治把关”作用，确保把政治素质摆在教师队伍建设首位，思想政治工作贯穿在教师职业生涯发展全过程。

二、高校党委教师工作部建设发展进路

1. 明确部门职责定位，统筹教师思想政治和管理服务工作

党委教师工作部肩负重要使命，只有找准角色定位，厘清工作职责，才能发挥作用。从部门定位上，要按照思想政治工作“只能加强、不能削弱”的原则，“将‘统筹’‘抓总’作为核心要义真正落地。‘牵头’‘抓总’意味着主体责任、全局意识”[②]，党委教师工作部要统筹做好教师思想政治工作和管理服务工作，突出总体规划、组织实施、督导考核等关键环节，做好顶层设计。整合现有资源，

① 教育部网站：http://www.moe.gov.cn/jyb_sjzl/sjzl_fztjgb/202005/t20200520_456751.html.

② 黄戈林，等，高校党委教师工作部：价值、问题及发展进路 [J]. 思想政治研究，2019（5）.

重新梳理工作、科学分配任务，做好牵头、分工、协同、推进、督导、考核，使相关部门各司其职、优势叠加、协同发力，从而凝心聚力，形成发展合力，促进工作开展。从工作机制实践上看，党委教师工作部和人事处、教师发展中心合署办公，更有利于党委教师工作部作用的发挥，更便于思想政治工作和教师业务工作有机融合。

2. 抓好价值引领，融入专业发展，提升教师思想政治工作实效

新时代，对教师综合素质和专业能力提出了新的更高的要求。党委教师工作部要与教师发展中心密切合作，坚持贯穿结合融入，以理想信念教育为引领，将师德教育有效融入教师专业发展培训，着力解决部分教师对师德教育"敬而远之"的问题，推动教师师德水平与业务能力齐头并进。一是加强新教工入校教育，将思想政治和师德教育摆在首要位置。引领全体新入职教职工签订师德承诺书并作入职宣誓，强化新教工对师德标准的认知，同时注重通过真实动人、震撼人心的红色教育实践强化新教工立德树人的责任感、使命感。二是强化全员职业素养。党委教师工作部应联合人事处、教师发展中心、教务处、科研处等部门，面向全体教职工制定分类分层的系列培育和提升计划，将思政和师德教育有效融入教学法提升培训、科研能力提升培训、管理干部综合能力提升培训以及人文素养、心理健康等素质拓展类沙龙、讲座中，并注重通过解决教师发展问题和教师思想问题，切实提升师德教育效果。三是开展专题培训实践。党委教师工作部应通过探索实践，形成个性鲜明的师德宣教活动品牌，通过开展相关专题教育报告会、师德先进人物宣讲会等，树立师德典型。组织相关主题社会实践活动，推动广大教师

"走出去"了解国情、市情、社情、民情，在实践中坚定理想信念，更好地实现"四个相统一"。

3. 强化工作督导，完善考评体系，建立师德师风建设长效机制

师德建设能否脱虚向实，关键还在于是否有针对师德建设工作的有效工作督导，是否有针对教师全员的科学考评体系。党委教师工作部应不断强化对二级单位师德建设工作指导与督查，不断推进师德考评体系的科学性、实效性，强化结果运用，切实推动师德建设落实落细。一是强化师德建设工作督导。党委教师工作部牵头制定师德建设长、中、短期工作规划，明确具体内容及相关活动时间节点、牵头部门、协办部门，并制定详细实施方案，按照计划组织实施。定期开展有针对性的工作指导督查并使工作督导制度化，推动各二级单位通过召开组织生活会、师生座谈会、研讨调研等形式，自查总结本单位教师思想政治工作与师德师风建设好的经验、做法、存在问题、整改措施及工作计划。科学化有重点的工作督导，使学校各项师德建设举措得以迅速有效落地，同时，各单位全面深入的自查总结和意见反馈，为学校摸清教师思想政治工作和师德建设现状，以问题为导向进一步加强和改进教师思想政治工作和师德师风建设奠定基础。二是完善师德考核评价体系。根据上级最新精神，制定师德考核相关实施办法，明确师德考核对象、原则、等级、方法、程序和结果运用，实行个人自评、学生测评、教师互评、单位考评相结合的综合考评方法，同时，科学量化各等级测评指标，避免考核形式化、随意化。在职称评审、岗位晋升、评先评奖、项目申报等工作中实施"师德前置审核"原则，将师德考核结果运用于教师管理和职业发展全过程，强化考核结果运用，切实发挥师德考核引领作用。

第三节　发挥基层党组织在教师队伍建设中的主导作用

以落实基层党组织在教师队伍建设中发挥主导作用为目标，以提高师德素养和业务能力为核心，以强化教师队伍建设工作薄弱环节为突破口，全面加强高水平教师队伍建设。切实增强基层党组织政治核心作用和党支部战斗堡垒作用，履行政治责任。强化基层党组织功能，主动适应高等教育发展趋势，遵循高等教育特点和规律，把推动改革发展、服务师生成长成才、做好师生思想政治工作作为基层党组织的主要任务。强化基层党组织的政治引领，充分发挥党组织“把方向、管大局、做决策、保落实”的作用，把握好教师队伍建设、教学科研、人才培养等重大事项中的政治原则、政治立场、政治方向，保证党的路线方针政策落到实处。

一、完善基层党组织领导体制，发挥主导作用

完善党政联席会制度，明确党政领导班子职责和工作规则，健全院（系）集体领导、党政分工合作、协调运行的工作机制。院（系）党组织书记是教师队伍建设的第一责任人，院长（系主任）在

院系党组织的领导下，把思想政治工作要求贯穿到教育教学和管理服务中。按照民主集中制原则集体讨论决定本单位重要事项，涉及办学方向、队伍建设、教师引进、考核评聘、评优评奖、公派出国等与教师切身利益相关的重大事项，可先由院系党组织研究，再提交党政联席会议决定。

二、坚持政治标准，把好教师引进关

院（系）党组织对本单位教师队伍建设全局工作负政治责任，要把政治标准放在首位。在进人用人上要坚持标准条件、树立正确的用人导向，把思想政治素质作为教师选聘考核的基本要求，并贯穿到教师管理和职业发展全过程。院（系）党组织要把人才工作纳入工作计划，按照学校人才工作规划和部署，组织好本单位人才引进工作，成立由党组织书记任组长、院长（系主任）任副组长的人才工作领导小组，负责本单位应届毕业生的接收和高层次人才的引进工作。人才工作领导小组可下设政治考核组和业务考核组，在学校相关部门的指导下，通过面试、笔试、试讲、心理测试、查阅档案、外调政审等多形式，加强对拟接收和引进人才的政治素质、思想品质、心理素质和业务能力考核。考核的每个环节要有标准、有要求、有记录，确保引进人才工作更加科学、更加严密、更加有效。

三、坚持党管人才原则，把好教师培养和使用关

院（系）党组织要在教师的培养和使用上把好政治关。要加强师德师风建设，坚持教书和育人相统一，坚持言传和身教相统一，

坚持潜心问道和关注社会相统一，坚持学术自由和学术规范相统一，引导广大教师以德立身、以德立学、以德施教。激励教师努力成为先进思想文化的传播者、党执政的坚定支持者，更好地担起学生健康成长指导者和引路人的责任。院（系）党组织要制定教师培训规划，加强政治学习，提高业务能力。坚持教师集中理论学习制度，建立教师学习档案，出勤和学习情况纳入教师日常考核和年度考核。坚持党政领导深入课堂听课制度，指导教师把握正确政治方向和提高教学质量。鼓励教师积极参加学校组织的各类培训，不断提高教育教学能力和科学研究水平。在教师引进、考核聘任、职称评审、导师遴选、课题申报、评优奖励、公派出国等工作中，应充分发挥教工党支部、院（系）党组织的主导作用，把握好政治方向，培养好、使用好人才。

四、完善院（系）师德考核机制，推进师德师风建设

院（系）党组织要把加强教师师德建设纳入工作规划，并作为教师在职培训的重要内容，激发教师树立崇高的职业理想，严守教育教学纪律和学术规范，切实肩负起立德树人、教书育人的光荣职责。坚持学术研究无禁区、课堂讲授有纪律，杜绝有损国家利益和不利于学生健康成长的言行。配合学校定期开展教书育人楷模和师德标兵评选等活动，大力宣传优秀教师先进事迹，营造优良校风教风学风，激励教师爱岗敬业，以高尚师德、人格魅力、学识风范教育感染学生。完善教师师德考核机制，将师德表现作为教师年度考核、岗位聘任、职称评审、导师遴选、课题申报、评优奖励、公派

出国等工作的首要标准和依据，院（系）党组织要建立健全教师师德考核档案，完善师德评价内容和方法，实行师德“一票否决制”。对师德表现突出的教师，予以重点培养、表彰奖励；对师德表现不良的，及时劝诫、督促整改；对师德失范的，依法依规严肃处理。

五、加强教师党支部建设，充分发挥政治功能和主体作用

1. 实施教师党支部书记“双带头人”培育工程

院（系）党组织应注重选拔党性强、业务精、有威信、肯奉献的教师党员担任党支部书记，着力培养教师党支部书记成为“党建带头人、学术带头人”。同时，要注重配备熟悉、热爱党务工作的青年党员学术骨干担任支部委员，注重加强支委班子成员的教育培养，提升履职尽责能力。强化党建引领，把党的政治建设摆在首位，用习近平新时代中国特色社会主义思想武装头脑，贯彻落实全面从严治党要求，充分发挥教师党支部的政治功能和主体作用，健全教师党支部把好政治关的长效机制，保证教师党支部书记参与讨论决定本单位重要事项，确保教学科研管理等工作的政治方向。选优配强教师党支部书记，实施教师党支部书记“双带头人”培育工程，定期开展教师党支部书记轮训，提高政治能力和政治本领。配齐建强思想政治工作队伍和党务工作队伍，完善选拔、培养、激励机制，形成一支专职为主、专兼结合、数量充足、素质优良的工作力量。

坚持党的组织生活各项制度，创新方式方法，增强党的组织生活活力。

2. 加强教师党员队伍建设

完善发展党员制度，重视做好在优秀青年教师、海外留学归国教师中发展党员工作。健全把骨干教师培养成党员教师，把党员教师培养成教学、科研、管理骨干的“双培养”机制。健全主题党日活动制度，加强党员教师日常管理监督，推进“两学一做”学习教育常态化、制度化。深入开展“不忘初心、牢记使命”主题教育并形成长效机制，引导党员教师树牢“四个意识”、坚定“四个自信”、坚决做到“两个维护”，自觉爱党护党为党，敬业修德，争做奉献社会的示范标杆。注重选树宣传优秀党员教师，充分发挥党员教师的先锋模范作用。

3. 创建新型基层党组织

创新党支部设置和活动方式，丰富活动内容，使党支部工作更加贴近青年教师思想、工作和生活实际。创建服务型基层党组织，充分发挥教师党支部在服务教师成长发展中的作用，提升党组织对教师的亲和力、感染力和凝聚力。严肃认真的开展党支部组织生活，全面开展支部主题党日活动，结合师生实际和学校中心工作，积极开展组织生活，推进组织生活会、谈心谈话、民主评议党员等制度化、规范化、常态化，真正达到教育人、引导人、感染人、塑造人的效果。

六、切实加强青年教师思想教育引导

院（系）党组织要强化政治理论学习和形势政策教育，加强理想信念教育，组织青年教师学习党的基本理论、基本路线、基本纲领、基本经验、基本要求，努力提高青年教师政治理论素养，进一步增强对中国特色社会主义的理论认同、政治认同、情感认同，坚定道路自信、理论自信、制度自信、文化自信，坚持正确政治方向。院（系）党组织要建立青年教师思想状况定期调查分析制度，准确把握青年教师思想动态和需求。支持和鼓励青年教师参加社会实践和挂职锻炼，坚持与青年教师专业特长、职业发展、服务社会等相结合，引导教师深入社会，开展调查研究、学习考察、志愿服务，进一步了解国情、社情、民情，正确认识国家前途命运，正确认识自身社会责任。

七、强化对青年教师的教育管理和服务

院（系）党组织要加强新进教师岗前培训和在职培训工作，鼓励教师积极参加学校组织的各类培训，注重发挥优秀老教师的传帮带作用，不断提高教育教学能力和科学研究水平。要加强校情、校规教育，引导青年自觉认同学校文化，遵守各项规章制度，积极投身学校改革发展事业，将个人成长发展融入学校发展进程，成为学校事业改革发展的支持者、拥护者和实践者。要建立健全领导干部联系青年教师、与青年教师谈心谈话制度，把解决教师思想问题和实际问题结合起来，协助青年教师解决职业发展、家庭生活等方面

的实际困难。要积极探索建立教师退出机制，加强对青年教师，尤其是新进教师的考核和管理，对存在思想政治、师德师风等严重违纪情况，要敢于行使“一票否决权”，并依法依规严肃处理，视情况可做出解除聘用合同、降低岗位等级或调整岗位等处理建议或决定。

八、组织青年教师参与学生思想政治教育和其他管理服务工作

院（系）党组织要鼓励青年教师兼任学生辅导员、班主任，健全青年教师参与学生思想政治教育的有效途径和长效机制，引导青年教师发挥自身优势，主动参与学生思想政治教育实践。青年教师晋升高一级专业技术职务（职称），原则上应具有一年以上从事学生思想政治教育工作经历。青年教师应服从服务于学校事业发展的大局，完成学校安排的援疆援藏、孔子学院派出、各种挂职锻炼等相关服务工作。

九、完善考核机制

学校党委将院（系）党组织在教师队伍建设中发挥主导作用情况纳入基层党组织述职评议考核内容，考核结果和有关情况作为领导班子、领导干部目标管理和实绩考核的重要内容，纳入监督检查范围，对履行不力、思想政治工作和党的建设长期薄弱的，追究党组织和党员领导干部的主体责任、监督责任、领导责任。学校通过实地走访、

听取汇报、查阅台账等方式，了解掌握院（系）党组织在教师队伍建设中的作用发挥情况及实效。院（系）党组织要加强对党支部的指导，通过政策指导、列席支部会议等方式，加强对所辖党支部的督促指导，确保基层党组织在教师队伍建设中的主导作用。

第四节　发挥政治理论学习在教师师德能力提升中的重要作用

贯彻落实习近平总书记在全国高校思想政治工作会议、全国教育大会、学校思政课教师座谈会等重要讲话精神，增强思想政治工作凝聚力，筑牢意识形态工作主阵地。进一步推进高校教师政治理论学习制度化、规范化，强化思想理论教育，不断提高教职工的思想政治素质，切实增强贯彻执行党的路线方针政策的自觉性和坚定性。

一、强化理论学习，坚定政治信仰

政治信仰，是特定社会和国家的人们在对某种社会政治体系及其理论学说认同、信服和敬仰的基础上，进而奉为自己言行准则并身体力行的精神体系。[①] 理论上清醒，政治上才能坚定。“对马克思主义的信仰，对社会主义和共产主义的信念，是共产党人的政治灵

① 荆学民．当代中国社会信仰论［M］．北京：人民出版社，2008：183.

魂，是共产党人经受住任何考验的精神支柱”。[①] 教师思想政治工作必须旗帜鲜明讲政治，全体教师都必须加强政治理论学习，增强“四个意识”，坚定“四个自信”，做到“两个维护”。

二、坚定指导思想，明确学习目标

高举中国特色社会主义伟大旗帜，以马克思列宁主义、毛泽东思想、邓小平理论、“三个代表”重要思想、科学发展观和习近平新时代中国特色社会主义理论为指导，以立德树人为根本任务，以理想信念教育为核心，围绕学校中心工作，不断提升思想政治工作科学化水平。

全面贯彻党的教育方针，全面落实立德树人的根本任务，积极主动承担起培养又红又专、德才兼备、全面发展的中国特色社会主义合格建设者和可靠接班人的历史使命；提高教师的思想政治觉悟，坚定道路自信、理论自信、制度自信、文化自信，引导教师自觉践行社会主义核心价值观；用习近平新时代中国特色社会主义思想武装头脑，提升教职工的政治理论素质，提高运用马克思主义立场、观点、方法分析和解决问题的能力；及时了解和掌握国家大政方针，牢固树立政治意识、大局意识、核心意识、看齐意识，坚定不移维护党中央权威和党中央集中统一领导，始终在思想上政治上行动上同以习近平同志为核心的党中央保持高度一致。

① 习近平谈治国理政：第1卷［M］. 北京：外文出版社，2014：15.

三、完善理论学习内容，创新学习形式

一是要形成教师政治理论常态化学习机制。如北京第二外国语学院出台《教职工政治理论学习制度》，制定每年度教师政治理论学习计划，组织全体教师定期定时开展集中政治理论学习，推动教师政治理论学习科学化、常态化、机制化。二是要抓重点群体，发挥带动引领作用。“我们党的组织要向全国发展，要自觉地造就成万数的干部，要有几百个最好的群众领袖”。① 政治理论学习教育，要善于抓领导干部、群众领袖，发挥垂范学习和示范引领作用，以点带面，形成头雁效应。三是要聚焦师德师风，拓延学习内容。要把政治理论学习与师德师风教育结合起来，明确政治信仰、政治能力是评价教师师德的首要标准，推动教师认真学习习近平总书记关于高等教育的重要论述，把党对教师的政治要求融入于师德，体现于师风，引领教师争做“四有”好老师、当好“四个引路人”。四是要重视成果总结，加强理论研究。要充分发挥高校教师智力聚集优势，推动教师结合工作实际对政治理论学习进行总结凝练，形成固化成果，转化、反哺教育教学事业。如设立专项课题，列支专门经费，支持教师通过课题项目、实践调研和工作室建设等方式，开展专门研究，有意识地将政治理论学习与教育教学、学术研究、社会服务相融合相促进。

政治理论学习以集体学习为主，采用精读文件、专题讨论、观看视频、辅导讲座与培训、专题报告、经验交流、调研考察等方式

① 毛泽东选集：第 1 卷［M］，北京：人民出版社，1991：277.

进行。倡导、推动教师开展自学读书活动，做好读书笔记，撰写学习心得体会。积极利用微信、微博等新媒体形式，调动教师政治理论学习的积极性和主动性，提升学习的吸引力和感染力。政治理论学习应有固定的时间安排。如北京第二外国语学院教师政治理论学习安排在每周二下午（若学校安排全校性学习或活动，以学校安排优先；参加学校组织的学习培训视同完成本单位学习任务），每次集中学习时间不少于2小时，各单位党委（党总支、直属党支部）可结合本单位实际情况自行安排。

四、加强组织管理，检验学习效果

学校党委对教师政治理论学习进行宏观指导、统筹管理和部署安排，制定年度教师政治理论学习安排意见，明确学习内容和学习要求。各单位根据学校相关工作安排，制定本单位教师政治理论学习计划，并组织实施、管理指导和督促检查。要结合实际，研究制定本单位年度教师政治理论学习计划，并报学校党委教师工作部备案。严格考勤制度，指定专人做好学习记录，不得随意占用集体学习时间，确保学习时间、内容、人员、效果“四落实”。建立健全教师政治理论学习档案制度，包括学习计划、学习通知、出勤情况、讨论交流记录、个人学习原始记录本、学习情况总结等。二级单位领导班子成员、理论学习中心组成员要带头学习，发挥示范和表率作用。出勤与学习情况纳入年度考核。党委教师工作部会同相关职能部门定期对各单位政治理论学习的组织情况进行检查督导，总结学习活动情况，并向学校党委汇报。教师政治理论学习情况要作为重要内容纳入单位领导班子和领导干部综合考核，作为各单位和教师年度考核评优的重要条件之一。

第五节　全面加强新时代高校师德师风建设的重要作用

当前，中国特色社会主义进入新时代，对高校教师师德师风建设提出了新的更高的要求。为适应新时代、新形势、新要求，高校要从战略和全局高度充分认识教师师德师风工作的重要性，把全面加强教师师德师风建设作为一项重大政治任务和基础性工程切实抓紧抓好。坚持党管干部、党管人才，坚持依法治教、依法执教，保证教师队伍建设正确的政治方向。把提高教师思想政治素质和职业道德水平摆在首要位置，把社会主义核心价值观贯穿教书育人全过程，确保政治和业务融为一体、高度统一，铸牢新时代中国特色社会主义的教育信仰，突出全员全方位全过程师德养成。

一、政治监督与师德建设相结合，严明政治规矩

“严肃党内政治生活、净化党内政治生态，是党的建设中带有根本性、基础性的问题，关乎党的团结统一，关乎党的生死存亡”。[①] 加强党的政治建设，必须严明党的政治纪律和政治规矩，发展积极

① 习近平关于全面从严治党论述摘编［M］. 北京：中央文献出版社，2016：37.

健康的党内政治文化。在高校，做好教师思想政治工作，要善于把党内的优秀传统、制度、纪律、规矩和政治文化向教师管理和师德建设工作延伸，做好政治监督与师德建设的融入结合，统领强化教师政治纪律建设，推动教师旗帜鲜明讲政治，持之以恒严师德，形成风清气正、崇德敬德的良好教书育人环境，净化教育领域政治生态，确保高校意识形态安全。

1. 要严把政治“体检”关

“我们党对干部的要求，首先是政治上的要求。选拔任用干部，首先要看干部政治上清醒不清醒、坚定不坚定。”① 针对教师群体，同样要在教师准入、岗位聘任、职务职称晋升等工作中，将政治表现作为底线标准，前置审核。

2. 要严格师德考核

要把政治要求作为师德考核首要标准，对妄议中央大政方针，违反政治规矩和教学纪律的，执行“师德一票否决”，严格处理举措，明确政治红线、师德底线。

3. 要规范阵地管理

落实意识形态工作责任制，规范线上线下阵地管理流程，严格责任落实；建立抽查听课监督制度，切实掌握课堂教学情况，强化宣传教育和纪律约束，确保教师课堂讲授守纪律、公开言论守规矩、成果发布守程序，不给错误思潮留有传播空间；对报告会、研讨会、讲座、论坛等，强化敏感政治情况审查，实行分类审批、分级负责、

---

① 严把标准公正用人拓宽视野激励干部 造就忠诚干净担当的高素质干部队伍［N］. 人民日报，2018-11-27（1）.

统一管理，严格履行“一会一报”申报审批备案制度。

4. 要狠抓重要节点思想动态监督

在敏感时期、国家重要活动时期、重大节庆和纪念日时期，深入师生开展思想动态调查，及时掌握教师言行倾向，做好教育引导，有效防范和抵御错误意识形态渗透。

二、建立健全高校师德建设长效机制

高校师德建设坚持价值引领，以社会主义核心价值观为高校教师崇德修身的基本遵循，促进高校教师带头培育和践行社会主义核心价值观，做学生健康成长的指导者和引路人。坚持师德为上，以立德树人为出发点和立足点，找准与教师思想的共鸣点，增强高校师德建设的针对性和贴近性，培育教师高尚道德情操。坚持以人为本，充分尊重每一位教师，引导教师自觉以德立身、以德立学、以德施教、以德育德，坚持教书和育人相统一，坚持言传和身教相统一，坚持潜心问道和关注社会相统一，坚持学术自由和学术规范相统一。坚持改革创新，不断探索新时期高校师德建设的规律特点，在理念创新、内容创新、机制创新上下功夫，善于运用高校教师喜闻乐见的方式方法，增强师德建设的实际效果。以北京第二外国语学院师德工作建设为例，主要做到以下工作：

1. 构建师德建设领导机构

基层单位党组织在师德建设中承担主体责任，成立师德建设工作小组，党政负责人共同承担师德建设的领导责任，做好师德师风和教师队伍建设工作。各基层单位以学校师德建设文件精神为指导，制定本单位的师德建设工作方案，组织和落实好师德建设工作。建立师德建设工作研究联席会制度。由分管教师工作的校领导牵头，负责研究制定师德建设相关政策、规划，研究师德建设中的问题，审议师德师风建设中的奖惩事项，督导、检查各院（系）师德建设工作，定期开展师德状况调研分析，加强内部督导。

2. 强化师德教育，引导教师树立崇高理想

将师德师风教育摆在我校教师培养的首位，贯穿教师入职、培养、发展的全过程。将师德教育作为优秀教师及团队培养，骨干教师、学科带头人和学科领军人物培育的重要内容。重点加强社会主义核心价值观教育，重视理想信念、法制和心理健康教育。建立和完善教师政治理论学习制度，定期组织教师认真学习党的基本路线、方针、政策，学习上级及学校有关文件精神。明确违规行为，划出“师德红线”，提升教师师德底线意识。同时，加强优秀师德典型的选树和宣传力度，注重教育引导、预警和风险防范，抓早抓细抓小，不断弘扬高尚师德，营造风清气正的育人环境。

3. 发挥党组织和党员队伍作用

进一步加强教师党支部建设，将全面从严治党要求落实到每个教师党支部和教师党员身上，用习近平新时代中国特色社会主义思想武装头脑，充分发挥教师党支部在教育、管理、监督和宣传引导、凝聚师生方面的战斗堡垒作用，充分发挥党员教师的先锋模范作用。北京第二外国语学院出台《关于加强和改进基层党组织在教师队伍建设中发挥主导作用的实施意见》，发挥基层党组织在把好教师政治关、师德关中的主导作用。

4. 加强教学规范和学术道德教育

组织教师学习教学管理制度，提高教师认真履行教学职责的主动性和自觉性；开展学术诚信教育，引导教师在科研活动中遵循实事求是的科学精神和严谨认真的治学态度，恪守学术诚信，遵守学术准则，尊重和保护他人知识产权等合法权益。

5. 开展新晋升高级职称教师和研究生导师支持计划

通过签订岗位聘任协议书、举行研究生导师聘任仪式等活动，明确新晋升高级职称教师的教书育人、科学研究和社会服务等职责；强化研究生导师基本素质要求，明确研究生导师立德树人职责，建立健全师德预警和风险防范措施，健全研究生导师评价激励机制，营造健康和谐的师生关系。

6. 完善新教师入职宣誓和师德承诺制度

做好新教工入职宣誓仪式和老教师荣休仪式，增强教师的荣誉感和成就感，引导青年教师做“四有”好教师。

7. 健全师德建设的宣传机制

将师德师风宣传作为学校宣传工作的重要组成部分，发掘师德典型，讲好师德故事，通过开展“师德榜样（先锋）”“优秀教师”“教学名师”“翔宇教学奖”“从教三十年”“年度十大人物”“党建先进”等评选与表彰活动，宣传先进事迹，引导教师提升精神境界。开展师德教育宣传月活动，充分利用教师节等重大节庆日、纪念日，通过电视、广播、报纸、网站及微博、微信、微电影等新媒体形式，集中宣传“黄大年式教师团队”“中国好老师”和我校优秀教师的典型事迹，努力营造尊师重教的浓厚氛围。倡导师德教育宣传与研讨研究相结合。定期举办师德论坛、经常性的师德建设先进经验交流会和研讨会，设置师德师风建设专项经费和研究项目，促进师德建设的理论创新、制度创新和管理创新，推动师德建设科学化、制度化，支持出版师德建设和教书育人优秀成果。加强外派出国（境）学习工作教师的政治意识和外事纪律教育，开展外籍教师有关国家法律法规和学校相关规章制度的宣讲教育。

8. 完善师德考核制度建设

建立健全学校、教师、学生、家长和社会多方参与的师德考核评价和监督体系，将师德考核结果作为教师招聘引进、岗位聘任、职务（职称）晋升、导师遴选、项目申报、评奖评优、干部选任、公派出国、绩效分配、工资晋级等的重要依据，师德考核及年度考核不合格的应根据情节轻重给予相应处理或处分。落实师德状况定期调研制度、师德重大问题报告制度、师德舆情快速反应制度，严格落实师德“一票否决制”。

9. 创新师德教育手段，推动师德教育融入教师专业发展培训，着力提高全员师德修养

完善宣教体系，注重选树宣传师德先进典型，开展“不忘初心立德树人”主题教育、“做立德树人好老师”先进事迹宣讲活动等，讲好师德故事，弘扬高尚师德，强化教育感召，营造崇德敬德良好氛围，引导广大教师以德立身、以德立学、以德施教、以德育德，坚持教书与育人相统一、言传与身教相统一、潜心问道与关注社会相统一、学术自由与学术规范相统一，争做“四有”好老师，当好“四个引路人”。

10. 建立师德舆情反应机制

对于师德建设中出现的热点难点问题，要及时应对并有效引导。组建校、院（系）两级师德舆情监控信息员队伍，通过各种渠道全面收集学校师德舆情信息，及时了解和掌握学校师德舆情动向。对于舆情反映的突发性师德重大问题，校院（系）两级上下联动，迅速启动应急预案，认真调查核实。如情况属实，按照规定程序严格查处，尽快消除负面影响；如与事实不符或者出入较大，要及时予以澄清说明。

11. 建立师德重大问题报告制度

基层单位发现师德重大问题，要在第一时间调查核实并按权限做出处理或提出处理建议，并及时向党委教师工作部和相关部门如实报告，不得迟报、漏报、瞒报、谎报。

三、建立健全高校教师师德考核的常态化机制

为深入贯彻习近平新时代中国特色社会主义思想，落实全国、全市教育大会和《中共中央 国务院关于全面深化新时代教师队伍建设改革的意见》（中发［2018］4 号）、《新时代高校教师职业行为十项准则》（教师［2018］16 号）、《教育部关于高校教师师德失范行为处理的指导意见》（教师［2018］17 号）等文件精神，加强教师师德师风建设长效机制，北京第二外国语学院出台了《北京第二外国语学院师德考核实施办法》。进一步加强我校师德师风建设，建立健全师德建设长效机制，培养造就一支师德高尚、业务精湛、结构合理、充满活力的高素质专业化教师队伍。

1. 师德考核目标与要求

师德建设是对我校教师自觉践行新时代“四有”好老师、“四个引路人”“四个相统一”的时代要求和恪守职业道德情况的评定，并通过考核结果的反馈促使教师自觉提升职业道德修养，践行教师职业行为准则，强化以德立身、以德立学、以德施教、以德育德的职业追求，自觉担当起新时代教师的神圣使命。将师德考核工作摆在教师考核的首要位置。师德考核要尊重教师的主体地位，遵循教师职业发展特点，促进教师专业化发展；坚持公正、公平、公开、激励和约束相结合的原则，充分发挥考核的导向作用，引导广大教师自觉践行师德规范，不断提高自身修养和师德水平。

2. 完善师德考核方法与程序

北京第二外国语学院师德考核分为平时考核和年度考核。平时考核由各教学单位自行组织，注重考核教师日常师德表现和遵守纪律、履行岗位职责等情况。学校实行动态考核，实时记录教师违反职业道德的行为，每学期进行汇总并通报。师德年度考核每学年进行一次，与教师年度考核一并进行。由各二级单位师德考核工作小组具体组织开展，并做出考核等级评价。考核方法及基本程序：个人自评、综合评议、研究确定、结果反馈、结果公示，学校师德考核委员会审核，考核结果存入教师人事档案，在测评中注重对教师的综合评价。教师本人对评定结果有异议，或在公示期内有情况反映的，由所在单位考核工作小组负责组织核实相关情况，依据事实和相关规定做出评定。教师对核实后做出的评定结果仍不同意的，可在被告知结果一周内向学校师德考核委员会申诉。

3. 加强师德考核结果的运用

师德考核结果纳入教师年度考核和聘期考核，作为评优评奖的首要依据。师德考核结果运用于教师管理和职业发展全过程，作为教师资格认定、岗位聘任、职务（职称）晋升、导师遴选、项目申报、评奖评优、干部选任、公派出国、绩效分配、工资晋级等工作的重要依据。师德考核结果为优秀的教师，所在单位应进行公开表彰，并作为校级及以上师德推优优先人选。同等条件下，师德考核优秀教师在岗位聘任、职务（职称）晋升、导师遴选、项目申报、评奖评优、干部选任、公派出国、绩效分配、工资晋级时应优先考虑。

师德考核结果为基本合格的教师，其年度考核结果不能评定为合格及以上档次。所在单位党组织应及时开展诫勉谈话，对其批评教育，督促其改进提高。师德考核结果为不合格的教师，其年度考核应评定为不合格，实行“一票否决”，根据情节轻重给予相应处理或处分。情节较轻的，给予责令检查、通报批评，以及取消其岗位聘任、职务（职称）晋升、导师遴选、项目申报、评奖评优、干部选任、公派出国、绩效分配、工资晋级等方面资格。担任研究生导师的，还应采取限制招生名额、停止招生资格直至取消导师资格的处理，以上取消相关资格处理的执行期限不得少于 24 个月。情节较重应给予处分的，还应给予警告、记过、降低专业技术职务等级、撤销专业技术职务或行政职务，解除聘用合同或开除等处理。情节严重、影响恶劣的，应报请主管教育部门撤销其教师资格。是中共党员的，同时给予党纪处分。涉嫌违法犯罪的，及时移送司法机关依法处理。

4. 完善组织机构建设与制度保障

校党委书记和校长共同管理师德考核工作，共同承担师德考核责任，是师德建设的第一责任人。二级单位党政主要负责人对本单位师德考核工作负直接领导责任。学校成立师德考核委员会，负责指导、组织、协调全校师德考核工作，审定考核结果。委员会主任由党委书记、校长担任，副主任由主管干部人事工作的校领导、校纪委书记担任，委员包括党委组织人事部、党委宣传部、党委学生工作部、纪检监察办公室、教务处、科研处、研究生院、国际交流与合作处、工会、学术委员会等部门或组织负责人及教师代表等。委员会办公室设在党委组织人事部（教师工作部），负责师德考核日常工作。二级单位成立师德考核工作小组，负责组织实施本单位教师师德考核工作，确定师德考核初步意见和考核档次。工作小组组长由各单位党政领导担任，成员包括教工党支部书记、其他班子成员、教师代表等。

四、进一步加强高校青年教师队伍建设

北京第二外国语学院高度重视青年教师队伍建设，充分发挥基层党组织的政治功能和主体作用，发挥老教师的“传帮带”作用，引导老教师在师德建设中率先垂范，将自己对教师职业的理解和自己传道、授业、解惑的经验，无私传授给青年教师。出台加强青年教师队伍建设的多项制度，利用多种途径和形式打造青年教师师德师能的“双提升”。

1. 强化思想政治教育，提升师德师风水平

一是加强青年教师思想政治教育。强化政治理论和形势政策学习，引导青年教师用习近平新时代中国特色社会主义思想武装头脑，自觉践行社会主义核心价值观，坚定政治信仰，提高政治能力。原则上，新入职青年教师必须参与学生思想政治教育工作，担任班主任或辅导员。

二是强化青年教师职业道德教育。贯彻落实《新时代北京高校教师职业行为十项准则》《北京第二外国语学院教师职业行为规范》，把职业道德教育作为教师培养培训的重要内容，激发青年教师树立崇高的职业理想。通过新教工入职培训、岗前培训加强校史、校情、校规、校纪教育，使“明德、勤学、求是、竞先”的校训精神化为青年教师的自觉行为，以“和易以思 人文化成”的优秀教风引领优秀学风。落实师德考核制度，强化结果运用，发挥考核导向作用，推动广大青年教师弘扬高尚师德，潜心立德树人。

三是注重青年教师学术道德教育。开展学术诚信教育，引导教师在科研活动中遵循实事求是的科学精神和严谨认真的治学态度，恪守学术诚信，遵守学术准则，尊重和保护他人知识产权等合法权益。构建完善学校、教师、学生、家长和社会多方参与的师德建设监督机制，共同努力创造良好学术氛围。

2. 构建培养培训体系，推动教师专业发展

一是夯实青年教师基础。加强对新入职青年教师职业生涯发展规划的指导，帮助青年教师尽快掌握教学技能、凝练研究方向、融入科研团队、奠定发展基础。开展入职培训，新入职教职工均须参加学校统一组织的入职培训。将思想政治教育、师德师风建设与业务综合能力提升相结合，通过系统教育培训和专题社会实践，推动青年教师深入了解校史校情、岗位职责及各项规章制度，掌握提升教学科研和行政综合能力，尽快完成身份转变，以高度使命感、责任感、荣誉感快速融入学校改革发展各项事业。开展岗前培训，应届高校毕业生或从其他专业技术职务系列聘任的教师岗位人员，须于到岗一年内参加由北京市高等学校师资培训中心组织的岗前培训，并取得合格证书。培训内容一般包括高等教育学、高等教育心理学、高等教育法律法规、高等学校教师职业道德修养和大学教学技能等。未考取合格证书者不可晋升高一级专业技术职务。组织开展基本技能培训，实行"青年教师导师制"，为新入职青年教师配备导师，进行为期不少于一学年的指导。青年教师跟随导师完成不少于一门课程的助教工作，所助课程不低于32学时，完成并熟练掌握备课、授课、答疑、作业批改、考试考查及参与科学研究等环节内容。通过导师"传、帮、带"，使青年教师尽快适应工作岗位，尽快融入学科队伍。通过集体备课制度，帮助青年教师提高教育教学能力。实施青年教师"启航计划"，学校为新入职青年教师提供必要的研究经费，通过科研启动费、教学及科研项目资助等，调动青年教师积极性、主动性，帮助青年教师夯实基础，快速起步。

二是注重青年教师发展提高。对来校工作三年及以上的青年教师，通过教学科研能力提升培训、业务交流研讨及实践锻炼、重点培养等方式，着力提高青年教师教学科研能力和水平，提升综合素质，培育教学科研骨干。引领青年教师专业发展，构建"一人一册一方案”教师发展体系，建立青年教师发展档案，进一步完善青年教师分类、分层、分岗位培训。强化科学性、针对性培养，探索将青年教师专业发展纳入考核评价体系，切实提升青年教师岗位专业素养、思想引导意识、价值引领能力。提升青年教师教学科研能力，支持青年教师积极参与精品课程与特色课程建设、申报教改项目、参评各级各类教育教学奖项等。搭建平台，定期组织开展“青年教师专业能力提升工作坊”“骨干教师学术沙龙”等教育教学和科研能力提升相关交流、研讨活动。提高青年教师国际化水平，充分利用国际优质教育资源培养青年教师，积极争取国家留学基金委、北京市相关专项资助，拓展国（境）外研修项目，开展短期师资国（境）外培训班，着力加大青年教师出国（境）研修、培训力度，全面提升青年教师国际化水平。实施学历提升计划，根据学校学科建设、学术梯队建设需要，坚持按需培养、学用一致的原则，鼓励青年教师在职提升学历。

三是引导青年教师投身社会实践。引导广大青年教师与社会发展同频共振，到党政机关、企事业单位、校内职能部门学习考察、挂职锻炼或开展调查研究、志愿服务等，深入了解国情、社情、市情、民情、校情，强化社会服务意识和能力，积极创新，形成优质实践调研成果。青年教师校内外挂职锻炼、援疆援藏等工作，视同参与学生思想政治教育工作经历，在师德评优评奖中，同等条件下优先推荐。骨干培养，面向业务能力突出、综合素质优秀的青年教师，通过严格遴选与重点培养，使其成长为在本学科领域具有一定影响力的教学名师、学科学术带头人或青年骨干教师。

第六节　聚力教师专业发展，深化师德师能“双提升”

“人民立场是中国共产党的根本政治立场，是马克思主义政党区别于其他政党的显著标志”。[①]以人民为中心，是党的政治建设的根本价值取向。以党的政治建设统领教师思想政治工作，立足教师职业特点，达到教师政治能力和业务能力的“双提升”。

一、丰富教育培训，增强政治能力

高校党委要按照“提高政治站位，标准政治方向，注重政治效果，考虑政治影响，坚决防止和纠正把政治与业务割裂开来、对立起来的错误认识和做法”的要求，加强教师政治能力训练和实践锻炼，围绕立德树人根本任务，着眼意识形态安全，将增强教师政治能力与业务能力相结合，强化教育培训，确保教师政治能力和业务能力齐头并进、高度统一。

1. 注重系统性

教师的政治能力是一种综合性能力，其提升不是一蹴而就的，必须要有系统的教育培训。要着眼教师辨别政治是非、保持政治定力、驾驭政治局面、防范政治风险、增强政治引领等方面能力，系

① 习近平 . 在庆祝中国共产党成立 95 周年大会上的讲话［N］. 人民日报，2016-07-02（1）.

统设置学习教育和培养培训内容，增强教师从政治角度分析、研判、处置问题的水平。

2. 注重针对性

要结合高校工作特点，把提升教师意识形态工作能力作为重点，通过专题培训等方式，讲清、讲明、讲透各种错误思潮、错误思想的源头、发展和危害，着力增强教师政治敏锐性、政治鉴别力和政治引导力。

3. 注重特色性

结合各高校或院系特点特色，有针对性地开展教育培训，如外语类高校可以强化对海归教师、外教等重点群体的教育培训，民族类高校可以强化对教师民族政策、民族问题等内容的教育培训，通过更加贴近学校实际的教学设计，增强工作实效。

二、建好建强教师发展中心，不断提升教师综合能力

北京第二外国语学院教师发展中心在学校党委的指导与关心下，于 2018 年 12 月成立。学校坚持教师本位，深入调研和回应教师需求，高站位科学谋划学校教师发展工作。教师发展中心坚持以“引领、论道、传承、创新”为使命，通过体系化师资培训、沙龙、校际交流等形式，实现立师德、正师风、强师能的良好实效。

1. 强化顶层设计

注重统筹协调，高站位科学谋划教师发展中心工作，着力构建完善教师发展服务支持体系。注重统筹校际、校内资源，构建起支持教师专业发展的配套制度、师资力量和课程体系，着眼教师发展

与教师思政、师德建设、人事管理、职称评聘、考核评价等环节的贯通融合，使教师发展工作以教师需求为根本出发点和落脚点，同时有抓手、能落地，发挥出合力效应。

2. 增强培养培训的系统性、针对性

着眼实效管用，开展分类分层分岗位的专门化培训，制定《促进教师专业发展工作规划》，坚持点学与选学相结合、集中与分散相结合、时政与专业相结合、理论与实践相结合，形成较为完善的专门师资库和“菜单式”课程建设，打造覆盖全员、开放灵活，科学化、分层次、有针对性的教师发展培养培训体系。以新入职教职工、近三年入职青年教师、中青年教师、学科骨干教师、科研骨干教师、科级及以下管理干部等为培训对象，精准开展系统化有针对性的专门培训，强化协同衔接，切实提高教师业务能力和综合素质。开设教师发展论坛，开展“五年百论”活动，邀请国内外优秀专家学者与我校教师开展教学方法探讨、教学经验分享、现场教学观摩、科研能力提升等培训、交流活动和人文素养、师生关系、心理健康等素质拓展类沙龙、讲座等，贴近教师实际需要，解决教师实际问题，着力全面提高教师综合素质。

3. 着力提高教师教学能力

完善督查督学机制，充分发挥督查督学室作用，强化学校、教务处、院系组织的三级听课制度，建立相对固定的专业化教师教学评估队伍，对青年教师督导听课全覆盖，推动教学评估与监控常态化。系统设计学校教学质量保障体系，建立健全各环节教学质量标准，完善学生评教机制，狠抓教学秩序，严格过程管理，推动教师回归教学本位，提高教学能力，淘汰“水课”，打造“金课”，提升课堂教学质量。互联网时代，新媒体新技术深度发展，教师发展中心为探索更有效、更鲜活、更开放的方式开展教师工作提供了有力抓手。在线课程建设作为新型教育方式被推向热潮，更突显了运用现代传播手段和信息技术对教师开展教育引导的重要性和迫切性。结合学校出台的《在线课程建设方案》，推动在线课程和智慧教室建设，推动教师系统掌握“互联网+”手段改造传统教学，提高信息化教学水平，实现翻转课堂等混合式教学模式改革。引入北京高校青年教师教学基本功比赛赛制，举办全校青年教师教学基本功大赛和青年教师微课比赛，充分发挥教学大赛在提升教师教育教学基本能力和综合素质方面的示范引领作用，促进青年教师在比赛中更好更快成长。

4. 全面提升教师科研水平

教师发展中心与学校科研处合作，强化科研培训力度，开展涵盖高水平论文、科研项目和咨政报告撰写、申报、结项等各环节系统培训，注重加大省部级及以上科研项目帮扶力度。学校实施“启航计划”，为新入职青年教师提供必要科研经费，鼓励支持科研创新，帮助青年教师打下坚实科研基础。

5. 搭建交流平台优化服务

充分发挥教师发展中心育人服务职能，进一步完善人文关怀和心理疏导机制。筹划创办教师发展中心专题网页、微信公众号，逐步构建完善网络新媒体交流互动平台，线上线下多途径收集受理教师意见建议与咨询事项，有计划、有针对性地开展专家指导和个性化诊断等，优化教师发展中心服务职能，成立青年教师联谊会，努力打造品牌，形成积极正面影响。

第七节　着力深化人事制度改革，推动教师管理优化升级

教育大计，教师为本。教师承担着传播知识、传播思想、传播真理的历史使命，肩负着塑造灵魂、塑造生命、塑造人的时代重任。北京第二外国语学院历来高度重视教师工作，遵循教育规律和教师成长发展规律，以强化师德师风建设为首要任务，以优化教师资源配置为基本前提，以教师素质能力提升为核心内容，以理顺教师管理体制机制为强大动力，始终坚持将教师队伍建设摆在突出位置，培养高素质专业化创新型教师队伍，形成人人皆可成才、人人尽展其才、好教师不断涌现的教师队伍建设制度体系，实现教师师德师能的双线提升。

一、精准施策优化师资结构，全面强化人才梯队建设

1. 加大引进聘用具有政府、科研机构和行业工作经历教师的力度，加大引进海外优秀人才。

创新聘任机制，探索运用柔性引进、兼职、返聘等多种方式吸引和汇集一批国内外、各行业优秀人才，加强应用型师资队伍建设。

人才招聘引进适当向师资力量薄弱的新办非通用语专业倾斜，进一步优化师资结构。

2. 坚持统筹规划、精准施策，通过“内升外引”，有针对性地强化各层次人才队伍建设，形成“高层次人才—拔尖人才（高端研究人才、教学名师、领军人物）—骨干人才—优秀后备”良性梯队建设。构建“一人一册一方案”教师发展支持体系，高层次人才由学校统一建档，其他教师由所在单位建档，形成科学化、系统化、有针对性的精准培养机制。

3. 完善政策、强化保障，强化高层次人才队伍建设，统筹做好千人计划、长江学者、海聚工程等国家和北京市高层次人才项目推选工作。加强高端智库建设，汇聚培养一批高端研究人才。实施“人才能力提升计划”，结合“一带一路”建设和人文、学术交流机制，推动国（境）内外教师双向交流、研修，资助或支持青年教师和优秀管理干部开展国（境）内外访学、研修、培训、合作科研、攻读学位等，切实提升教师综合素质和国际化水平。实施“青年骨干教师培育计划”，加强优秀青年教师选拔培养，有计划地系统培育青年英才和青年拔尖人才团队，建立健全梯次人才储备库，培育教学名师和学科学术领军人物。

3. 拓宽渠道加大人才引进。实施“人才聚集计划”，根据学校高水平特色大学建设需要和学科发展需求，围绕博士点申报、“高精尖学科”和“一流专业”建设，有针对性地从国内外一流大学和研究机构吸引引进一批高层次人才，加快补齐人才短板。制定《高层次人才队伍建设奖励办法》，调动各单位对高层次人才队伍建设的积极性和创造性，激励高层次人才引进和培养工作。

二、完善岗位管理与聘用制度改革，深化职称制度与考评制度改革

1. 以人才分类发展、分类管理、分类评价制度建设为重点，完善岗位管理和聘用制度改革，形成人尽其才、人岗相适、人事相宜的良好用人氛围。优化流动岗位设置，吸引国内外优秀人才到我校兼职，支持孔子学院教师和援外教师成长发展。以聘期考核为导向，探索准聘与长聘相结合的聘任制度，做到能上能下、能进能出。

2. 进一步完善职称评审标准和方式，将思想政治和师德表现作为评聘首要条件，提高教学业绩在评聘中的比重。建立以同行专家评审为基础的分类评价机制，注重对代表性成果和实际贡献等内容进行考察评价。进一步畅通高层次人才和特殊人才职称评审绿色通道。加强职称评聘事中事后监管。

3. 深化教师考核评价制度改革，突出教育教学业绩和师德考核，将教授为本科生上课作为基本制度。注重对思想政治与师德、教育教学、科学研究、社会服务、专业发展等进行综合评价。合理运用考核评价结果，将其作为职称（职务）评定、绩效分配、评优评先的重要依据。

三、强化组织领导，健全奖惩机制

1. 坚持党管人才，突出政治属性，健全完善党委领导师资队伍建设的管理体制，提高管党治党、办学治校水平。不断增强各级

党组织抓好教师思想政治工作的意识和能力，完善教师工作目标管理和责任考核制度，把教师队伍建设工作纳入二级单位党建考核和班子考核。严把政治关，在教师招聘引进、岗位聘任、职务（职称）晋升、导师遴选、项目申报、评奖评优、干部选任、公派出国等工作中，严格政治考察，把政治立场和思想政治表现作为首要标准和底线要求。坚持“放管服”，进一步强化二级单位教师队伍建设主体责任。各单位党政负责人是教师工作第一责任人，把教师工作记在心里、扛在肩上、抓在手中，对突出矛盾、重大问题的解决，要细化分工，确定路线图、任务书、时间表和责任人，切实做到实事求是、求真务实，善始善终、善作善成，敢于担当、抓实工作。

2. 加大教师表彰力度，利用教师表彰、年度人物评选、教师节表彰等，定期开展优秀教师表彰，营造良好尊师重教氛围。畅通投诉举报渠道，贯彻落实师德考核制度，督促教师认真履行新时代教师职业行为规范，严格落实“师德一票否决制”。建立完善教师退出机制，提升教师队伍活力。建立教师工作督导检查机制，把各二级单位教师队伍建设情况作为校内督查督办重点。进一步加强对二级单位教师队伍建设的考核，将考核结果作为二级单位党政领导班子和有关领导干部综合考核评价、奖惩任免的重要参考，确保各项政策举措落实到位，取得实效。

附表 1：高校教师师德师能双提升试测问卷

本问卷仅用于课题研究的问卷试测，请各位专任教师填写。我们不会收集个人信息，对问卷结果会严格保密，请各位老师按照实际情况填写。

1. 您所在高校：__________　　所在院系：__________

2. 您的性别：

○男 ○女

3. 您的年龄：

○ 30 岁及以下 ○ 31~40 岁 ○ 41~50 岁 ○ 50 岁以上

4. 您的学历：

○大学本科 ○硕士研究生 ○博士研究生

5. 您的职称：

○助教 ○讲师 ○副教授 ○教授

6. 您所在学科：

○文学学科（中文、外语、新闻等）

○经管学科

○法政学科

○思政教育学科

○公共课程教师

7. 请就您个人对高校教师职业认同程度做出选择：

题项	不同意	较不同意	一般	较同意	同意
我适合做教师工作	○	○	○	○	○
从事教师职业能够实现我的人生价值	○	○	○	○	○
我为自己是一名教师而自豪	○	○	○	○	○
在做自我介绍的时候，我乐意提到我是一名教师	○	○	○	○	○
作为一名教师，我时常觉得受人尊重	○	○	○	○	○
我会注意自己的言行，不损害教师形象	○	○	○	○	○
我关心社会如何看待教师群体	○	○	○	○	○
有人指责教师群体时，我感受到侮辱	○	○	○	○	○
我会积极主动地与其他教师联系，创造和谐的同事关系	○	○	○	○	○
对于规定的教师职责，我会认真对待，及时完成	○	○	○	○	○
对于未规定或未明确的教师职责，如果有利于学生发展，我会积极参与并认真对待	○	○	○	○	○
对于未规定或未明确的教师职责，如果有利于个人发展，我会积极参与并认真对待	○	○	○	○	○
我会积极思考如何更大限度地发挥我作为教师的价值	○	○	○	○	○
我认为教师职业对促进人类个体发展十分重要	○	○	○	○	○
我认为教师的工作对促进学生的成长与发展很重要	○	○	○	○	○
我认为教师的工作对人类社会发展有重要作用	○	○	○	○	○
我认为教师职业是社会中最重要的职业之一	○	○	○	○	○

8. 请对您的职业动机做出选择：

题项	不同意	较不同意	一般	较同意	同意
我有被教师职业召唤的使命感	○	○	○	○	○
没有人逼迫我从事教师职业	○	○	○	○	○
有人生偶像吸引我从事教师职业	○	○	○	○	○
我之所以从事教育工作，是因为教育使命感的召唤	○	○	○	○	○
教育工作让我实现了人生目标	○	○	○	○	○
我认为教师职业是实现人生价值的路径	○	○	○	○	○
教师职业是我人生意义的重要部分	○	○	○	○	○
当我从教时，我努力实现我的人生价值	○	○	○	○	○
教师职业最重要的意义是让我可以帮助别人	○	○	○	○	○
我最重要的职业目标就是改变学生的人生	○	○	○	○	○
我的工作会改善这个世界	○	○	○	○	○
我经常评估我的工作对别人有多大的作用	○	○	○	○	○

9. 请您选择符合自己的人格特征评价，越靠近左边或右边的描述，选项越偏向该方向。

左	符合左边	偏向左边	中间	偏向右边	符合右边	右
缄默的	○	○	○	○	○	健谈的
喜欢怀疑的	○	○	○	○	○	受人信赖的
天马行空的	○	○	○	○	○	有条不紊的
感性的	○	○	○	○	○	冷静的
按部就班的	○	○	○	○	○	喜欢探索的

续表

左	符合左边	偏向左边	中间	偏向右边	符合右边	右
喜欢独处的	○	○	○	○	○	乐群的
世故的	○	○	○	○	○	坦诚的
随机应变的	○	○	○	○	○	坚持规则的
审慎的	○	○	○	○	○	积极的
重视经验的	○	○	○	○	○	开拓创新的
独立的	○	○	○	○	○	好交际的
严厉的	○	○	○	○	○	宽厚的
懂变通的	○	○	○	○	○	能坚持的
心思细腻的	○	○	○	○	○	有原则的
稳健的	○	○	○	○	○	创新的
寡言的	○	○	○	○	○	活跃的
冷淡的	○	○	○	○	○	热情的
莽撞的	○	○	○	○	○	小心的
情绪低落的	○	○	○	○	○	有活力的
保守的	○	○	○	○	○	开放的

10. 请对您的师德做出评价：

题项	不同意	较不同意	一般	较同意	同意
我的政治方向坚定	○	○	○	○	○
我自觉爱国守法	○	○	○	○	○
我积极传播优秀文化	○	○	○	○	○
我潜心教书育人	○	○	○	○	○
我关心爱护学生	○	○	○	○	○

续表

题项	不同意	较不同意	一般	较同意	同意
我坚持言行雅正	○	○	○	○	○
我遵守学术规范	○	○	○	○	○
我秉持公平诚信	○	○	○	○	○
我坚守廉洁自律	○	○	○	○	○
我积极奉献社会	○	○	○	○	○

11. 请对您个人的教学胜任力评价做出选择：

题项	不同意	较不同意	一般	较同意	同意
我有丰富的学科知识	○	○	○	○	○
我的合理的教学目标设定	○	○	○	○	○
我有足够的沟通能力	○	○	○	○	○
我的教学内容安排科学合理	○	○	○	○	○
我的语言表达准确到位	○	○	○	○	○
我有丰富的教学实践性知识	○	○	○	○	○
我有合适的教学方法	○	○	○	○	○
我有足够的教育技术	○	○	○	○	○
我的课堂组织严谨	○	○	○	○	○
我的师生互动活跃有效	○	○	○	○	○
我有足够的幽默感	○	○	○	○	○
我对教学对象分析到位	○	○	○	○	○
我的教学研究充足	○	○	○	○	○

12. 请对您的科研胜任力评价做出选择：

题项	不同意	较不同意	一般	较同意	同意
我有充分的获取知识的能力	○	○	○	○	○
我有足够的学术鉴别能力	○	○	○	○	○
我有足够的科学研究能力	○	○	○	○	○
我有足够的学术交流能力	○	○	○	○	○
我有足够的学术创新意识	○	○	○	○	○
我有足够的学术创新能力	○	○	○	○	○
我有足够的学科交叉能力	○	○	○	○	○
我有足够的学术抗压能力	○	○	○	○	○
我对不同意见有足够的接受能力	○	○	○	○	○
我有足够的科研持续能力	○	○	○	○	○
我有足够的学术诚信能力	○	○	○	○	○

13. 请对您的社会服务胜任力评价做出选择：

题项	不同意	较不同意	一般	较同意	同意
我有足够的服务社会的责任意识	○	○	○	○	○
我的交流表达顺畅到位	○	○	○	○	○
我有足够的学习和发展能力	○	○	○	○	○
我有足够的沟通与合作能力	○	○	○	○	○
我能够发现和把握问题	○	○	○	○	○
我能够分析、解决问题	○	○	○	○	○
我对问题的发展有前瞻	○	○	○	○	○
我有足够的信息获取能力	○	○	○	○	○
我的研究成果实现了转化	○	○	○	○	○

续表

题项	不同意	较不同意	一般	较同意	同意
我有学生活动组织的能力	○	○	○	○	○
我能够对学生开展思政辅导	○	○	○	○	○
我有充足的应急处理能力	○	○	○	○	○

14. 请您对个人的绩效做出评价：

题项	不同意	较不同意	一般	较同意	同意
我给学生授课课时数很饱满	○	○	○	○	○
我的评教成绩优秀	○	○	○	○	○
我的教育研究成果丰富	○	○	○	○	○
我的教学获奖很多	○	○	○	○	○
我指导学生数量很多	○	○	○	○	○
我编写的教材（教辅书籍）、录制的视频课程丰富	○	○	○	○	○
我发表的论文或著作数量丰富	○	○	○	○	○
我发表的论文或著作质量过硬	○	○	○	○	○
我的科研项目数量丰富	○	○	○	○	○
我的科研项目级别较高	○	○	○	○	○
我获得科研奖励较多	○	○	○	○	○
我的科研经费充足	○	○	○	○	○
我的科研经费使用合理	○	○	○	○	○
我经常参加学术交流	○	○	○	○	○
我的学术影响力很大	○	○	○	○	○
我在本校学科建设中起到了重大作用	○	○	○	○	○

续表

题项	不同意	较不同意	一般	较同意	同意
我经常参加学校的命题、监考、阅卷等服务性工作	○	○	○	○	○
我经常开展国际交流	○	○	○	○	○
我参加了较多的社会团体、学术组织	○	○	○	○	○
我为国家建言献策	○	○	○	○	○
我经常提供公益培训或其他志愿服务	○	○	○	○	○
我的成果转化实现了社会效益	○	○	○	○	○

15. 请您对您的工作满意度做出评价：

题项	不同意	较不同意	一般	较同意	同意
我在工作中受人尊重	○	○	○	○	○
我的成果得到了赞许	○	○	○	○	○
我工作中人际关系和谐	○	○	○	○	○
我对福利和保障满意	○	○	○	○	○
我对薪资水平满意	○	○	○	○	○
我的培训机会很多	○	○	○	○	○
我的晋升机会充足	○	○	○	○	○
我有充足的职业成就感	○	○	○	○	○
我不打算更换行业	○	○	○	○	○
我会推荐亲友来校工作	○	○	○	○	○
我关心学校发展	○	○	○	○	○
我自豪的告知别人我在本校工作	○	○	○	○	○

续表

题项	不同意	较不同意	一般	较同意	同意
我与学校价值观一致	○	○	○	○	○
我愿意为学校奉献	○	○	○	○	○
我的建言被领导采纳	○	○	○	○	○

16. 请您对学校对教师支持上的感知做出评价：

题项	不同意	较不同意	一般	较同意	同意
学校重视师德评价	○	○	○	○	○
学校有完善的师德评价规范	○	○	○	○	○
学校对师德评价运用合理到位	○	○	○	○	○
学校重视教师能力的提升	○	○	○	○	○
学校有完善的教师能力提升制度	○	○	○	○	○
学校在培训资源上投入充足	○	○	○	○	○
学校的培训组织服务到位	○	○	○	○	○
学校的培训策略科学合理	○	○	○	○	○
学校在职务晋升中重视教师的绩效产出	○	○	○	○	○
学校的教学管理制度鼓励教师多上课、上好课	○	○	○	○	○
学校的教学资源配备足以保障教学和教研	○	○	○	○	○
学校的科研资源配备足以保障开展科研工作	○	○	○	○	○
学校的科研管理制度鼓励教师做好科研	○	○	○	○	○
学校分配制度鼓励绩效产出	○	○	○	○	○

续表

题项	不同意	较不同意	一般	较同意	同意
学校领导支持教师的绩效产出	○	○	○	○	○
学校的科研氛围鼓励教师做好科研	○	○	○	○	○
同事会协作提升绩效产出	○	○	○	○	○
学校的分配制度科学合理	○	○	○	○	○
领导对我足够关心	○	○	○	○	○
我可以参与学校的决策	○	○	○	○	○
我对福利保障体系满意	○	○	○	○	○
我对学校的工作氛围满意	○	○	○	○	○

附表 2：高校教师师德师能双提升问卷

本问卷仅用于课题研究，请各位专任教师填写。我们不会收集个人信息，对问卷结果会严格保密，请各位老师按照实际情况填写。

1. 您所在高校：__________ 所在院系：__________

2. 您的性别：

○男 ○女

3. 您的年龄：

○ 30 岁及以下 ○ 31~40 岁 ○ 41~50 岁 ○ 50 岁以上

4. 您的学历：

○大学本科 ○硕士研究生 ○博士研究生

5. 您的职称：

○助教 ○讲师 ○副教授 ○教授

6. 您所在学科：

○文学学科（中文、外语、新闻等）

○经管学科

○法政学科

○思政教育学科

○公共课程教师

7. 请就您个人对高校教师职业认同程度做出选择

题项	不同意	较不同意	一般	较同意	同意
我适合做教师工作	○	○	○	○	○
从事教师职业能够实现我的人生价值	○	○	○	○	○
我为自己是一名教师而自豪	○	○	○	○	○
在做自我介绍的时候，我乐意提到我是一名教师	○	○	○	○	○
作为一名教师，我时常觉得受人尊重	○	○	○	○	○
我会注意自己的言行，不损害教师形象	○	○	○	○	○
我关心社会如何看待教师群体	○	○	○	○	○
有人指责教师群体时，我感受到侮辱	○	○	○	○	○
我会积极主动地与其他教师联系，创造和谐的同事关系	○	○	○	○	○
对于规定的教师职责，我会认真对待，及时完成	○	○	○	○	○
对于未规定或未明确的教师职责，如果有利于学生发展，我会积极参与并认真对待	○	○	○	○	○
对于未规定或未明确的教师职责，如果有利于个人发展，我会积极参与并认真对待	○	○	○	○	○
我会积极思考如何更大限度地发挥我作为教师的价值	○	○	○	○	○
我认为教师职业对促进人类个体发展十分重要	○	○	○	○	○
我认为教师的工作对促进学生的成长与发展很重要	○	○	○	○	○
我认为教师的工作对人类社会发展有重要作用	○	○	○	○	○
我认为教师职业是社会中最重要的职业之一	○	○	○	○	○

8. 请就您的职业动机做出选择

题项	不同意	较不同意	一般	较同意	同意
我有被教师职业召唤的使命感	○	○	○	○	○
我之所以从事教育工作，是因为教育使命感的召唤	○	○	○	○	○
教育工作让我实现了人生目标	○	○	○	○	○
我认为教师职业是实现人生价值的路径	○	○	○	○	○
教师职业是我人生意义的重要部分	○	○	○	○	○
当我从教时，我努力实现我的人生价值	○	○	○	○	○
教师职业最重要的意义是让我可以帮助别人	○	○	○	○	○
我的工作会改善这个世界	○	○	○	○	○
我经常评估我的工作对别人有多大的作用	○	○	○	○	○

9. 请您选择符合自己的人格特征评价，越靠近左边或右边的描述，选项越偏向该方向。

左	符合左边	偏向左边	中间	偏向右边	符合右边	右
缄默的	○	○	○	○	○	健谈的
喜欢怀疑的	○	○	○	○	○	受人信赖的
天马行空的	○	○	○	○	○	有条不紊的
喜欢独处的	○	○	○	○	○	乐群的
世故的	○	○	○	○	○	坦诚的
审慎的	○	○	○	○	○	积极的
寡言的	○	○	○	○	○	活跃的
冷淡的	○	○	○	○	○	热情的

续表

左	符合左边	偏向左边	中间	偏向右边	符合右边	右
情绪低落的	○	○	○	○	○	有活力的
保守的	○	○	○	○	○	开放的

10. 请对您的师德做出评价

题项	不同意	较不同意	一般	较同意	同意
我的政治方向坚定	○	○	○	○	○
我自觉爱国守法	○	○	○	○	○
我积极传播优秀文化	○	○	○	○	○
我潜心教书育人	○	○	○	○	○
我关心爱护学生	○	○	○	○	○
我坚持言行雅正	○	○	○	○	○
我遵守学术规范	○	○	○	○	○
我秉持公平诚信	○	○	○	○	○
我坚守廉洁自律	○	○	○	○	○
我积极奉献社会	○	○	○	○	○

11. 请对您个人的教学胜任力评价做出选择

题项	不同意	较不同意	一般	较同意	同意
我有丰富的学科知识	○	○	○	○	○
我的合理的教学目标设定	○	○	○	○	○
我有足够的沟通能力	○	○	○	○	○
我的教学内容安排科学合理	○	○	○	○	○
我的语言表达准确到位	○	○	○	○	○

续表

题项	不同意	较不同意	一般	较同意	同意
我有丰富的教学实践性知识	○	○	○	○	○
我有合适的教学方法	○	○	○	○	○
我有足够的教育技术	○	○	○	○	○
我的课堂组织严谨	○	○	○	○	○
我的师生互动活跃有效	○	○	○	○	○
我有足够的幽默感	○	○	○	○	○
我对教学对象分析到位	○	○	○	○	○
我的教学研究充足	○	○	○	○	○

12. 请对您的科研胜任力评价做出选择

题项	不同意	较不同意	一般	较同意	同意
我有充分的获取知识的能力	○	○	○	○	○
我有足够的学术鉴别能力	○	○	○	○	○
我有足够的科学研究能力	○	○	○	○	○
我有足够的学术交流能力	○	○	○	○	○
我有足够的学术创新意识	○	○	○	○	○
我有足够的学术创新能力	○	○	○	○	○
我有足够的学科交叉能力	○	○	○	○	○
我有足够的学术抗压能力	○	○	○	○	○
我有对不同意见有足够的接受能力	○	○	○	○	○
我有足够的科研持续能力	○	○	○	○	○
我有足够的学术诚信能力	○	○	○	○	○

13. 请对您的社会服务胜任力评价做出选择

题项	不同意	较不同意	一般	较同意	同意
我有足够的服务社会的责任意识	○	○	○	○	○
我的交流表达顺畅到位	○	○	○	○	○
我有足够的学习和发展能力	○	○	○	○	○
我有足够的沟通与合作能力	○	○	○	○	○
我能够发现和把握问题	○	○	○	○	○
我能够分析、解决问题	○	○	○	○	○
我对问题的发展有前瞻	○	○	○	○	○
我有足够的信息获取能力	○	○	○	○	○
我能够对学生开展思政辅导	○	○	○	○	○
我有充足的应急处理能力	○	○	○	○	○

14. 请您对个人的绩效做出评价

题项	不同意	较不同意	一般	较同意	同意
我的评教成绩优秀	○	○	○	○	○
我的教育研究成果丰富	○	○	○	○	○
我的教学获奖很多	○	○	○	○	○
我指导学生数量很多	○	○	○	○	○
我编写的教材（教辅书籍）、录制的视频课程丰富	○	○	○	○	○
我发表的论文或著作数量丰富	○	○	○	○	○
我发表的论文或著作质量过硬	○	○	○	○	○
我的科研项目数量丰富	○	○	○	○	○
我的科研项目级别较高	○	○	○	○	○

续表

题项	不同意	较不同意	一般	较同意	同意
我获得科研奖励较多	○	○	○	○	○
我的科研经费充足	○	○	○	○	○
我经常参加学术交流	○	○	○	○	○
我的学术影响力很大	○	○	○	○	○
我在本校学科建设中起到了重大作用	○	○	○	○	○
我经常开展国际交流	○	○	○	○	○
我参加了较多的社会团体、学术组织	○	○	○	○	○
我为国家建言献策	○	○	○	○	○
我经常提供公益巡培训或其他志愿服务	○	○	○	○	○
我的成果转化实现了社会效益	○	○	○	○	○

15. 请您对您的工作满意度做出评价

题项	不同意	较不同意	一般	较同意	同意
我在工作中受人尊重	○	○	○	○	○
我的成果得到了赞许	○	○	○	○	○
我工作中人际关系和谐	○	○	○	○	○
我对福利和保障满意	○	○	○	○	○
我对薪资水平满意	○	○	○	○	○
我的培训机会很多	○	○	○	○	○
我的晋升机会充足	○	○	○	○	○
我有充足的职业成就感	○	○	○	○	○
我不打算更换行业	○	○	○	○	○

续表

题项	不同意	较不同意	一般	较同意	同意
我会推荐亲友来校工作	○	○	○	○	○
我关心学校发展	○	○	○	○	○
我自豪的告知别人我在本校工作	○	○	○	○	○
我与学校价值观一致性	○	○	○	○	○
我愿意为学校奉献	○	○	○	○	○
我的建言被领导采纳	○	○	○	○	○

16. 请您对学校对教师支持上的感知做出评价

题项	不同意	较不同意	一般	较同意	同意
学校重视师德评价	○	○	○	○	○
学校有完善的师德评价规范	○	○	○	○	○
学校对师德评价运用合理到位	○	○	○	○	○
学校重视教师能力的提升	○	○	○	○	○
学校有完善的教师能力提升制度	○	○	○	○	○
学校在培训资源上投入充足	○	○	○	○	○
学校的培训组织服务到位	○	○	○	○	○
学校的培训策略科学合理	○	○	○	○	○
学校职务晋升中重视教师的绩效产出	○	○	○	○	○
学校的教学资源配备足以保障教学和教研	○	○	○	○	○
学校的科研资源配备足以保障开展科研工作	○	○	○	○	○

续表

题项	不同意	较不同意	一般	较同意	同意
学校的科研管理制度鼓励教师做好科研	○	○	○	○	○
学校分配制度鼓励绩效产出	○	○	○	○	○
学校领导支持教师的绩效产出	○	○	○	○	○
学校的分配制度科学合理	○	○	○	○	○
领导对我足够关心	○	○	○	○	○
我可以参与学校的决策	○	○	○	○	○
我对福利保障体系满意	○	○	○	○	○
我对学校的工作氛围满意	○	○	○	○	○

后　记

党的十九大以来，以习近平同志为核心的党中央将高校思想政治工作和教师队伍建设摆在突出位置，提出了一系列新论断、新要求、新举措。以强化师德师风建设为首要任务，以教师素质能力提升为核心内容，建立高素质专业化创新型教师队伍的时代需求愈加迫切。

2018 年底，北京第二外国语学院进行内设机构改革，将党委组织部与人事处（教师工作部、教师发展中心）职责整合，成立新的党委组织人事部。组织人事部全面掌握党员干部、专业教师和人才队伍建设情况，既有利于统筹抓好教师引进、培养、考核和师德师风建设，也有利于全面发挥党建工作对教师工作的引领作用，为协同推进师德师能相关研究提供了基础条件。

2019 年以来，针对当前高校存在的师德建设缺位错位、师德管理“宽松软”、师德师能“两张皮”等问题，组织人事部发挥业务职责与专业研究优势，以师德师能“双提升”为切入点，积极探索师德师能双融合、双促进的可行路径，推动师德师能有机融合形成长效机制。2020 年，由我主持的教师师德师能“双提升”发展机制研究，获批学校党建思政（德育）专项研究难点攻关计划，进一步推动相关研究走深走实。

一年多来，我系统梳理了教师专业发展、教师胜任力、师德师能关系等相关文献研究，从理论层面对党建引领、师德师能协同提升两方面内容展开系统论述，并以教师胜任力模型的实证研究为基础，结合新时代教师队伍建设要求和学校发展实际，提出相关建议和思考。作为学校难点攻关计划项目的主要成果，本书在撰写过程中得到了宣传部、科研处、旅游教育出版社等相关单位的大力支持。同时，常静、刘迪、王静、骆行、张珑膑、张远见、陈漫欣等部门同事也为本书提供了大量的基础材料和宝贵建议，在此一并表示感谢。限于本人的知识能力水平，书中难免有表述不严谨或疏漏之处，敬请专家学者批评指正。

李　臻

2020 年 9 月 25 日